Gerd Bedszent

ZUSAMMENBRUCH DER PERIPHERIE

Gerd Bedszent

ZUSAMMENBRUCH DER PERIPHERIE

Gescheiterte Staaten als Tummelplatz von
Drogenbaronen, Warlords und Weltordnungskriegern

»Für den größten Teil Afrikas, Lateinamerikas und Asiens
wurde die Integration in den Weltmarkt zur sozialöko-
nomischen Katastrophe, die kein Ende mehr nimmt und
bereits apokalyptische Zustände hervorgetrieben hat.«

Robert Kurz, 1991

HORLEMANN

Bibliographische Information der Deutschen Nationalbibliothek:
Die Deutsche Nationalbibliothek verzeichnet diese Publikation in der
Deutschen Nationalbibliographie; detaillierte bibliographische Daten
sind im Internet abrufbar: http://dnb.d-nb.de.

© Horlemann Verlag
Berlin, 2014
Alle Rechte vorbehalten

Umschlag: Marina Siegemund, Berlin
Satz: Katrin Kassel, Berlin
Druck: Clausen & Bosse, Leck

E-Mail: info@horlemann-verlag.de
Internet: www.horlemann.info

ISBN: 978-3-89502-380-4

INHALTSVERZEICHNIS

VOM ZERFALL DER PERIPHERIE
Notwendige Vorbemerkungen

Krieg und Bürgerkrieg sind in weiten Teilen der Welt zur traurigen Normalität geworden. Die Infrastruktur vergangener Modernisierungsprojekte in den peripheren Regionen verkommt zunehmend zu Selbstbedienungsläden, aus deren Masse sich ehemalige oder Noch-Angestellte in trauter Gemeinschaft mit Glücksrittern und kriminellen Subjekten aller Art bedienen. Mafiös strukturierte Banden wetteifern bei der Plünderung mit Warlords, Gotteskriegern sowie den noch vorhandenen Resten nationalstaatlicher Armeen, Polizeien und Geheimdienste. Und was nach den Raubzügen der kriminellen Schattenökonomie an lokalen Binnenmärkten noch übrig ist, geht im Bombenhagel westlicher Weltordnungskrieger unter.

Der Zusammenbruch der Peripherie ist schon seit Jahrzehnten nicht zu übersehen. In weiten Teilen Afrikas, Asiens, Lateinamerikas – zunehmend auch Osteuropas – ist eine Staatlichkeit entweder ganz offiziell schon nicht mehr vorhanden oder aber eine solche wird nur noch simuliert. Die Begriffe des »gescheiterten Staates« (failed state) und des »verfallenden Staates« (failing state), noch vor gut 20 Jahren völlig unbekannt, gehören mittlerweile zum ganz normalen Vokabular von Politikern, Militärs und Nachrichtenmoderatoren. Private Denkfabriken erstellen jährlich Listen gescheiterter Staaten und Analysen des Gefährdungsgrades anderer Staaten, die als am Rande des Zusammenbruchs stehend eingeschätzt werden. Wobei diese Studien ausschließlich auf den Grad der Wahrnehmung oder Nicht-mehr-Wahrnehmung staatlicher Aufgaben abheben; die Ursachen von Staatszerfall werden höchst selten thematisiert.

Die in diesem Band im Detail dokumentierte Entwicklung von acht verschiedenen Staaten beziehungsweise Regionen dieser Welt bietet nur Streiflichter eines global wirkenden Prozesses. Die Auswahl der Fallbeispiele erfolgte nach mehr oder weniger willkürlichen Kriterien, ähnliche Beiträge ließen sich über die meisten peripheren Regionen der zerbröselnden kapitalistischen Moderne schreiben. Auf eine Unterscheidung zwischen Territorien, die formal den Kriterien eines »failed states« erfüllen, und solchen, die derzeit noch auf der Kippe zum Scheitern stehen, wurde verzichtet. Die Übergänge sind ohnehin fließend und der Zerfallsprozess schreitet permanent voran. Die Beiträge selbst haben keinen weitergehenden theoretischen Anspruch; es wird lediglich ein Ist-Zustand beschrieben, außerdem die Entwicklung der letzten Jahrzehnte dokumentiert, die in dem gegenwärtigen Desaster mündete.

Hier zunächst einige Überlegungen darüber, wie es dazu überhaupt kommen konnte.

Staatsbildung und Staatszerfall

Die Grundlagen für den Aufbau des modernen Staates wurden im Wesentlichen in der Periode des Absolutismus gelegt. Unter der Regie eines Alleinherrschers wurden damals schrittweise ein bürokratischer Verwaltungsapparat einschließlich Polizei und Justiz, Anfänge von flächendeckendem Verkehrsnetz, Schul-, Gesundheits- und Sozialwesen geschaffen. Der Aufbau staatlicher Infrastruktur, die Durchsetzung von Gewaltmonopol und bürgerlichem Rechtssystem ging mit einer Disziplinierung widerstrebender Bevölkerungsgruppen einher. Die bereits in der vormodernen Zeit innerhalb von Stadtmauern existierenden Inseln kapitalistischer Wertschöpfung konnten sich in der Folge über das gesamte Territorium des jeweiligen Nationalstaates ausbreiten. Die so entstandene bürgerliche Nationalökonomie eines Staates konkurrierte von Anfang an mit den Nationalökonomien anderer bereits entstandener oder im Entstehen begriffener Staaten. Die Herausbildung der voll entwickelten kapitalistischen Maschinerie brachte somit eine »Dualität von Weltmarkt und Nationalökonomie/Nation« hervor (Kurz, 2005, S. 373). Kapitalismus und Nationalstaat bedingen einander; der eine kann ohne den anderen dauerhaft nicht existieren.

Die Schaffung von Industriestandorten erfolgte anfangs mittels massiver wirtschaftlicher Förderung durch den absolutistischen Staatsapparat. Die ersten Betriebe waren oft Kanonengießereien, Pulver-mühlen, Uniformschneidereien und ähnliches. Diese befanden sich entweder direkt im Staatseigentum, waren hochsubventioniert oder aber staatlicherseits kreditiert. Erst nach und nach wurde diese etatistisch strukturierte Wirtschaft in ein System freier Marktkonkurrenz transformiert.

Etwa zeitgleich wurde ein System der allgemeinen Besteuerung eingeführt. Diese direkt oder indirekt erhobenen Steuern sind letztlich ein Abschöpfen von Geldern aus der sich damals konstituierenden kapitalistischen Wertschöpfung. Aus den eingenommenen Steuern bestreitet der Staathaushalt die notwendig anfallenden Personalkosten und sorgt für die Aufrechterhaltung seiner Infrastruktur. Außerdem greift er in Krisensituationen regulierend in das Wirtschaftsgeschehen ein, schirmt die Wertschöpfung auf eigenem Territorium gegen auswärtige Konkurrenz ab und vertritt bei internationalen Konflikten die Interessen des einheimischen Kapitals – auf diplomatischem Wege oder militärisch. Wesentliche Modernisierungsschritte, wie beispielsweise die Elektrifizierung oder der Aufbau von zusammenhängenden Eisenbahn-, Post- und Fernmeldenetzen erfolgten auch später oft noch unter staatlicher Regie.

Die Ablösung der Herrschaft adliger Potentaten durch den bürgerlichen Parlamentarismus brachte nun freilich nur einen Wechsel vom offenen Staatsterrorismus in das subtilere Diktat der Marktverhältnisse. Über furchtbare Gewaltapparate, die sie im Bedarfsfall auch ohne Zögern einsetzen, verfügen beide Regierungsformen.

Der Entstehung erster moderner Staaten folgten weitere im Zuge nachholender Modernisierung; die letzten Staatsbildungen resultierten aus dem Prozess der Entkolonialisierung im späten 20. Jahrhundert. Vielen dieser ›Zuspätkommer‹ gelang es nicht mehr, den Vorsprung der entwickelten kapitalistischen Mächte aufzuholen; sie blieben in der Phase der kasernenökonomischen Durchsetzung der Modernisierung stecken. Diese etatistisch strukturierten »*protokapitalistischen Modernisierungsregimes*« (Kurz, 1991, S. 25) im Osten und Süden vermochten es zwar noch, hochsubventionierte Industrialisierungsprojekte aus dem Boden zu stampfen. Auf dem begrenzten und immer enger werdenden Weltmarkt konnten sich diese Projekte jedoch nicht langfristig behaupten. Sie unterlagen zwangsläufig der Konkurrenz, mit dem Resultat eines Absturzes in die Armut. Diese ›Zuspätkommer‹ der kapitalistischen Peripherie wurden und werden im Regelfall als erste von Staatszusammenbrüchen ereilt.

Von vielen linken Theoretikern wird der desaströse Zustand peripherer Staaten als eine späte Folge kolonialer Raubsucht beschrieben. Dies ist nicht ganz falsch. Die Integration eroberter Territorien in den entstehenden Weltmarkt wurde in der imperialistischen Phase von der jeweiligen Kolonialverwaltung vorrangig unter dem Gesichtspunkt eines maximalen Nutzens für die Nationalökonomie des ›Mutterlandes‹ betrieben. Dies führte zu einer einseitigen Ausrichtung der Kolonien auf eine Rolle als Rohstofflieferanten sowie zu massenhafter Enteignung der bäuerlichen Bevölkerung. Damit teilte die kolonial unterworfene Bevölkerung in modifizierter Form das Schicksal weiter Teile der europäischen Landbevölkerung, die schon Jahrzehnte oder Jahrhunderte vorher gewaltsam in die kapitalistische Verwertungsmaschine hineingeprügelt und -gefoltert worden war. Mit dem Unterschied allerdings, dass den enteigneten europäischen Bauern als Alternative zum Hungertod die Hölle der Fabrikarbeit geboten wurde, Afrikanern und Asiaten hingegen die Hölle der Plantagensklaverei.

Nach erfolgter Entkolonialisierung und Nationalstaatwerdung wurde von Teilen der von der Kolonialverwaltung selbst herangezogenen einheimischen Eliten der Versuch unternommen, die aus der Kolonialzeit überkommenen volkswirtschaftlichen Disproportionen durch eine radikal vorangetriebene Industrialisierung aufzuheben und eine eigenständige kapitalistische Entwicklung anzuschieben. Bei dem Zusammenbruch der Peripherie haben wir es häufig mit den Folgen des Scheiterns solcher nachholenden Modernisierungsprogramme zu tun. Dieses Scheitern erfolgte primär am Weltmarkt. Die in zahlreichen postkolonialen Staaten noch sehr starken Relikte vormoderner Gesellschaften und die dadurch beförderte Entstehung lokaler Machtgruppen haben zwar das ihre zum Zusammenbruch der staatlich organisierten Modernisierung beigetragen, aber letztlich eine nicht zu verhindernde Entwicklung nur beschleunigt.

Wie bereits geschildert, hat der Zusammenbruch von Staaten jeweils primär ökonomische Ursachen.

Mit dem Schrumpfen der Nationalökonomie büßen staatliche Strukturen ihre finanzielle Grundlage ein. Nicht mehr vorhandene Unternehmen bezahlen keine Steuern, einkommenslose Arbeiter ebenfalls nicht. Der Staat kann irgendwann seine Schulden nicht mehr begleichen und wird demzufolge auch nicht mehr kreditiert. Die Infrastruktur verfällt und büßt nach und nach ihre Funktionsfähigkeit ein. Armee, Polizei und Justizapparat, deren Beamte nicht oder nur noch in völlig unzureichendem Maße aus dem Staatshaushalt besoldet werden, lösen sich zwangsläufig selbst auf oder aber wechseln die Fronten und agieren künftig im Auftrag einer kriminellen Schattenwirtschaft. Die Gesetzgebung verkommt zur leeren Hülle, illegales Wirtschaften wird zur Normalität.

Der nächste Schritt ist dann ein zunehmender Rückzug der Reste von legaler Ökonomie aus den unkontrollierbar gewordenen Gebieten. »Kapital flieht Tumult und Streit und ist ängstlicher Natur«, zitierte schon im Jahre 1860 Karl Marx einen britischen Gewerkschafter (Marx, 1953, S. 801, Fußnote 250). Dies gilt damals wie heute. Welcher Banker oder Manager setzt sich schließlich freiwillig der Gefahr unkalkulierbar hoher Schutzgelderpressungen aus? Oder geht ohne Not das Risiko ein, von selbsternannten Rebellenbewegungen, gewöhnlichen Banditen oder durchgeknallten Gotteskriegern in Geiselhaft genommen zu werden?

Spätestens zu diesem Zeitpunkt ist der Staatszusammenbruch Realität, auch wenn es noch einzelne Institutionen gibt, die eine funktionierende Staatlichkeit simulieren, der Staat noch diverse Landkarten ziert und in Statistiken internationaler Organisationen auftaucht.

Finale Krise der Warenproduktion

Was sind aber nun die ökonomischen Ursachen für den Zusammenbruch der Peripherie und den Absturz weiter Teile dieser Welt in die poststaatliche Barbarei?

Bei den derzeit in immer kürzeren Abständen aufeinanderfolgenden Wirtschafts- und Finanzkrisen handelt es sich nur um Erscheinungsformen einer strukturellen Krise der kapitalistischen Warenproduktion. Diese strukturelle Krise beruht letztlich auf einem dem Kapital gesetzmäßig innewohnenden Zwang zum Wachstum, zur schrankenlosen Akkumulation. Dieser Zwang zum Wachstum hat wiederum seine Ursache im verrückten Selbstzweck kapitalistischen Wirtschaftens, der Geldvermehrung um der Geldvermehrung willen. Dem zwanghaften Wachstum der kapitalistischen Wirtschaft sind aber rein stofflich Grenzen gesetzt. Die Rohstoffvorräte unseres Planeten und auch seine ökologische Belastbarkeit sind begrenzt, der an die Kaufkraft der Bevölkerung gebundene Weltmarkt ist es ebenfalls. Die seit Beginn der kapitalistischen Moderne immer wieder durch die Literatur geisternden Vorstellungen, in Gestalt des Weltraumes einen im wahrsten Sinne unendlich großen Markt zu erschließen, erwiesen sich als nicht umsetzbar.

Die Ausdehnung kapitalistischer Warenproduktion erfolgte bisher durch immer wieder neue Einbindung ›freigesetzter‹ Arbeitskräfte im Zuge weiterer Akkumulationsschübe. Die strukturelle Grenze des Kapitalismus ist in dem Moment erreicht, wo die extensive Ausdehnung der kapitalistischen Warenproduktion zunehmend an die Grenzen des Erdballs stößt und durch erneute technische Innovationsschübe mehr lebendige Arbeit freigesetzt, also vernichtet wird, als zuvor infolge Akkumulation neu hinzukam. Genau dieses Szenario ist seit der mikroelektronischen Revolution der 1980er Jahre gegeben. Durch Einführung der neuen Technologien wurden zusammengenommen mehr Arbeitsplätze in öffentlichen Apparaten und in der Verwaltungsstruktur kapitalistischer Unternehmen wegrationalisiert, als zuvor durch die neuen Industriezweige geschaffen.

Die kapitalistische Warenproduktion expandiert zwar streckenweise immer noch weiter und erobert vorrangig in peripheren Regionen bisher von ihr verschont gebliebene Nischen nicht-warenförmigen Wirtschaftens. Die neu gewonnenen Marktsegmente sind aber nicht mehr hinreichend groß genug, die zeitgleich ›freigesetzten‹ Bevölkerungsgruppen zu integrieren. Bei der beschriebenen Metakrise des Kapitalismus handelt es sich also um eine strukturell angelegte Krise der Arbeitsgesellschaft, die zuerst an den Randgebieten der kapitalistischen Moderne greift. Das massenhafte ›Überflüssigwerden‹ immer größerer Menschenmengen hauptsächlich in den peripheren Staaten und der nicht zu bremsende Migrationsstrom in Richtung der kapitalistischen Metropolen wurzeln letztlich in dieser strukturellen Krise des kapitalistischen Systems.

Diesen Verfallsprozess sehen beispielsweise Vertreter der derzeitig beliebten ›Landnahmekonzepte‹ nicht, die von der Möglichkeit einer immerwährenden ursprünglichen Akkumulation des Kapitalismus ausgehen.

Diese Entwicklung wurde zuerst von dem Publizisten und Philosophen Robert Kurz (1943–2012) benannt und aus den inneren Widersprüchen der Kapitalakkumulation hergeleitet. Bereits in seinem im März 1986 veröffentlichten Beitrag »Die Krise des Tauschwertes« prophezeite er eine »*neue und finale Krise des Kapitalismus (...) als Ende des Akkumulationsprozesses von abstraktem Reichtum*« (Kurz, 1986, S. 33). Die von ihm prognostizierte finale Krise schloss die osteuropäischen Gesellschaften als Produkt einer nachholenden ursprünglichen Akkumulation ausdrücklich ein, ebenso die damals noch so genannten Länder der Dritten Welt. Die »*zusammenbrechenden Staaten der Peripherie*« könnten nur als »*ausgeblutete Gespenster demokratischer Staatlichkeit*« fortexistieren (Kurz, 2003, S. 359). Wobei Kurz den Vorgang von Anfang an als einen langfristig und global wirkenden Prozess beschrieb, nicht als eine plötzlich hereinbrechende Katastrophe.

Hilflose Rezepte der Krisenbewältigung

Kritiker warfen Robert Kurz immer wieder vor, dass der Kapitalismus bisher nach jeder Krise fröhlich weiterexpandiert habe, auf jede Rezession wieder eine Periode verstärkter Akkumulation folgte. In der Tat sind Wirtschaftskrisen und Bankencrashs so alt wie der Kapitalismus selbst.

Die Weltwirtschaftskrise von 1928/30, die seinerzeit den Boom fordistischer Massenproduktion massiv einbrechen ließ, bedeutete allerdings schon damals einen epochalen Einschnitt in die kapitalistische Erfolgsgeschichte. Um aus dieser Krise herauszukommen, bedurfte es kreditfinanzierter staatlicher Konjunkturprogramme. Die folgenden Jahrzehnte waren dann geprägt durch die nach dem britischen Ökonomen John Maynard Keynes (1883–1946) benannte Rezeptur, auf der Basis von Staatsverschuldung ein künstliches Wirtschaftswachstum sowie auf der Basis hoher Löhne und Sozialleistungen eine massenhaft hohe Kaufkraft zu erzeugen. Durch ein erhöhtes Steuervolumen sollte sich der Staat die vorgestreckten Mittel dann wieder zurückholen und in neue Konjunkturprogramme investieren.

Diese Konjunkturpolitik als Krisenbewältigung erfolgte schon in den 1930er Jahren auf durchaus unterschiedliche Weise. Setzte beispielsweise die USA während der Präsidentschaft Franklin Delano Roosevelts zunächst auf Erhöhung der Kaufkraft der Bevölkerung durch Sozialpolitik (New Deal), erfolgte zeitgleich die Wiederbelebung der deutschen Wirtschaft unter Adolf Hitler in Form einer kreditfinanzierten Hochrüstung. Deren Folgen sind bekannt. Die Vorfinanzierung zu erwartender Wertschöpfung durch den Staat funktionierte ab den 1970er Jahren nicht mehr. Die erwartete Umsatzsteigerung blieb aus oder kam nicht mehr in der erwarteten Höhe zustande. Der Staat, der ursprünglich damit rechnen konnte, seine vorgesteckten Gelder in Form von Steuereinnahmen zurückzuerhalten, blieb auf ständig wachsenden Schulden sitzen. Insbesondere periphere Staaten gerieten damals häufig in die so genannte Schuldenfalle, mussten also zusätzlich Kredite aufnehmen, um bereits aufgenommene Kredite bedienen zu können.

Eine Folge des Scheiterns der keynesianischen Rezeptur war dann die so genannte neoliberale Revolution, die den Keynesianismus aber einfach nur auf den Kopf stellte. Wirtschaftliche Aktivitäten des Staates wurden nun zur Grundlage allen Übels erklärt, hohe Löhne und Sozialleistungen zum Anreiz für Faulheit. Neoliberale Reformpolitiker wetteiferten in ihrem Bestreben, staatseigene Betriebe zu privatisieren, die Subventionierung ›unrentabler‹ Produktionszweige zu streichen, Verwaltungsapparate zu ›entbürokratisieren‹, Löhne und Sozialleistungen erbarmungslos zu drücken. Ein radikales Streichen ›überflüssiger‹ Ausgaben erschien in der verkürzten VWL-Logik ab den 1970er Jahren plötzlich als Allheilmittel, strauchelnden Volkswirtschaften wieder auf die Beine zu verhelfen. Der Neoliberalismus trat in Gestalt der neoklassischen Lehre einen beispiellosen Siegeszug durch sämtliche westliche Universitäten an und säuberte die Lehrpläne radikal von allen abweichenden wirtschaftswissenschaftlichen Theorien. Von den Universitäten aus verbreitete sich das abstruse Dogma von den Selbstheilungskräften eines ungebremsten Marktes dann über die ganze Welt.

Die (in mehreren Staaten, wie Chile, der Türkei und Russland, sogar militärisch durchgesetzte) Politik neoliberaler Grausamkeiten konnte das strukturell bedingte Schrumpfen der Arbeitsgesellschaft jedoch nicht prinzipiell aufheben. Das Problem wurde lediglich »*vom Staatskredit auf die Finanzmärkte*« (Kurz, 2013, S. 19) verlagert.

Neoliberale Strukturanpassungen, also ein Zurechtstutzen volkswirtschaftlicher Infrastruktur auf geminderte Staatseinnahmen, standen erst an, wenn die Ökonomie des jeweiligen Landes bereits in einer schweren Krise steckte. Die verquere Krisenreaktion entspricht dann der kruden Logik kapitalistischer Wertschöpfung. Ebenso entspricht es dieser Logik, dass die betreffende Volkswirtschaft so keinesfalls gerettet wird, sondern unweigerlich in eine Abwärtsspirale gerät, die langfristig gesehen nur in einen Zusammenbruch des jeweiligen Staates münden kann.

Globalisierungskritiker sehen die Schuld an den gegenwärtigen Zusammenbruchszenarien des Südens und Ostens ausschließlich in den aufgezwungenen neoliberalen Strukturreformen der letzten Jahrzehnte. Institutionen, wie beispielsweise die Weltbank, werden dabei abwechselnd als monströse Bösewichte präsentiert oder aber es wird ihnen ›Versagen‹ vorgeworfen. Als Allheilmittel wird entweder eine Rückkehr zur sozialistischen Kommandowirtschaft oder aber zum schuldenfinanzierten keynesianischen Wohlfahrtsstaat gepriesen. Ignoriert wird dabei, dass schon der Aufstieg des Marktradikalismus eine Reaktion auf die Krise der kapitalistischen Wertschöpfung und des Scheiterns ihrer damaligen Instrumentarien war.

Vereinzelte Beispiele, in denen es peripheren Staaten gelang, sich auf niedrigem Niveau zu stabilisieren oder gar einen zwischenzeitlichen Aufschwung zu generieren, können auf Dauer keinen Bestand haben. Das Sozialismusmodell Venezuelas beruht beispielsweise hauptsächlich auf dem Export von Erdöl und ist daher hochgradig von der niedergehenden US-Wirtschaft abhängig. Ähnlich verhält es sich mit Russland; das Land ist derzeit faktisch ein Ölkonzern mit angehängtem Staat. Das staatsfinanzierte ›Wirtschaftswunder‹ Chinas resultierte hauptsächlich aus der Auslagerung von Produktionskapazitäten kapitalistischer Metropolen in ein repressiv regiertes Billiglohnland. Außerdem mehren sich derzeit die Anzeichen dafür, dass das chinesische Wirtschaftswachstum auf einer gigantischen Finanzblase beruht, die irgendwann zum Platzen kommt.

Die Doktrinen des Neoliberalismus haben zwar wesentlich zur derzeitigen desaströsen Situation in der Peripherie beigetragen. Diese waren aber nur eine Reaktion auf die durch die Krise bewirkte Unmöglichkeit ausreichender realer Wertschöpfung. Der nach wie vor vorhandene Anlagehunger einer immer größer werdenden Masse an ziellos herumvagabundierendem Kapital ließ dieses daher dazu übergehen, staatliche Infrastruktur zu fressen und dadurch neues, ebenso anlagehungriges Kapital zu generieren. Der Kapitalismus ist also gegenwärtig dabei, die Grundlagen der eigenen Wertschöpfung zu verspeisen. Zutreffend ist allerdings, dass der Westen bei Durchsetzung der marktradikalen Doktrin schon immer mit zweierlei Maß gemessen hat: Während man in zusammenbrechenden Regionen der Peripherie das gesamte Programm neoliberaler Grausamkeiten im Regelfall gnadenlos exekutierte, verabschieden die Metropolen selbst unter bekennend marktradikalen Regierungen klammheimlich keynesianische Stabilisierungsprogramme und subventionieren auch weiter ihre Exportgüter. Eine solche Stabilisierung resultierte beispielsweise aus dem unter Ronald Reagan forcierten Rüstungsprogramm des US-Militärs. Diese Hochrüstung verschaffte zwar bedeutenden Zweigen der US-Industrie für mehrere Jahre riesige Umsätze und stürzte die konkurrierenden osteuropäischen Wirtschaften endgültig in den Zusammenbruch, hinterließ in den USA allerdings einen nie wieder abtragbaren Berg von Staatsschulden.

Ebenso wie die keynesianische Konjunkturpolitik letztlich nur Schuldenberge produziert, hat die neoliberale Strategie der Krisenbewältigung ab den 1990er Jahren die Entstehung immer gigantischer werdender Finanzblasen zur Folge. Der unstillbare Anlagehunger des Kapitals bringt nunmehr Berge an fiktiven Vermögenswerten von nicht einlösbaren Krediten sowie spekulativ überbewerteter Immobilien und Wertpapiere hervor. Diese Blasen fiktiver Wertschöpfung funktionieren im Regelfall mehrere Jahre lang als Motor der Wirtschaft, bevor sie notwendigerweise mit einem großen Knall platzen und es zu einer massiven Entwertung von ›Schrottpapieren‹ kommt. Beim letzten dieser spektakulären Finanzcrashs im Jahre 2007/2010 (Subprimekrise) hatte die geplatzte Blase dann ein derartiges Ausmaß angenommen, dass die globale Finanzindustrie für die Dauer mehrerer Monate ins Wanken geriet und selbst bekennende neoliberale Hardliner öffentlich eine Intervention des Staates forderten. Welche dann auch prompt erfolgte.

In Form dieser ›Bankenrettungsprogramme‹, die verschiedene westliche Staaten in eine geradezu irrwitzige Überschuldung stürzten, schlug der neoliberale Versuch einer Krisenbewältigung wieder in den bereits gescheiterten Keynesianismus um. Dessen Wiederkehr setzte genau an derselben Stelle an, wo er bereits seine Untauglichkeit bewiesen hatte – nur auf ungleich höherem Verschuldungsniveau. Beide sich abwechselnden Strategien der Krisenbewältigung haben hinlänglich ihre Untauglichkeit bewiesen. Und natürlich sind zusätzlich zur immer gigantischer werdenden Staatsverschuldung die nächsten Finanzblasen derzeit wieder fröhlich am Wachsen und Gedeihen, und es ist nur eine Frage der Zeit, wann auch sie mit einem Riesenknall platzen.

Natürlich hat sich dies inzwischen sogar bis in die Führungsetagen von Staaten und internationalen Institutionen herumgesprochen. Da an den Grundlagen der kapitalistischen Wertschöpfung jedoch nicht gerüttelt werden kann, sind deren Möglichkeiten beschränkt: einerseits auf Niedrigzinspolitik und das Anwerfen der Notenpresse, was auf eine Enteignung von Sparguthaben hinausläuft und den Warenumsatz drückt, und andererseits auf Maßnahmen zu Lasten peripherer Staaten und Regionen. Der Krisengipfel der so genannten G 20-Staaten im November 2008 bekannte sich ausdrücklich zum Prinzip des freien Handels und erteilte Tendenzen zum staatlichen Protektionismus eine klare Absage. Der weiteren Plünderung der Peripherie ist damit Tür und Tor geöffnet.

Vom neoliberalen Durchmarsch zum Weltordnungskrieg

Als Schuldige für die zunehmend desaströse Entwicklung in der Peripherie machten die Akteure der ›neoliberalen Revolution‹ eine ›sozialistische Planwirtschaft‹ aus, die »*nicht nur die Staaten des Ostblocks, sondern auch viele Entwicklungsländer in den Bankrott geführt*« habe (Heise, S. 218f). »*Private unternehmerische Initiative, vor allem auch im informellen Sektor, in Entwicklungsländern muß von den ausufernden Bürokratien und der Reglementierungswut überzentralisierter und dominanter Staaten befreit werden ...*« So hieß es beispielsweise in einem gemeinsamen Papier von Bundestagsabgeordneten der CDU/CSU und FDP im Jahre 1994 (zitiert nach Heise, S. 223).

In der Tat hatten auch zahlreiche Länder der südlichen Peripherie das osteuropäische Modell übernommen und sich auf ausschließlich staatliche Entwicklungsprogramme orientiert. Von den Einpeitschern neoliberalen Wirtschaftens wurde souverän ignoriert, dass es sich auch bei dieser Entwicklung um eine Sonderform nachholender Modernisierung handelte. Die neuen Rezepte so genannter Entwicklungshilfe bestanden folgerichtig darin, ökonomisch auf der Kippe stehenden Staaten und Regionen neoliberal eingefärbte Strukturanpassungsprogramme aufzuzwingen. Eine weitere Kreditierung ins Schlingern geratener Staaten wurde zunehmend an die Forderungen nach dem Rückzug des Staates aus der Wirtschaft und dem Rückbau staatlicher Infrastruktur gekoppelt – absurderweise war dieselbe, nun abzubauende Infrastruktur oftmals mit Unterstützung eben dieser westlicher Entwicklungshilfe aus dem Boden gestampft worden. Auf die betreffenden Regierungen wurde außerdem Druck ausgeübt, die Besteuerung von Unternehmensgewinnen und Rohstoffexporten herabzusetzen, was die Staatseinnahmen zusätzlich schmälerte.

Die neuen Rezepturen westlicher Institutionen wirkten meist tödlich. Die wirtschaftliche ›Öffnung‹ und das Prinzip des ›Freihandels‹ gaben die meist schon angeschlagenen Ökonomien peripherer Staaten schutzlos der überlegenen Konkurrenz westlicher Unternehmen preis; außerdem explodierte parallel zur Staats›verschlankung‹ die kriminelle Schattenökonomie. Entlassene Arbeiter und Angestellte müssen von irgendetwas weiterleben. Legale Jobs gab es nach der Privatisierung einstmals staateigener Betriebe und der Streichung von Subventionsprogrammen kaum noch. Neugegründete Privatunternehmen hatten gegen die übermächtige Konkurrenz kapitalstarker westlicher Firmen kaum eine Chance. Eine Rückkehr zur agrarischen Subsistenz oder zur Handwerksproduktion erwies sich als nur begrenzt machbar, schließlich waren inzwischen die meisten wertvollen Ländereien in der Hand industriell arbeitender Agrarkonzerne. Und gegen massenhaft die Märkte überschwemmende billige Importwaren konnten einheimische Kleinproduzenten sich im Regelfall nicht durchsetzen. Den ausgesonderten ›Überflüssigen‹ in der Peripherie blieb also nur die Wahl zwischen Auswanderung in die noch funktionierenden Zentren kapitalistischer Wertschöpfung oder aber Integration in die am Rande der Legalität agierenden informellen Sektor der Volkswirtschaft.

Zusammenbrechende oder bereits zusammengebrochene Staaten mit nicht mehr funktionierender Polizei und Justiz sind hervorragende Schlupfwinkel krimineller Banden, die bei ihren Geschäften eine jeweils fehlende Rechtssicherheit durch Anwesenheit privater Pistoleros ersetzen. Finanzieren können sich solche Strukturen durch eine entsprechend hohe Profitrate, die bei illegalen Geschäften im Regelfall gegeben ist.

Die ursprünglich durchaus auch ideologisch motivierten neoliberalen Strukturanpassungsprogramme für periphere Staaten sind mit dem Fortschreiten der Krise in Plünderungsökonomie umgeschlagen. Das Ziel von Strukturanpassungen ist jetzt nicht mehr eine Stabilisierung krisenbedingt wankender Staaten, sondern deren Ausschlachtung. Stillgelegte Industrieunternehmen sind als Konkurrenten ausgeschaltet und westliche Firmen können sich der freigewordenen Marktsegmente bemächtigen. Die Privatisierung von Rohstofflagerstätten und agrarisch nutzbarer Flächen sorgt meist dafür, dass sie billig in die Hände westlicher Unternehmen fallen. Der Staatszerfall an der Peripherie wird durch diese Entwicklung eher noch vorangetrieben denn aufgehalten.

Wenn einheimische Eliten sich angesichts der desaströsen Folgen neoliberaler Diktate widerspenstig zeigen, den geforderten ›Reformen‹ verweigern oder gar versuchen, in irgendeiner verqueren Form dem drohenden Zusammenbruch gegenzusteuern, gehen westliche Regierungen und global agierende Institutionen zunehmend dazu über, an widerspenstigen Regierungen oder anderen Kräftegruppierungen ein militärisches Exempel zu statuieren: Die Reste nationalstaatlich strukturierter Modernisierungsprojekte werden im Zuge von ›Weltordnungskriegen‹ gewaltsam zerschlagen, deren Trümmer dann meistbietend privatisiert. Das Zerbrechen des betreffenden Staates ist die Konsequenz und wird billigend in Kauf genommen.

Die von der Diktatur ›befreiten‹ Gebiete mutieren dann meist ganz schnell zur Spielwiese von Ethnomilizen, Gotteskriegern und bewaffneten Banden ganz gewöhnlicher Krimineller. Ein besonders krasses Beispiel ist der Irak, wo der Weltordnungskrieg von 2003 zwar schnell zum Sturz des Diktators Saddam Hussein führte, das Land als Folge der weitgehenden Zerstörung von Wirtschaft und staatlicher Infrastruktur jedoch in einen dauerhaften Bürgerkrieg einander befehdender religiöser Milizen geriet. Auch das unlängst gewaltsam zerschlagene Modernisierungsregime in Libyen zerfiel in ein unüberschaubares Konglomerat von Stammesterritorien und Einflussbereichen einander befehdender Warlords und Gotteskrieger. Im jüngsten Beispiel des Süd-Sudan ging der Traum von einer erdölfinanzierten Nationalstaatsbildung unmittelbar nach der militärisch ertrotzten und vom Westen beförderten Unabhängigkeit vom arabisch dominierten Nord-Sudan in einen Verteilungskampf einander niedermetzelnder Ethnomilizen über.

Nach dem Zusammenbruch der Volkswirtschaft peripherer Staaten bleiben oft noch isolierte Standorte der Wertschöpfung übrig, meist Rohstoffquellen oder industriell betriebene Agrarunternehmen. Diese Standorte sind von der Realökonomie der betreffenden Region weitgehend abgekoppelt und funktionieren nur noch als Zulieferer für die Wirtschaft kapitalistischer Metropolen. Der französische Ölkonzern ELF Aquitaine (heute infolge Fusion Bestandteil des Konzernriesen TOTAL) bezahlte zum Beispiel viele Jahre lang seine Rohölförderung in Gabun, Kongo-Brazzaville oder Äquatorial-Guinea auf die Privatkonten der jeweiligen Präsidenten (Schmid, 2011, S. 148). Die präsidialen Kleptokraten transferierten diese Gelder dann erst gar nicht ins eigene Land, sondern vertrauten sie gleich französischen Banken und Immobilienfonds an.

Im Zuge eines Staatszusammenbruchs kommt es um die Kontrolle über diese letzten Quellen nachhaltiger Wertschöpfung oft zu blutigen Verteilungskämpfen zwischen Resten nationalstaatlicher Armeen, Rebellenbewegungen, Ethnomilizen und Gotteskriegern. Die Konfliktpartei, die sich gerade in der jeweiligen Region behauptet, kann vom produzierenden Unternehmen in Form von Lizenzverkäufen, Besteuerung oder nackter Erpressung Gelder abschöpfen und sich so finanzieren. Geraten die Kämpfe dann so weit außer Kontrolle, dass sie den Zufluss von Rohstoffen aus den umkämpften Regionen ernsthaft gefährden, sind aufs Neue die westlichen Weltordnungskrieger gefragt. Diese vermögen es infolge ihrer waffentechnischen Überlegenheit zwar meist sehr schnell, die Situation unter ihre Kontrolle zu bekommen, eine nachhaltige ›Befriedung‹ der betreffenden Regionen kann ihnen jedoch nicht gelingen: Die Abwesenheit von Staatlichkeit hat primär ökonomische Ursachen; sie kann durch rein militärischen Zwang nicht wiederhergestellt werden. In dem Moment, da die Besatzungstruppen abgezogen und die Zahlung westlicher Hilfsgelder an die momentan dominierende Konfliktpartei eingestellt werden, bricht der Kampf um die Beherrschung der Rohstoffquellen über kurz oder lang wieder aus.

Inzwischen sind westliche Institutionen zunehmend dazu übergegangen, in völlig unkontrollierbar gewordenen Regionen, wie beispielsweise Somalia oder Kongo, keine eigenen Militärs, sondern Truppenkontingente anderer peripherer Staaten zu schicken. Gegen Bezahlung, versteht sich. Da diese Gelder jedoch größtenteils in den geräumigen Taschen einer parasitären Bürokratie verschwinden, gleichen die Einsätze dieser ausländischen Söldnerhaufen oft in fataler Weise den Plünderungsfeldzügen einheimischer Warlords, mit denen die so genannten Friedenstruppen eigentlich Schluss machen sollten.

Weltordnungskriege und ihre für die Peripherie zerstörerischen Folgen sind Wasser auf die Mühlen von antiimperialistischen Gruppen, die die verkommenen und notorisch menschenrechtsverletzenden Diktaturen peripherer Staaten rosarot verklären, ökonomische Entwicklungen überhaupt nicht als solche wahrnehmen und hinter jedem Machtkampf innerhalb korrupter Eliten die steuernde Hand westlicher Geheimdienste wittern. Wobei die destruktive Tätigkeit letzterer hier nicht in Abrede gestellt werden soll. Ursache für die zunehmenden Einsätze westlicher Truppen in scheiternden oder bereits gescheiterten Staaten sind nun primär aber keineswegs finstere Intrigen westlicher Schlapphüte, sondern die permanent voranschreitende Krise der Warengesellschaft. Weltordnungskriege sind nichts anderes als eine von vielen Krisenreaktionen des Westens. Und sie fordern Opfer.

Entstaatlichte Territorien als Markt – einige Beispiele

Wie geschildert, hat das ›Ausschlachten‹ peripherer Volkswirtschaften bis hin zum Zusammenbruch des jeweiligen Staates für anlagehungrige Kapitalgruppen durchaus seine Logik, solange die Rohstoffzufuhr aus den betreffenden Gebieten nicht gestört wird und die kapitalistische Maschinerie in den Metropolen weiterlaufen kann.

Der wirtschaftliche Niedergang der peripheren Staaten und die zunehmende Entstaatlichung haben außerdem absonderliche Formen der Beteiligung an kapitalistischer Wertschöpfung hervorgebracht. Eine Handelsware von ins Straucheln geratenen Staaten ist zum Beispiel deren Staatszugehörigkeit. Faktisch lässt sich der Staat dabei von obskuren Kapitalgruppen für sein Nicht-Funktionieren bezahlen:

Es ist eine seit langem bekannte Strategie von Seefahrtunternehmen, ihre Schiffe ›auszuflaggen‹, also im Rahmen des Rechtssystems eines Staates fahren zu lassen, in dem das Unternehmen gar nicht beheimatet ist. Die Gründe sind natürlich finanzieller Natur. So genannte Billigflaggenländer bieten niedrige Steuersätze, nur rudimentär vorhandene Sicherheitsstandards, wenig Kontrollen und miserable Tarife für das seefahrende Personal. Besitzer: deutsch, Offiziere: spanisch, Besatzung: indisch, Beflaggung: Äquatorialguinea – dies ist keine ungewöhnliche Konstellation für solche modernen Seelenverkäufer. Die kostensparende Billigflaggenstrategie hat auch auf die Luftfahrt, den Schienen- und den Straßentransport übergegriffen und ist eine der Ursachen für die zunehmenden Schiffs- und Flugzeugkatastrophen.

Periphere Staaten sind außerdem dank Niedrigsteuern, großzügiger Gesetzgebung und notorisch untätiger Justiz mittlerweile auch bevorzugte Standorte von Briefkastenfirmen, Briefkastenbanken und anderer obskurer kapitalistischer Unternehmungen. Die in diesen Steuerparadiesen faktisch legalisierte Geldwäsche ist natürlich eine Einladung an westliche Unternehmen, in Gebieten mit faktisch nicht mehr vorhandener Justiz fragwürdige Geschäfte zu tätigen. Die erwirtschafteten Gelder werden dann im Regelfall aber schnellstmöglich in Staaten mit funktionierendem Justizsystem transferiert. (Welcher Dieb lässt sich schließlich gern selbst beklauen?) Kriminelle Aktivitäten in gescheiterten Staaten sind letztlich nur eine Art ungeliebter Wurmfortsatz der legalen Ökonomie funktionierender kapitalistischer Metropolen. Sobald Gelder wieder in legalen Unternehmen stecken, ist deren kriminelle Herkunft dann schwerlich nachzuweisen. Ausufernde Kriminalität in der Peripherie und ein permanenter Geldabfluss in Richtung der noch funktionierenden kapitalistischen Metropolen ist die Konsequenz.

In peripheren Staaten finden sich dank Abwesenheit einer funktionierenden Justiz besonders häufig Anbaugebiete, Umschlagplätze und Transportrouten der Drogenökonomie. Letztere ist nichts anderes als ein außerhalb der Legalität operierender Zweig kapitalistischer Wertschöpfung. Allerdings ein Zweig mit einer geradezu irrsinnig hohen Profitrate. Der Konsum legaler Drogen, wie beispielsweise Tabak oder Alkohol finanziert durch einen extra hohen Steuersatz auf diese Produkte die staatliche Infrastruktur. Der Kauf illegaler Drogen finanziert hingegen Aufbau und Unterhalt illegaler Vertriebsnetze, die in peripheren Regionen zunehmend an die Stelle zusammenbrechender

Staatlichkeit treten. Der nicht unbeträchtliche Gewinn geht nach einem Prozess der Geldwäsche in den ganz normalen kapitalistischen Ware-Geld-Kreislauf ein. Die moralische Empörung der demokratischen westlichen Öffentlichkeit über den Drogenhandel ist umso lächerlicher, als diese »durch ihre eigenen sozialen und menschlichen Defizite den Drogenmarkt erst geschaffen« hat (Kurz, 1991 [2], S. 150). Der von internationalen Militärs betriebene Krieg gegen Drogenkartelle ist in großen Teilen eine Farce. Unter den Augen westlicher Truppen blüht und gedeiht seit über zehn Jahren im besetzten Afghanistan der Anbau von Schlafmohn. Aus dem äußerst profitablen Geschäft mit dem Grundstoff für Heroin finanzieren sich natürlich nicht nur die Taliban, sondern vorrangig die von den Besatzern zu Gouverneuren, Ministern, Polizeichefs und Generälen erhobenen Stammesführer und Warlords. Auch das von westlichen Militärs aus der Konkursmasse des zerfallenen Jugoslawien in den Rang einer Regierung gebombte kriminelle Netzwerk im Zwergstaat Kosovo finanziert sich mangels einer legalen Wirtschaft kaum verbrämt durch Drogenhandel und Prostitution.

Von westlichen Unternehmen wird die Abwesenheit funktionierender Staatlichkeit gelegentlich auch ganz unverfroren zu offener Plünderung ausgenutzt:

Produkte, die in Staaten mit funktionierendem Verbraucherschutz nicht absetzbar sind, landen vorzugsweise in afrikanischen Hungergebieten. Außerdem verwandeln sich ganze Regionen des schwarzen Kontinents langsam, aber sicher in Müllhalden, auf denen die westliche Industrie billig ihre Abfälle entsorgt. Als extremes Beispiel sei hier die Umweltkatastrophe vom August 2006 im westafrikanischen Staat Côte d'Ivoire genannt. Mit Wissen der damaligen notorisch korrupten Regierung entsorgte ein Billigflaggenschiff hochgiftige Rückstände einer niederländischen Ölfirma ausgerechnet auf öffentlich zugänglichen Mülldeponien der ivorischen Metropole Abidjan. Nach offiziellen Angaben erkrankten binnen weniger Tage 15.000 Menschen; es gab auch Tote. Die Folge war das Wiederausbrechen eines seit Jahren schwelenden Bürgerkrieges und ein von französischen Truppen erzwungener Regimewechsel.

Die Hoheitsgewässer des schon seit über 20 Jahren faktisch nicht mehr existenten Staates Somalia wurden bevorzugte Fanggründe ausländischer Fischereiflotten. Das war zwar illegal, aber eine somalische Kriegsflotte, die dem Einhalt gebieten könnte, gab es nicht. Andere westliche Unternehmen gingen außerdem irgendwann dazu über, vor der somalischen Küste Industriemüll zu verklappen. Für die einheimischen Fischer bedeutete es das Ende. An die internationale Öffentlichkeit kam der Skandal bezeichnenderweise erst, als einkommenslos gewordene somalische Küstenbewohner zur Piraterie übergingen, westliche Handelsschiffe auf dem Indischen Ozean zielgerichtet kaperten und die Besatzungen als Geiseln nahmen. Der demokratische Westen reagierte mit der Entsendung von Kriegsschiffen. Diese sollten allerdings nur die Piraterie unterbinden – Raubfischerei und illegale Müllentsorgung fielen nicht in ihre Zuständigkeit. Seeraub als Teilhabe der an der kapitalistischen Wertschöpfung Zukurzgekommenen hat inzwischen auch auf westafrikanische Küstenregionen übergegriffen. Einzige Reaktion der betroffenen Unternehmen war, ihre Schiffe auf hoher See dem Schutz privater Söldnerfirmen anzuvertrauen. Eine Heroisierung der räuberischen Überfälle kann allerdings nur die Folge übermäßigen Konsums drittklassiger Hollywoodfilme sein. Durch Kaperung und Geiselnahme werden zuallererst nicht die Eigner, sondern die schlecht bezahlten Besatzungen der Schiffe getroffen. Den afrikanischen Elendspiraten geht es keinesfalls um irgendwie gearteten Widerstand gegen die Folgen kapitalistischer Wertschöpfung, sondern um einen Anteil an derselben. Und der Einbruch in eine Bank hat bekanntlich immer erst die Gründung einer solchen als notwendige Voraussetzung.

Auch die zunehmende Migration in Richtung kapitalistischer Metropolen als Folge von Entstaatlichung, wirtschaftlichem Niedergang und ausufernder Gewalt im Zuge der Verteilungskriege ist mittlerweile zu einem Wirtschaftsfaktor geworden. Westliche Staaten sind zwar durchaus bereit, hochgebildete Fachkräfte aufzunehmen, nicht aber bereits ausgesonderte ›überflüssige‹ Bevölkerungsgruppen. Die von rechtsradikalen Parteien offen propagierte Losung ›Keine Einwanderung in die deutschen Sozialnetze‹ wird klammheimlich von sämtlichen westlichen Regierungen geteilt und umgesetzt. Überschuldete Anrainerstaaten von Nordatlantik und Mittelmeer lassen sich von europäischen Institutionen – als ein besonders ekelhaftes Monster sei hier die Agentur FRONTEX genannt – dafür bezahlen, Grenzschutztruppen auszurüsten, die Bootsflüchtlinge schon in Küstennähe abfangen und internieren. In der weitgehend entstaatlichten Zentralsahara wetteifern schlecht oder gar nicht mehr besoldete Polizisten und Grenzschutzbeamte mit kriminellen Banden darin, die verzweifelt in Richtung Norden strebenden Afrikaner auszuplündern. Und für diejenigen, die nicht zahlen können, wird es lebensgefährlich. Ab und an werden in Wüstenregionen ganze Gruppen von Leichen verdursteter Flüchtlinge gefunden, von Schleusern ausgesetzt, weil sie für die Weiterfahrt kein Geld mehr hatten.

Menetekel für die Metropolen – ein Exkurs

Die Barbarei hat ihre Wurzeln nun allerdings nicht in den Randregionen der zerbröselnden kapitalistischen Moderne; diese stecken mitten in ihren Zentren. Im selben Umfang, wie staatliche Infrastruktur anlagehungrigem Kapital zum Fraße vorgeworfen wird, sind erste Ausläufer selbsterzeugter Barbarei auch schon in die Metropolen vorgerückt.

Als Menetekel sei hier die inzwischen längst wieder aus den Medienberichten verschwundene Überflutung von New Orleans im August 2005 genannt. Seinerzeit rief die Katastrophe einen auch in der Öffentlichkeit erbittert geführten Streit darüber hervor, ob die Gewalt, mit der der Hurrikan *Katrina* auf die US-amerikanische Südküste traf, vielleicht auf den Klimawandel zurückzuführen sei. Dass hier ein Zusammenhang besteht, liegt nahe – der Klimawandel gilt mittlerweile als nachgewiesen und wird nur noch von Dummköpfen, Ignoranten, Verschwörungstheoretikern und bezahlten Lobbyisten geleugnet. Kaum thematisiert wurde in dieser Debatte allerdings, dass weniger der Sturm, sondern viel eher eine gründliche Vernachlässigung der öffentlichen Infrastruktur für die Überschwemmungskatastrophe verantwortlich war. Aus über Jahre andauernden Budgetkürzungen resultierte ein desaströser Zustand der Deiche und Drainageanlagen, die die Stadt vom Meer abschirmen sollten. Hinzu kamen ein völliges Fehlen von Katastrophenschutzprogrammen und das daraus resultierende planlos-chaotische Handeln überforderten Behörden (Jakob/ Roth, S. 35). Nach dem Ausfall der Stromversorgung flüchtete ein Großteil der Bevölkerung, darunter die Mehrzahl der städtischen Angestellten und Ordnungskräfte. Die öffentliche Infrastruktur brach endgültig zusammen – die Folgen waren ein wochenlanges allgemeines Chaos, Plünderung und Gewalt.

Überschwemmt wurden in der Hauptsache die in kommunalem Besitz befindlichen Wohngebiete der Unterschicht. Und vor den vor dem Hochwasser flüchtenden Einwohnern afroamerikanischer Viertel müssen sich die Bewohner wohlhabenderer Vorstadtsiedlungen unheimlich bedroht gefühlt haben. Schätzungen von Bürgerrechtsgruppen besagen, dass mehrere Hundert der insgesamt 1.800 Katrina-Toten tatsächlich Opfer schießwütiger ›weißer‹ Bürgermilizen waren. Detaillierte Untersuchungen gab es bezeichnenderweise nicht – die Opfer von Flut und ausufernder Gewalt wurden nach dem Rückgang des Hochwassers anstandslos in Massengräbern beigesetzt (Jakob/Roth, S. 24).

Dieser Einbruch der Barbarei in ein sicher geglaubtes Zentrum der kapitalistischen Moderne rief in der verbliebenen Rest-Linken allerdings kein nachhaltiges Echo hervor. Linksradikale Aktivisten übten sich in Empörung über die rassistische Ausgrenzung der afroamerikanischen Armutsbevölkerung – nach der Katastrophe waren deren Wohnbezirke ausnahmslos abgerissen und durch Luxusbauten ersetzt worden. Diese Empörung erschöpfte sich schnell in zunehmend verflachenden Debatten über Gentrifizierung und Stadtsoziologie. Es wurde kaum wahrgenommen, dass die Vorgehensweise der Stadtverwaltung einer ganz ordinären betriebswirtschaftlichen Logik entsprach. Wohlhabende Einwohner bezahlen Steuern; von diesen kann die Erneuerung der ohnehin maroden und dann im Hochwasser endgültig abgesoffenen städtischen Infrastruktur finanziert werden. Dass sich um das Schicksal der zuerst vom Hochwasser und dann ein zweites Mal von den kommunalen Behörden vertriebenen ›Überflüssigen‹ niemand weiter schert, ist eine Verfahrensweise, die in weiten Teilen der Welt längst praktiziert wird.

Von der Postmoderne zur autoritären Wende

Absurderweise sorgt gerade das Fortschreiten der Megakrise dafür, dass die Erscheinungsformen dieser Krise zunehmend als Bestandteil kapitalistischer Normalität angesehen werden. Die sozialen Realitäten gescheiterter Staaten, die Grausamkeiten vermeintlicher Krisenbewältigung, die Militäreinsätze von Weltordnungskriegern gegen von der kapitalistischen Moderne selbst erzeugte Monstren tauchen in jeder Nachrichtensendung auf, allerdings ohne dass deren Ursachen auch nur im Geringsten thematisiert würden. Stattdessen werden brutale Repression und militärische Gewalt als Allheilmittel gegen soziale Zusammenbrüche angepriesen, zwecks Legitimation der Abwehr von Flüchtlingsströmen aus Hunger-, Kriegs- und Bürgerkriegsregionen wird offen biologistisches und sozialdarwinistisches Gedankengut propagiert.

Krisenszenarien werden zunehmend durch ein »*messianistisch-autoritäres Denken, das Ordnung verspricht*« (Scholz, 2006, S. 172f) ideologisch flankiert. Bereits 1992 beschrieb Robert Kurz den Aufstieg des islamischen Fundamentalismus als »*zwangsläufige ideologische Reaktion auf die gescheiterte westliche Modernisierung*« (Kurz, 1991 [2], S. 150). Autoritäres Denken tritt auch in den verbleibenden westlichen Wohlstandsinseln zunehmend an die Stelle der postmodernen »*Verkasperung*« (Scholz, 2006, S. 173).

Der Vormarsch stockreaktionärer politischer Strömungen umfasst mittlerweile größere Gebiete der noch funktionierenden kapitalistischen Metropolen. Süden und Mittelwesten der USA werden beispielsweise von evangelikalen Sekten dominiert. Eine autoritäre Krisenreaktion ist zweifelsfrei auch der Aufstieg der rechtspopulistischen Tea-Party-Bewegung. Dieser obskure Bürgerprotest in seiner kruden Mischung von religiösem Fundamentalismus, extremem Marktradikalismus und kaum verbrämtem Rassismus wird von breiten Kreisen des US-Mittelstandes getragen. Bezeichnenderweise läuft die Programmatik ihrer Akteure nicht auf eine Stärkung staatlicher Institutionen hinaus, sondern auf deren Schwächung. Gefordert wird eine komplette Streichung aller Sozialleistungen sowie sonstiger staatlicher Umverteilungsmaßnahmen. Afroamerikanische Angehörige der Unterschicht würden »*mit ›linker‹ Staatshilfe mehr konsumieren als sie verdienen/ ›wert waren‹ und damit das System für die ›Leistungsträger‹ destabilisieren*«. So heißt es jedenfalls in der verqueren Krisenlogik verängstigter Vorstadtbewohner (Solty, S. 143).

Ein Vormarsch dieses »*Extremismus der ›Mitte‹*« (Solty, S. 143) ist durchaus auch in verschiedenen europäischen Staaten zu verzeichnen, vorzugsweise in solchen, wo Krisenerscheinungen sich derzeit noch in Grenzen halten. Ausgerechnet im selbst für europäische Verhältnisse reichen Norwegen stieg die rechtpopulistische *Fortschritts-partei* mit ihren Forderungen nach Abbau der Bürokratie, Streichung von Sozialleistungen und rigider Zuwanderungsbeschränkung binnen weniger Jahre zu einer bedeutenden politischen Kraft auf und ist derzeit sogar mit mehreren Ministern an der Regierung beteiligt. Es schadete den Rechtspopulisten nicht einmal nachhaltig, als sich nach dem Massaker auf der Insel Utøya herausstellte, dass der Terrorist und Massenmörder Anders Behring Breivik eine Zeitlang örtlicher Jugendfunktionär dieser Partei war. Ähnlich autoritäre und wohlstandschauvinistische Parteien gibt es in verschiedenen europäischen Ländern – bei der Europawahl vom Mai 2014 triumphierten Rechtspopulisten in Großbritannien, Frankreich und Dänemark.

In Deutschland schickt sich derzeit die *Alternative für Deutschland* mit einer Mischung von Marktradikalismus, Nationalismus und Rassismus an, das Erbe der niedergehenden FDP zu übernehmen. Der Treppenwitz der letzten Bundestagswahl, dass beide Parteien sich gegenseitig die Wählerstimmen wegnahmen und so knapp an der Fünfprozentklausel scheiterten, wird sich schwerlich wiederholen. Autoren wie beispielsweise Thilo Sarrazin und Peter Sloterdijk sorgen, auch wenn sie selbst nicht Mitglied der Partei sind, nach Kräften dafür, dass der Rechtspopulismus in Deutschland immer hoffähiger wird. Völlig obskure Politsekten und Vereine propagieren mittlerweile ein Weiterbestehen des 1945 im Feuer alliierter Geschütze zu Recht untergegangenen Deutschen Reiches. Rechte Gurus wollen gar die Monarchie wieder einführen und krönen sich selbst zu Monarchen nicht existenter Zwergstaaten.

Eine Besonderheit verschiedener westeuropäischer Staaten ist, dass aufsteigende rechtspopulistische Parteien die Frage der Währung thematisieren. Ihre Forderung nach Ausstieg aus dem Euro hat natürlich den Hintergrund, die mittlerweile völlig verarmten Staaten im Süden und Osten der Eurozone ›abzuhängen‹ und so den eigenen Wohlstand zu sichern. Die ökonomischen Ursachen der voranschreitenden Krise werden dabei durchaus thematisiert, jedoch auf eine völlig verquere und letztlich rassistische und antisemitische Weise.

Schon der Irrwitz des letzten Krisenspektakels von 2007/2010 brachte mediale Kampagnen gegen vermeintlich Schuldige hervor. Nicht die Logik eines an seine Grenzen gestoßenen Systems abstrakter Arbeit, sondern die Gier ›krimineller Banker‹ sollte an allem schuld sein. Die öffentliche Bloßstellung ›schuldiger‹ Finanzhaie, die mittels Manipulationen und fragwürdigen Transaktionen die Weltwirtschaft in ein Chaos gestürzt hätten, wurde für einige Monate zum neuen Volkssport. Als infolge der sozialen Verwerfungen bei der Krisenbewältigung vor allem in südeuropäischen Staaten auch noch EU und Eurozone zu zerbrechen drohten, war zwischenzeitlich ein weiterer Buhmann gefunden. Russische Mafiosi hätten sich der Finanzindustrie der Inselrepublik Zypern bemächtigt und deutsche Steuerzahler müssten nun für die Rettung der angeschlagenen Inselrepublik geradestehen.

Nur ein winziger Schritt war es dann bis zum Auffinden des nächsten Buhmannes: Die US-Notenbank *Federal Reserve System* sei in Wirklichkeit ein Geheimbund jüdischer Banker und als solcher der Verursacher sämtlicher Finanzkrisen. So ist es jedenfalls zu lesen beim vom Linksradikalen zum Rechtspopulisten konvertierten Journalisten Jürgen Elsässer und seinem Anhang. Unter dem Banner eines kaum getarnten Antisemitismus formiert sich in Deutschland derzeit eine außerparlamentarische Bewegung verängstigter Kleinbürger und gewinnt immer mehr Zulauf.

In anderen Regionen ist noch stärkerer Tobak gefragt: In Indien, der ›größten Demokratie der Welt‹, ist der militante Hindu-Nationalismus zügig auf dem Vormarsch, flankiert von Pogromen gegen ethnische und religiöse Minderheiten. Das Machwerk »Mein Kampf« von Adolf Hitler wurde zu einem von der indischen Oberschicht gern gelesenen Bestseller.

Auch in den krisengeschüttelten und finanziell ausgebluteten Ländern Ost- und Südosteuropas greift bloßer Wohlstandschauvinismus schon nicht mehr. Die Forderung nach Abbau des Sozialstaates ist dort allein deshalb nicht mehr opportun, weil es schon nichts mehr abzubauen gibt. Ausgerechnet Ungarn, noch in den 1980er Jahren das Land des fröhlichen Gulaschkommunismus, hat seit Jahren eine offen rechtsradikale Regierung. In der benachbarten Slowakei tobt ebenfalls der rassistische Mob. Schon 2004 führten dort Restriktionen gegen die Minderheit der Roma zu einer verzweifelten Hungerrevolte. In Griechenland kam es im Verlauf der ursprünglich sozial motivierten Anti-EU-Proteste zum Aufstieg der offen faschistischen Partei *Chrysi Avgi* (Goldene Morgendämmerung). Dass sich nun in der Westukraine, bettelarme Region eines bettelarmen Staates, eine Bewegung installiert hat, die sich offen in die Tradition der während des 2. Weltkrieges in deutschem Sold massenmordenden SS-und Polizeieinheiten stellt, kann in diesem Kontext eigentlich schon nicht mehr verwundern. Nunmehr bedient sich der demokratische Westen in seinem Wirtschaftskrieg mit der russischen Ölindustrie ausgerechnet dieser offen antisemitischen Totschlägergarden als Söldner gegen russische Nationalisten. Die westliche Moderne ist endgültig auf den Hund gekommen.

Ob der geschilderte ideologische Rechtsruck den Kapitalismus insgesamt zu stabilisieren hilft, ist freilich zu bezweifeln. Beim Aufstieg rechtsradikaler Parteien und Bewegungen in zerbröselnden Randstaaten handelt es sich um puren »*Verzweiflungsnationalismus*« und keinesfalls um eine Wiederholung der unter dem faschistischen Banner in der ersten Hälfte des vorigen Jahrhunderts erfolgten »*fordistischen Zwangsformierung*« (Kurz, 1993, S. 35). Dieser »*Verzweiflungsnationalismus*« kann auch keine binnenstaatliche Konkurrenz zugunsten einer Expansion nach außen ausschalten, weil es nämlich eine funktionierende Nationalökonomie schon gar nicht mehr gibt. Letztlich können sich solche Ausbrüche eines zu spät gekommenen und dadurch anachronistischen Nationalismus ausschließlich in Ausgrenzung von als ›feindlich‹ deklarierten Bevölkerungsgruppen, in Vertreibungen, Ethnogemetzeln und Plünderungsorgien erschöpfen, den Nationalstaat also nicht stärken, sondern seinen Zusammenbruch beschleunigen.

Erfolgsaussichten autoritärer Krisenbewältigung werden allerdings auch von ernstzunehmenden linken Theoretikern diskutiert. Der US-amerikanische Ökonom und Historiker Moishe Postone nennt beispielsweise als mögliche Folge krisenhafter Entwicklungen eine »*Herausbildung hochmilitarisierter Staaten (...), in denen eine große Anzahl der Menschen überflüssig geworden ist und mit autoritär-repressiven Maßnahmen in Schach gehalten wird*«. »*Ein unschönes Szenario*«, meinte Postone, aber so könne der Kapitalismus überleben (Postone, 2012, S. 166).

Eine wie von Postone als möglich genannte militärisch abgesicherte Notstandsverwaltung könnte den drohenden Zusammenbruch kapitalistischer Metropolen selbstverständlich längerfristig verzögern. Faktisch liefe dieses Szenario allerdings darauf hinaus, den der kapitalistischen Warenproduktion innewohnenden Zwang zum Wachstum rein administrativ außer Kraft zu setzen. Die in einem solchen ausschließlich auf außerökonomischem Zwang beruhenden System aufgestauten inneren Widersprüchen dürften sich allerdings irgendwann über die bürokratisch-repressiven Hürden einfach hinwegsetzen und vermutlich in einer erneuten Kette von wirtschaftlichen Zusammenbrüchen, Kriegen und/oder Bürgerkriegen entladen. Der »*Kollaps der Modernisierung*« (Kurz, 1991) kann durch eine militärisch erzwungene Notstandsdiktatur zwar ausgebremst, aber nicht abgewendet werden.

Versuche einer autoritären und äußerst repressiven Krisenbewältigung sind natürlich längst im Gange: Die noch funktionierenden Inseln kapitalistischer Warenproduktion werden schon seit Jahren mittels Folter und außergerichtlichen Tötungen gegen die barbarischen Zerfallsprodukte eben dieser Warengesellschaft verteidigt. In diesem Kontext steht auch das zunehmende Ersetzen von menschlichem Militär durch Kampfroboter. Außergerichtliche Tötungen durch Drohnenangriffe gehören in verschiedenen Krisenregionen bereits zu einer schaurigen Normalität. Die Gewalt gegen ›Überflüssige‹ dürfte sich binnen kurzer Zeit auch offiziell nicht mehr darin erschöpfen, sie militärisch in Schach zu halten, sondern Formen organisierten Massenmordes annehmen.

Solch ein Szenario an die Wand zu malen, sei maßlose Übertreibung? Schon im Jahre 2003 schrieb Robert Kurz, »*der demokratische Gesamtimperialismus (habe) weitaus mehr Menschen auf dem Gewissen als sämtliche Warlords, Gotteskrieger, Neonazis, Selbstmordattentäter und Amokläufer zusammengenommen*« (Kurz, 2003, S. 426). Und der Vormarsch der Barbarei hat in den letzten zehn Jahren deutliche Fortschritte gemacht. Oder hätte damals schon jemand geglaubt, dass ein deutscher Oberst, wie in Afghanistan geschehen, für seine Teilnahme an einem Massenmord nicht nur nicht belangt, sondern auch noch mit dem Generalsrang bedacht würde?

Schwarze Utopie
Dieses Buch hat nun angesichts der wirtschaftlich bedingten Zerfallserscheinungen keineswegs das Anliegen, ein Hohelied auf Staatsräson und die ordnende Hand autokratischer Herrschaft zu singen. Der

Staat ist »*selber den inneren Widersprüchen des kapitalistischen Systems unterworfen*« und »*nicht die Lösung, sondern integraler Bestandteil des Problems*« (Kurz, 2011, S. 28). Zudem war der bürgerliche Staatsapparat von Anbeginn ein repressives Organ, welches die aus feudaler Herrschaft geerbten Untertanen gnadenlos in die Zumutungen kapitalistischer Lohnarbeit zwang und auch nie vor Folter und Massenhinrichtungen zurückschreckte. Und die mittlerweile gescheiterten Modernisierungsversuche peripherer Staaten brachten oft die obskursten Gestalten an die Schalthebel der Macht, deren Menschenrechtsverletzungen ganze Bände füllen.

Aus dem beschriebenen Verlust von Staatlichkeit als Folge wirtschaftlichen Zusammenbruchs resultiert nun aber gerade nicht die insbesondere von verschiedenen anarchistischen Autoren propagierte Utopie einer von Zwängen befreiten Gemeinschaft selbstbestimmter Kommunen und schon gar nicht die von Karl Marx so beschriebene »*Assoziation, worin die freie Entwicklung eines jeden die Bedingung für die freie Entwicklung aller ist*« (Marx/Engels, 1966, S. 45). Warenproduktion und Lohnarbeit bleiben auch nach dem Verschwinden staatlicher Institutionen in den betreffenden Regionen als Zwangsverhältnisse zunächst erhalten.

Also doch Kapitalismus ohne Staat? Natürlich nicht. Über die global vernetzte kriminelle Schattenökonomie sind die Zusammenbruchsterritorien auch weiter mit den noch funktionierenden Zentren kapitalistischer Warenproduktion verknüpft. An die Stelle staatlicher Souveränität tritt in diesen Regionen allerdings ein länderübergreifendes Geflecht informeller Netzwerke, an die Stelle repressiver Gesetzgebung und deren brutaler Durchsetzung ein durch nichts legitimiertes Faustrecht.

Wenn in diesen Zusammenbruchsregionen überhaupt von der Verwirklichung einer Utopie die Rede sein kann, dann höchstens von der schwarze Utopie neoliberaler Hardliner, die vor 20 Jahren davon träumten, staatliche Institutionen komplett zu privatisieren und die Polizei durch bewaffnete Banden bezahlter Kopfgeldjäger zu ersetzen.

Es ist sehr wahrscheinlich, dass ungeachtet der zu erwartenden Installation repressiver Notstandsverwaltungen eine Welle von Staatszusammenbrüchen und Bürgerkriegschaos in relativ kurzer Zeit auch die noch intakten kapitalistischen Metropolen erreicht. Robert Kurz prophezeite in diesem Zusammenhang einen »»Weltbürgerkrieg‹ (...) mit wechselnden Fronten« (Kurz, 1991 [2], S. 150) und ein »dunkles Zeitalter von Chaos und Zerfall gesellschaftlicher Strukturen (...), wie es noch niemals in der Weltgeschichte dagewesen ist« (Kurz, 1991, S. 257).

Es stellt sich die Frage, ob wir dem weiteren Fortschreiten dieses dunklen Zeitalters ohnmächtig ausgeliefert sind. Gibt es keine Alternative zur kapitalistischen Warenproduktion und deren zwangsläufigem Absturz in die Barbarei? Die Gesetze dieser Gesellschaft sind freilich keine Naturgesetze. Und Menschen sind lernfähig, können demzufolge auch andere Formen des Zusammenlebens entwickeln. Der Kapitalismus existiert keinesfalls schon immer und ewig, sondern gerade erst einmal seit ein paar hundert Jahren: »Der Kapitalfetisch ist von Menschen gemacht und kann daher von ihnen auch überwunden werden.« (Kurz, 2013, S. 17)

JAMAIKA
Von der Plantagensklaverei zum ›War on Crime‹

Die in der Karibik gelegene Inselrepublik Jamaika ist in Deutschland hauptsächlich als Touristenparadies und Station diverser Luxusliner bei Weltumsegelungen und Kreuzfahrten bekannt. Die kapitalistische Durchrationalisierung der ursprünglich auf Plantagensklaverei beruhenden Inselwirtschaft hinterließ einen strukturellen Sockel ›überflüssiger Bevölkerung‹, die mangels Alternativen ihren Lebensunterhalt zunehmend als Dienstleister einer kriminellen Schattenökonomie bestreitet. Die Folge sind eine Erosion der öffentlichen Institutionen sowie eine schon seit Jahrzehnten unübersehbare Expansion krimineller Gewalt.

Plantagensklaverei und Zuckerrohr

Jamaika war von einer friedlichen, Ackerbau treibenden Taino-Urbevölkerung besiedelt, als Kolumbus 1494 auf seiner zweiten Reise die Insel für die spanische Krone in Besitz nahm. Etwa hundert Jahre später waren die Ureinwohner fast ausgerottet. Da die Spanier auf der Insel kein Gold finden konnten, nutzte die Kolonialmacht sie hauptsächlich als Flottenstützunkt. Die Versorgung der kleinen spanischen Garnison oblag Sklaven afrikanischer Herkunft.

Im Jahre 1655 landete eine von Oliver Cromwell entsandte englische Invasionsflotte auf der Insel. Während der spanische Gouverneur nach kurzem Widerstand aufgab, flüchtete die Mehrzahl der gewesenen Sklaven ins Gebirge zu den Resten der Urbevölkerung und lieferte den Eroberern einen jahrzehntelangen erbitterten Guerillakrieg. Die so genannten Maroons plünderten regelmäßig britische Pflanzungen und nahmen von den Briten entlaufene Sklaven bei sich auf. Nach einer Reihe von Niederlagen ihres Militärs akzeptierte die Kolonialmacht im Vertrag von 1739 die von den schwarzen Guerilleros kontrollierten Inselterritorien als autonome Gebiete, während die Maroons sich im Gegenzug verpflichteten, ihre Überfälle auf britische Niederlassungen einzustellen.

Während der britischen Herrschaft war Jamaika zunächst Stützpunkt für den organisierten Seeraub. Unter der Flagge des englischen Königreichs plünderten Piraten spanische Niederlassungen und kaperten mit Schätzen beladene Schiffe. Der berüchtigte Pirat Henry Morgan wurde sogar geadelt, brachte es am Ende zum Vizegouverneur und obersten Richter von Jamaika. Das Piratenwesen wurde erst nach dem militärischen Sieg über Spanien von der britischen Krone als störend beseitigt. Der Piratenstützpunkt Port Royal verschwand im Jahre 1692 als Folge eines Seebebens; Kingston wurde die neue Hauptstadt Jamaikas. Als entscheidender Wirtschaftszweig setzte sich unter den Briten dann der Anbau von Zuckerrohr durch. Im späten 18. Jahrhundert war Jamaika zeitweise der weltweit größte Zuckerproduzent. Für den arbeitsintensiven Anbau und die Verarbeitung des Zuckerrohrs hatten die Briten massenhaft Sklaven aus Afrika importiert; bis heute haben 95 Prozent der Bevölkerung Jamaikas afrikanische Wurzeln.

Die Konzentration der Inselwirtschaft auf eine Monokultur erwies sich langfristig als fatal. Ein Beispiel: Als während des Unabhängigkeitskrieges der USA der Absatz von Zucker massiv einbrach, kam es im Jahre 1775 auf der Insel zu einer Hungersnot, der etwa 15.000 Plantagensklaven zum Opfer fielen.

Mit dem Siegeszug des 1780 erstmalig in Europa hergestellten Rübenzuckers begann der Niedergang des Zuckerrohrs. Dessen zunehmender Preisverfall, immer neue Sklavenaufstände sowie ein erneuter Krieg der Kolonialisten gegen die Maroons beförderten die Abkehr von der Plantagensklaverei. 1807 wurde vom britischen Parlament der Sklavenhandel für ungesetzlich erklärt, am 1. August 1834 dann die Sklaverei offiziell abgeschafft. Die von dem Edikt betroffenen Plantagenbesitzer wurden entschädigt, ihre Opfer nicht. Eine Landreform blieb ebenfalls aus.

Zahlreiche befreite Sklaven zogen sich in die Gebirgsregionen zurück und lebten am Rande des Existenzminimums von bäuerlicher Subsistenzproduktion. Die noch immer die Insel beherrschende ehemals sklavenhaltende Aristokratie versuchte mit allen Mitteln eine Abwanderung ihrer Arbeitskräfte zu behindern, holte außerdem Vertragsarbeiter aus Indien und China ins Land. Nach blutiger Unterdrückung der schweren sozialen Unruhen des Jahres 1865 wurde die Selbstverwaltung der Insel aufgehoben und Jamaika zur britischen Kronkolonie erklärt. Gouverneur Eyre, der nach der äußerst brutalen Niederschlagung des Aufruhrs abberufen wurde, erklärte nach seiner Rückkehr ins Mutterland: »(...) *gegen einen Aufstand von Schwarzen musste man mit anderen Mitteln vorgehen als gegen rebellierende Weiße. Der Neger in Jamaika ist wie eine Seuche, (...) ein gefährlicher Wilder.*« (Autorenkollektiv »Jamaika«, S. 59) Von der Anklage wegen Mordes wurde Eyre vor Gericht freigesprochen.

Die dann unter Regie der britischen Krone unternommene Modernisierung der Infrastruktur Jamaikas schuf zwar vorübergehend bezahlte Arbeitsplätze; eine im Anschluss erfolgte kapitalistische Durchrationalisierung der Plantagenwirtschaft hinterließ jedoch einen strukturellen Sockel von Massenarbeitslosigkeit, den bisher keine Inselregierung wirksam abbauen konnte. Der unter Regie des US-Konzerns *Standard Fruit* versuchte Umstieg vom Zuckerrohr auf den Anbau von Bananen endete mit einem Desaster.

Schon ab Ende des 19. Jahrhunderts sahen sich zahlreiche Inselbewohner zur Emigration gezwungen; viele gingen auf das mittel- und südamerikanische Festland und verdingten sich dort beispielsweise als Holzfäller, Plantagenarbeiter oder als Hilfskräfte beim Bau des Panamakanals. Die Mehrzahl der ›überflüssig‹ gewordenen Menschen blieb jedoch im Lande. Jamaikas Hauptstadt Kingston erlebte ein permanentes Anwachsen der Armutsviertel, die zunehmend von kriminellen Banden kontrolliert wurden.

Im Jahre 1938 kam es zu schweren Hungerkrawallen, Massenstreiks und zur Gründung erster politischer Parteien – Konservative und Sozialdemokraten. 1944 wurde der Bevölkerung der Kronkolonie das allgemeine Wahlrecht zugestanden; unter einer konservativen Regierung erlangte Jamaika im Jahre 1962 schließlich die staatliche Unabhängigkeit.

Konservative und Sozialdemokraten

Auch auf Jamaika erfolgte die soziale Ausdifferenzierung nach der Hautfarbe. Es entstanden eine ›weiße‹ Oberschicht und eine ›braune‹ Mittelschicht. Die Masse der Hoffnungslosen und Unterprivilegierten ist schwarz.

Noch während der britischen Kolonialherrschaft entluden sich die ungelösten sozialen Probleme der Insel mehrfach in blutig ausgetragenen Kämpfen zwischen Anhängern der Konservativen und der Sozialdemokraten, wobei die Konservativen eine Politik im Sinne der Oberschicht anstrebten, während die Sozialdemokraten mehr die Interessen der Mittelschicht vertraten. Die Armut hatte keine politische Lobby.

Beide Parteien wechseln sich regelmäßig als Regierungspartei ab, was stets eine Säuberung des Beamtenapparates von Anhängern der Gegenseite mit sich bringt. Für Außenstehende irritierend ist dabei, dass sich auf Jamaika die Konservativen *Jamaica Labour Party* (JLP), die Sozialdemokraten hingegen *People's National Party* (PNP) nennen.

Beide Parteien belohnen nach einem Wahlsieg regelmäßig treue Anhänger mit Privilegien, freigewordenen Posten im Beamtenapparat und hochdotierten Arbeitsverträgen im Management staatseigener Unternehmen. Die Konservativen schreckten nach den Verwüstungen durch einen Hurrikan im Jahre 1951 nicht davor zurück, Hilfslieferungen aus den USA ausschließlich an die eigenen Anhänger zu verteilen. Das Falten des Wahlzettels ist bei vielen Bürgern Jamaikas daher primär keine politische, sondern eine rein wirtschaftliche Entscheidung.

Die Auseinandersetzungen zwischen den Parteien eskalierten schon kurz nach Erringung der staatlichen Unabhängigkeit. 1963 gelang den Konservativen der Einbruch in die sozialdemokratische Hochburg Kingston, indem sie ein Armutsviertel der Hauptstadt kurzerhand niederreißen ließen: In dem dann an dieser Stelle neu errichteten Appartementkomplex erhielten nur Parteigänger der Konservativen Wohnrecht.

Das Wahlrecht auf Jamaika orientiert sich am britischen Vorbild. Gewählt ist der von einer Partei aufgestellte Kandidat, der in seinem Wahlbezirk mindestens 51 Prozent aller angegebenen Stimmen auf sich vereint. Neugegründete kleinere Parteien sind daher so gut wie chancenlos. Vor allem in der Hauptstadt Kingston rekrutierten die Parteien schon frühzeitig Jugendgangs als Wahlhelfer und schlossen Abkommen mit den die jeweiligen Stimmbezirke kontrollierenden Bandenführern, um das gewünschte Wahlergebnis zu erzielen.

Schon aus den 1960er Jahren sind Vernetzungen zwischen den Parteiapparaten, dem Baugewerbe und kriminellen Banden nachgewiesen. 1970 erreichte die Mordrate auf Jamaika das Niveau der USA.

Sozialistisches Intermezzo

Obwohl diese letztlich im Erbe des kolonialen Plantagensystems wurzelnde Entwicklung schon sehr früh zu verzeichnen war, gab es in der jüngeren Geschichte Jamaikas eine Phase, in der ein anderer Weg möglich schien.

Nachdem in den 1940er Jahren im Landesinneren der Insel umfängliche Bauxitlagerstätten gefunden worden waren, avancierte Jamaika mehrere Jahrzehnte lang zu einem der bedeutendsten Lieferanten für die Aluminiumindustrie. Die zunehmende soziale Ungleichheit und der Kampf um menschenwürdige Löhne im Bergbau führten zu einem Erstarken der Gewerkschaften sowie zur zeitweiligen Radikalisierung der sozialdemokratischen *People's National Party*.

Nach ihrem Wahlsieg von 1972 rief die Linksregierung unter Michael Manley einen ›Demokratischen Sozialismus‹ aus, näherte sich politisch der Nachbarinsel Kuba und dem damals revolutionären Nicaragua an. Die strukturellen Probleme der Inselwirtschaft wurden von den regierenden Sozialdemokraten allerdings nur sehr zögerlich angegangen. Das Gesundheitssystem wurde ausgebaut, Bauern und Kleinunternehmer gefördert. Die versprochene Landreform blieb in Ansätzen stecken und kam letztlich nur Mitgliedern der sozialdemokratischen Parteielite zugute. Die ausländischen Bergbaukonzerne wurden nicht nationalisiert, sondern lediglich stärker zur Kasse gebeten. Außerdem begann die Regierung eine wirtschaftliche Zusammenarbeit mit anderen Staaten der Region mit dem erklärten Ziel, sich langfristig aus der Umklammerung der gewesenen Kolonialmacht zu befreien.

Diese zaghaften Versuche, aus der wirtschaftlichen Misere herauszukommen, trugen dem Regime allerdings schon den Ruf ein, ›prokommunistisch‹ zu sein. Boykottmaßnahmen und Abwanderung zahlreicher westlicher Unternehmen stürzten das Land in eine tiefe Krise und führten dazu, dass die Regierung um einen Hilfskredit ersuchen musste.

Die vom IWF diktierten Bedingungen der Kreditvergabe brüskierten große Teile der sozialdemokratischen Wählerschaft und verschärften die wirtschaftlichen Probleme. Den Urnengang von 1980 kann man denn auch nur unter sehr großzügiger Auslegung dieses Wortes als ›demokratisch‹ bezeichnen – eher war es die Vorstufe eines Bürgerkrieges. Die konservative Opposition verbündete sich mit dem kriminellen Untergrund und organisierte militante Straßenproteste. Bezahlte Schlägergarden terrorisierten die sozialdemokratische Wählerschaft. Im Gegenzug heuerte die *People's National Party* Banden deklassierter Ghettojugendlicher als Wahlhelfer an. Die Wohnviertel von Kingston wurden zu einem politischen Flickenteppich – das politische Bekenntnis bestimmte der den jeweiligen Stimmbezirk dominierende Bandenführer. Benachbarte Wohnviertel beherrschende Parteimilizen trugen ihre Auseinandersetzungen häufig mit automatischen Waffen aus. Die subproletarische Elendsbevölkerung der südlichen Vorstädte Kingstons wurde in der Wahlschlacht von 1980 regelrecht verheizt, ganze Straßenzüge gingen in Flammen auf. Nach offiziellen Angaben zählte man nach dem Sieg der Konservativen etwa 800 Tote auf beiden Seiten; die tatsächliche Zahl dürfte weit höher liegen. Mehrere auf sozialdemokratischer Seite kämpfende Anführer von Jugendgangs flüchteten nach ihrer Niederlage ins Exil nach Kuba oder Kanada.

Neoliberale Wende und Übergang zur Kleptokratie

Nach seinem Sieg beeilte sich der in den USA geborene konservative Staatchef Edward Seaga, die zaghaften sozialistischen Versuche seines Amtsvorgängers weitgehend zurückzudrehen, und biederte sich bei dem ebenfalls frischgewählten US-Präsidenten Ronald Reagan an. Verschiedene westliche Unternehmen, die während des sozialistischen Intermezzos ihr Kapital von der Insel abgezogen hatten, kehrten daraufhin zurück. Der erhoffte große Dollarsegen aus dem Norden blieb jedoch aus: Reagan zog es vor, widerspenstige Kleinrepubliken nicht zu korrumpieren, sondern militärisch zur Raison zu bringen. Seaga war einer der karibischen Staatschefs, die 1983 die Invasion der US-Truppen auf der Insel Grenada unterstützten. Die von Jamaika entsandten 300 Soldaten kamen bei den Kämpfen allerdings nicht zum Einsatz.

Wegen bereits im Vorfeld offenkundiger Manipulation boykottierte die sozialdemokratische Opposition die nächsten Wahlen; die Konservativen regierten unangefochten bis 1989 weiter. Die sozialen Folgen der in dieser Zeit umgesetzten neoliberaler Strukturanpassungsprogramme waren verheerend. Zunehmende Armut, grassierende Korruption und Verfall des Gesundheitswesens sorgten für eine ständig wachsende Unzufriedenheit breiter Bevölkerungsschichten. Der Lebensstandard fiel teilweise noch hinter den Stand der 1960er Jahre zurück, während die Staatsschulden sich verdreifachten. Zahlreiche Einwohner Jamaikas wanderten in die USA aus. Als der Hurrikan Gilbert 1988 große Teile der Insel verwüstete, verschwand ein Großteil der internationalen Hilfe in den geräumigen Taschen der konservativen Staatsbürokratie. Dies dürfte der letzte Grund für den überwältigenden Wahlsieg der sozialdemokratischen PNP unter Michael Manley im Folgejahr gewesen sein.

Manley hatte allerdings seinen Vorstellungen eines demokratischen Sozialismus, die er als Staatsoberhaupt in den 1970er Jahren umzusetzen versuchte, längst abgeschworen und die Partei auf neoliberalen Kurs getrimmt. Er normalisierte nach seiner Wiederwahl zwar die Beziehungen zu Kuba, blieb aber ansonsten Musterschüler von Weltbank und IWF. Die Staatsschulden stiegen weiter, der wirtschaftliche Aufschwung blieb aus.

Der Übergang zur mehr oder weniger offenen Kleptokratie erfolgte erst unter P. J. Patterson. Michael Manley, der sich wegen einer Krebserkrankung aus der Politik zurückziehen musste, hatte seinen Finanzminister zuvor wegen nachgewiesener Korruption entlassen, was den sozialdemokratischen Parteiapparat jedoch nicht hinderte, genau diesen Mann für die nächste Wahl als Manleys Nachfolger zu nominieren.

Patterson wurde gewählt. Unter ihm erfolgte in Übereinstimmung mit den Regularien des Neoliberalismus eine weitere massenhafte Privatisierung staateigener Unternehmen. Elektrizitätswerke, Hafenanlagen, Flugplätze gingen oft zu Schleuderpreisen weg. Manager der zumeist defizitär arbeitenden und demzufolge noch staatseigenen Unternehmen genehmigten sich selbst absurd hohe Gehälter. Beispielsweise erhielt damals der Chef von Jamaikas Zentralbank ein höheres Gehalt als sein Kollege Greenspan in den USA. Die Vergabe öffentlicher Aufträge erfolgte ebenfalls meist nach dem Parteibuch. Sozialdemokratische Politiker sackten unter anderem Millionenbeträge für die Erneuerung des öffentlichen Straßennetzes ein und ließen die Arbeiten dann für einen Bruchteil des Betrages von wenig qualifizierten Subunternehmerfirmen ausführen.

Die enge Verflechtung des Staatsapparates mit kriminellen Strukturen setzte sich auch fort, als nach dem politischen Abgang Pattersons die Konservativen zwischenzeitlich wieder einmal an die Futterkrippe kamen. Doch davon später.

»War on Crime« und Todesschwadronen

Das in den Kommunalkriegen der 1970er Jahre in verschiedenen Vierteln der Hauptstadt herrschende Bandenwesen hatte anfangs durchaus noch eine politische und soziale Komponente. Anders als die konservative Elite bot die sozialdemokratisch orientierte Mittelschicht der Elendsbevölkerung durch Umverteilung eine etwas größere Teilhabe am gesellschaftlichen Reichtum, den Anführern der aus der Unterschicht kommenden Parteimilizen auch begrenzte soziale Aufstiegsmöglichkeiten. Mit dem Sieg der Konservativen und dem neoliberalen Schwenk der sozialdemokratischen PNP war dies obsolet geworden. Banden krimineller Jugendlicher raubten, mordeten und vergewaltigten nun ohne jeden politischen Auftrag.

Durch den zunehmenden Verfall des parlamentarischen Systems und die Degradierung von Urnengängen zu bloßen Entscheidungen über den Zugang zu wohldotierten Ministergehältern und lukrativen Bauaufträgen wurde das Verhältnis der kriminellen Banden zu den politischen Parteien nicht nur zunehmend lockerer – es drehte sich zum Teil auch gänzlich um. Die den jeweiligen Wahlbezirk beherrschenden Bandenführer waren nicht länger Dienstleister des gewählten Abgeordneten – der Abgeordnete vielmehr parlamentarischer Erfüllungsgehilfe der Schattenökonomie.

Auf die permanente Zunahme krimineller Gewalt reagierte jede gewählte Regierung – ob nun konservativ oder sozialdemokratisch – ausschließlich mittels Repression. Da die jamaikanische Polizei von Anbeginn korrupt war und es dem Vernehmen nach kaum unbestechliche Polizisten geben soll, wurden 1977 erste Sondereinheiten zur Bekämpfung des Bandenwesens aufgestellt. Diese agierten allerdings eher als ›Todesschwadronen‹ denn als rechtsstaatliche Institutionen. In der konservativen Ära der 1980er Jahre wurden jährlich etwa 300 Verdächtige erschossen und ihr Tod als Ergebnis eines Schusswechsels präsentiert. Unter den folgenden sozialdemokratischen Regierungen ging diese Zahl zwar etwas zurück, das Prinzip aber blieb. Strafanzeigen gegen Polizeibeamte wegen der willkürlichen Erschießung verdächtiger Personen landeten zumeist auf dem Schreibtisch der beschuldigten Beamten. In einem der wenigen untersuchten und bekanntgewordenen Fälle bescheinigte *amnesty international* im März 2001 der betreffenden Polizeieinheit den kaltblütigen Mord an sieben Jugendlichen.

Der parastaatliche ›War on Crime‹ sorgte dafür, dass Jamaika bei der Anzahl von Mordopfern je Einwohner weltweit grausige Rekorde erzielte. Von einem nennenswerten Rückgang der Bandenkriminalität kann hingegen keine Rede sein.

Siegeszug der Drogenbarone

Mit dem neoliberalen Durchmarsch kam es auf Jamaika nicht nur zu einer Schwächung von Parteien und Gewerkschaften. Folge war auch die Entstehung eines immer größer werdenden Sektors der informellen Ökonomie. Zahlreiche Jugendliche verschafften sich mangels bezahlter Lohnarbeit ein prekäres Einkommen durch Straßenhandel und Kleinkriminalität. Dies zusammen mit der zunehmenden Auswanderung in Richtung USA, Kanada und Europa begünstigte die Entwicklung der Inselrepublik zur Drehscheibe des internationalen Drogenhandels.

Den Anfang machten Anbau und Vertrieb des von indischen Vertragsarbeitern auf Jamaika eingeführten Cannabis. Im Zuge des von den USA den meisten südlichen Nachbarstaaten aufgezwungenen ›War on Drugs‹ wurden in den 1980er Jahren auf der Insel zahlreiche Hanffelder niedergebrannt. Die meisten jamaikanischen Gangs stiegen daraufhin auf den Schmuggel von Kokain um, das leicht zu transportieren ist und eine höhere Gewinnspanne verspricht.

Im Zuge der Kokain- und Crackwelle reorganisierten sich zahlreiche kriminelle und/oder politische Gangs dann als Drogenkartelle, die mit kolumbianischen Produzenten kooperierten und über die jamaikanischen Exilgemeinden ein internationales Vertriebsnetz aufbauten.

Ein damals temporär zu verzeichnender Rückgang krimineller Gewalt auf Jamaika war keineswegs auf verstärkte Polizeipräsenz zurückzuführen. Sie lag vielmehr darin begründet, dass die sich formierenden Kartelle ihre Kämpfe um Vertriebsnetze und Absatzmärkte zunehmend im Ausland austrugen. Schon 1987 brachten US-Behörden 625 Morde in elf verschiedenen Städten mit Aktivitäten jamaikanischer Drogenkartelle in Verbindung.

Der Bevölkerung erscheinen die Drogenbarone hingegen häufig als Wohltäter. Sie finanzieren Schulen, Krankenhäuser und Kindergärten, verteilen kostenlos Lebensmittel an Bedürftige und sorgen mittels ihrer Schutztruppen an Stelle der weitgehend verschwundenen Staatsmacht für Ruhe und Ordnung.

Nachdem die USA schließlich dazu übergegangen war, den Seeweg von Kolumbien über Jamaika für den Kokainschmuggel effektiv zu blockieren, verlagerte sich der Drogenhandel zunehmend auf das mittelamerikanische Festland. Der Drogenkrieg tobt seitdem hauptsächlich in Mexiko und dessen südlichen Nachbarstaaten. Die auf Jamaika beheimateten Kartelle verloren damit international an Bedeutung, was ihre Herrschaft über weite Teile der Insel jedoch nicht beeinträchtigte.

Nach der Jahrtausendwende stieg die zeitweise zurückgegangene kriminelle Gewalt auf der Inselrepublik wieder deutlich an. In den Jahren 2005 und 2009 erreichte die Inselrepublik mit 62 Todesopfern je 100.000 Einwohner den traurigen Rekord der weltweit höchsten Mordrate. Die Aufklärungsquote liegt derzeit nach offiziellen Angaben bei etwa 25 Prozent.

Ein Höhepunkt krimineller Gewalt und staatlicher Gegengewalt machte international Schlagzeilen: Im Mai 2011 kam es in Jamaikas Hauptstadt Kingston vor allem im Stadtviertel Tivoli Gardens zu schweren Kämpfen zwischen Polizeikräften und der Anhängerschaft des Bauunternehmers und Drogenbarons Cristopher ›Dudus‹ Coke, die nach offiziellen Angaben 74 Menschen (darunter einen Polizisten und zwei Soldaten) das Leben kosteten; 54 wurden verletzt. Der mutmaßlich führende Kopf des Drogenkartells *Shower Posse* wurde schließlich von der Polizei festgenommen; die Einwohner des Viertels versuchten vergeblich, seine Auslieferung in die USA zu verhindern. Die Regierung musste schließlich den Ausnahmezustand ausrufen und das Militär einsetzen, um die Situation wieder unter Kontrolle zu bekommen; landesweit wurden etwa 4.000 Menschen inhaftiert. Später bekannte sich Coke vor einem US-Gericht schuldig und wurde im Jahre 2012 zu 23 Jahren Haft verurteilt.

Die zu dieser Zeit Jamaika regierende konservative Partei hatte die Auslieferung des Drogenbarons zunächst monatelang verzögert. Der damalige Regierungschef Bruce Golding, der Coke nachweislich persönlich kannte und mutmaßlich in seine Immobiliengeschäfte verstrickt war, musste in der Folge zurücktreten. Bei den nächsten Wahlen im Dezember 2011 siegten dann wieder einmal die Sozialdemokraten. Jamaika wurde 2010 faktisch zahlungsunfähig und musste erneut beim IWF um einen Hilfskredit ersuchen. Der Schuldendienst verschlingt schon jetzt die Hälfte des Staatsbudgets; die noch vorhandene Infrastruktur verfällt. Weite Teile des Landes stehen faktisch unter Kontrolle der organisierten Kriminalität. Bei einer Einwohnerschaft von drei Millionen Menschen wurden im Jahre 2009 etwa 268 kriminelle Banden gezählt. Die staatliche Präsenz beschränkt sich in verschiedenen Vierteln der Hauptstadt auf gelegentliche Patrouillen schwerbewaffneter Polizei- und Militäreinheiten, deren Jagd auf Kriminelle regelmäßig in massiven Menschenrechtsverletzungen ausartet. Im Jahre 2010 waren Polizei und Militär der Inselrepublik offiziell für 20 Prozent aller gewaltsamen Todesfälle auf Jamaika verantwortlich.

KOLUMBIEN
Landraub und Bürgerkrieg

Als Ende 2013 in Berlin Angestellte eines bekannten Discounters beim Auspacken kolumbianischer Bananenkisten plötzlich ein paar Kilo Kokain fanden, sorgte dies in der deutschen Öffentlichkeit eher für Erheiterung. Auch bei wohlorganisierten Vertriebsnetzen passieren gelegentlich kleine Pannen. Die Polizei bestätigte umgehend, dass es sich bei der durch Zufall aufgeflogenen Lieferung nur um einen winzigen Bruchteil der jährlich in Deutschland konsumierten Menge handelte.

In der Tat sind Drogenkartelle, Entführungen, Attentate und Guerilleros die wohl häufigsten Stichworte zum Thema Kolumbien, mit denen der durchschnittliche Zeitungsleser konfrontiert wird. Der Begriff ›Militärdiktatur‹ wird eher selten mit dem Andenland in Verbindung gebracht. Berechtigterweise, denn im Gegensatz zu den meisten Nachbarstaaten wurde Kolumbien – von einigen kurzen Intermezzi abgesehen – seit Mitte des 19. Jahrhunderts stets parlamentarisch regiert. Offiziell zumindest.

Das Land ist einer der repressivsten Staaten der Welt, hält derzeit einen traurigen Weltrekord an politisch motivierten Morden. Von den in den letzten zehn Jahren weltweit ermordeten 1700 Gewerkschaftern gehen 60 Prozent auf das Konto kolumbianischer Paramilitärs. Die jahrzehntelang von einer Kaste stockkonservativer Großgrundbesitzer ausgebremste Modernisierung des Landes, das Eindringen ausländischen Kapitals, neoliberale Reformen und die Entwicklung eines offen kriminellen Sektors der Volkswirtschaft sorgten für eine sich ständig verbreiternde Kluft zwischen der in Armut und Hoffnungslosigkeit abgleitenden Bevölkerungsmehrheit und einer immer steinreicher werdenden Minderheit. Hinzu kommt eine noch aus dem

19. Jahrhundert stammende Tradition, anstehende Modernisierungsprojekte sowie dazu erforderliche Änderungen der Besitzverhältnisse
auf dem Wege gewaltsamer Enteignung durchzusetzen. Die Folge ist
nicht nur die Eskalation krimineller Bandenkriege, sondern auch eine
nun schon Jahrzehnte während Kette bewaffnet ausgetragener sozia-
ler Auseinandersetzungen.

Die nie vollständig abgeschlossene Staatsbildung ist in Kolumbien
mittlerweile durch einen zunehmenden Staatszerfall abgelöst worden. Weite Teile des Landes werden von kriminellen Kartellen, rechtsradikalen Banden oder einer kleinbäuerlichen Guerilla kontrolliert.
Das repressiv agierende Regime des rechtsradikalen Hardliners Álvaro
Uribe Vélez konnte in den letzten Jahren diese Entwicklung zwar ausbremsen, ihre Ursachen aber nicht beseitigen.

Vorgeschichte

Kolumbien ist geographisch gesehen ein Konglomerat höchst unterschiedlicher Regionen: Urwälder im Norden und an den Küsten, Hoch-
gebirge im Landesinneren, unfruchtbare Steppenlandschaft an der
Grenze zu Venezuela und Brasilien.

Das damalige Neugranada wurde zu Beginn des 16. Jahrhunderts
von Spanien erobert, die einheimische Bevölkerung dabei zum größten Teil ausgerottet oder assimiliert. Indigene stellen heute nur noch
etwa zwei Prozent der kolumbianischen Bevölkerung. Eine weitere
Minderheit sind die etwa 15 Prozent Afrokolumbianer – Nachkommen verschleppter Sklaven. Die Mehrheit der kolumbianischen Bevölkerung hat unterschiedliche Wurzeln. Die Oberschicht setzt sich fast
ausschließlich aus direkten Nachkommen europäischer Einwanderer
zusammen.

Die spanische Krone hatte das Gebiet nach der Eroberung an ver-
diente Konquistadoren verteilt – Keimzelle der ungleichen Besitzverhältnisse an Grund und Boden, die das Land noch bis in die Gegenwart hinein prägen. Im späten 18. Jahrhundert kam es zunehmend zu
Aufständen gegen die Kolonialherrschaft – eine der bekanntesten war
die Revolte der Comuneros im Jahre 1781. Nachdem sich auch Teile
der einheimischen Oberschicht gegen die wirtschaftliche Umklammerung durch das spanische Mutterland auflehnten, begann unter
Führung des aus Venezuela stammenden Simon Bolivar im Jahre 1809

der südamerikanische Unabhängigkeitskrieg, aus dem unter anderen die heutige Republik Kolumbien hervorging.

D e in der Kolonialherrschaft entstandenen Besitzverhältnisse blieben nach dem Abzug der Spanier allerdings unangetastet; als Sieger im Unabhängigkeitskrieg etablierte sich eine kleine Kaste konservativer Großgrundbesitzer, die ihre Herrschaft nunmehr ohne jede Einschränkung durch das spanische Königshaus fortsetzte. Als Gegner dieser Kaste formierte sich das liberale Bürgertum der Städte, das eine Modernisierung des Landes auf kapitalistischer Grundlage anstrebte. Beide politischen Strömungen konstituierten sich 1848/49 als politische Parteien. Das 19. Jahrhundert war geprägt durch eine ganze Kette von Machtkämpfen und Bürgerkriegen, in denen sich Anhänger der Liberalen und der Konservativen gegenüberstanden. Folge von Niederlagen der Liberalen war ab 1880 eine konservative Restauration. Mehrere bewaffnete Aufstände gegen die konservative Dominanz scheiterten.

Die im Zusammenhang mit der bürgerlichen Entwicklung anstehende Modernisierung wurde in dieser Zeit nachhaltig behindert. Kolumbien blieb ein rückständiges Agrarland, das bis in die Mitte des 20. Jahrhunderts nur ansatzweise über eine staatliche Infrastruktur und nicht einmal über ein alle Regionen verbindendes Straßennetz verfügte. Die wenigen florierenden Wirtschaftszweige befanden sich fast ausschließlich in der Hand ausländischer, überwiegend US-amerikanischer Unternehmen.

Ein erster Bürgerkrieg in den Jahren 1899 bis 1902 führte zu einer massenhaften gewaltsamen Enteignung kleinbäuerlicher Wirtschaften durch konservative Großgrundbesitzer (*Krieg der tausend Tage*). Hintergrund waren die damals auf dem Weltmarkt explodierenden Kaffeepreise, die die Kaffeepflanzer zu einer gewaltsamen Ausweitung ihrer Plantagen veranlassten. Das als Folge der inneren Auseinandersetzungen geschwächte Land hatte dann nicht mehr die Kraft, der im Jahre 1903 von den USA betriebenen Abtrennung der nördlichsten Provinz nennenswerten Widerstand entgegenzusetzen. Die Konzessionserlöse für den dort gebauten Panamakanal kamen ausschließlich der neugegründeten Republik Panama zugute. Immerhin ließ sich die kolumbianische Regierung im Jahre 1914 ihre nachträgliche Anerkennung der Sezession von den USA mit 25 Millionen Dollar vergüten.

Sozialer Widerstand und kriminelle Gewalt

Auf Grundlage dieser einmaligen Zahlung der USA und des weltweiten Nachkriegsbooms kam es in den 1920er Jahren zu einem begrenzten wirtschaftlichen Aufschwung. Das führte auch zum Erstarken der Linken. Diese verbanden im Unterschied zu den Liberalen die Auflehnung gegen verkrustete postkoloniale Besitzverhältnisse mit dem Kampf gegen soziale Verwerfungen infolge zunehmender kapitalistischer Durchdringung des Landes. Gewerkschaften wurden gegründet; es gab erste Arbeitskämpfe. Bei den Wahlen von 1921 überflügelte eine kurz zuvor gegründete erste sozialistische Partei sogar die Liberalen, die sich daraufhin beeilten, einige sozialistische Forderungen in ihr Programm aufzunehmen. Die im Jahre 1926 gegründete *Partido Socialista Revolucionario* (PSR) vertrat dann schon klassische kommunistische Positionen. Ein von ihr unterstützter Streik der Bananenarbeiter im Jahre 1928 wurde auf Betreiben des US-Konzerns *United Fruit Company* (heute bekannt unter dem Namen *Chiquita*) durch das Militär zusammengeschossen; zwischen 1.000 bis 1.500 Arbeiter fielen dem Massaker zum Opfer. In der Folge raste eine Welle rechten Terrors durch das Land. Die PSR erklärte nach der Niederlage ihre Selbstauflösung; die Reste gingen in der 1930 gegründeten *Partido Comunista Colombiano* auf.

Sieger in den Auseinandersetzungen wurden schließlich die Liberalen, die im Ergebnis der Präsidentschaftswahl von 1930 (auch aufgrund tatkräftiger Unterstützung der Linken) nach 50 Jahren erstmals wieder an die Regierung kamen. In den nächsten Jahren unternahmen liberale Präsidenten zaghafte Versuche, die ungelöste Landfrage auf dem Reformweg zu beantworten. Den Plantagenarbeitern wurde 1931 ihre Assoziationsfreiheit gesetzlich garantiert. Konservativer Großgrundbesitz und katholischer Klerus sahen bereits darin einen ›Vormarsch des Kommunismus‹. In den 1940er Jahren organisierten sich nach dem Vorbild der spanischen Falange faschistische Gruppen; es gab Putschversuche des Militärs. Eine vorübergehende Spaltung der Liberalen brachte im Jahre 1945 wieder die Konservativen an die Regierung.

Im Jahr 1948 wurde – wahrscheinlich auf Betreiben konservativer Großgrundbesitzer – der populäre Rechtsanwalt und Präsidentschaftskandidat Jorge Elicier Gaitán erschossen. Gaitán gehörte zum linken

Flügel der liberalen Partei – offenbar befürchtete man, er würde nach seinem sich abzeichnenden Wahlsieg mit der lange angekündigten Landreform Ernst machen. Nach dem Mord kam es zur spontanen Revolte der Hauptstadtbevölkerung; die Menschen stürmten Polizeistationen und brandschatzten Wohnviertel der Oberschicht. Das Militär griff ein und schoss wahllos in die Menge. Der *El Bogotazo* genannte Aufstand, der auch auf andere Städte übergriff, dann aber nach wenigen Tagen zusammenbrach, kostete etwa 5.000 Menschen das Leben.

Der Konservative Laureano Gómez, ein stockreaktionärer Verehrer Hitlers und Parteigänger der spanischen Franco-Diktatur, mutmaßlich in den Mord an Gaitán verwickelt, ergriff die Macht und rief mit Rückendeckung des Klerus zum ›Heiligen Krieg‹ gegen Liberale und Kommunisten auf. Das war der Auftakt zu einem landesweiten, staatlich organisierten Pogrom, der Kolumbien für mehrere Jahre an den Rand eines Abgrundes führte. Klerikalfaschistische Gruppen und im Sold der Konservativen stehende Banden ermordeten oder vertrieben die Einwohner ganzer Dörfer. Die Abrechnung mit politischen Gegnern wurde dabei häufig zu kriminellem Landraub genutzt; Großgrundbesitzer eigneten sich den Grund und Boden der Ermordeten oder Vertriebenen schamlos an. Während die Führung der liberalen Partei keinerlei Willen zum Widerstand zeigte, sondern im Gegenteil zu Frieden und Mäßigung aufrief, bewaffnete sich ihre unmittelbar bedrohte Basis zur Selbstverteidigung. In der Folge plünderten auch liberale Guerillatruppen als feindlich betrachtete Plantagen und Dörfer, lieferten Militär und gegnerischen Banden blutige Kämpfe. Die zunehmende Auflösung der staatlichen Ordnung nutzen zahlreiche Kriminelle zur persönlichen Bereicherung.

Das jahrelange Gemetzel – es ging unter der Bezeichnung *Violencia* (Gewalt) als traumatisches Ereignis in die kolumbianische Geschichte ein – kostete insgesamt etwa 200.000 bis 300.000 Menschen das Leben.

1953, als die staatliche Ordnung endgültig zu zerfallen drohte, putschte das Militär unter General Rojas Pinilla. Dieser, ein gemäßigter Nationalist, der es verstand, sich mittels populistischer Parolen in der Bevölkerung Rückhalt zu verschaffen, verkündete eine allgemeine Amnestie, um den Bürgerkrieg zu beenden. Dass er außerdem auch von den Interessen der Oberschicht abweichende Ambitionen entwickelte und versuchte, eine eigene Partei zu gründen, brachte Vertreter der Konservativen an den Verhandlungtisch der Liberalen. Nach vier Jahren Militärherrschaft einigten sich beide Parteien schließlich auf eine Regierung der *Nationalen Front* – bis 1978 traten sie dann bei Wahlen gemeinsam an. Alle öffentlichen Ämter wurden nach einem zuvor ausgehandelten Proporz aufgeteilt; liberale und konservative Präsidenten wechselten sich ab. Obwohl es noch Jahre dauerte, die letzten während der *Violencia* entstandenen kriminellen Banden niederzukämpfen, konnte der Bürgerkrieg schließlich offiziell beendet werden. Die Militärregierung trat ab und die unter Kontrolle der Liberalen stehenden Guerillaabteilungen wurden demobilisiert.

Nachteile dieser *Nationalen Front* waren allerdings die Verfestigung eines Systems von Ämterpatronage und Korruption sowie der Verlust jeder demokratischen Kontrollmöglichkeit. Und die Landfrage als Auslöser der Gewaltorgie blieb natürlich wieder ungelöst. Im Gegenteil: Die Liberalen beendeten als Bestandteil ihres Deals mit den Konservativen ihre Zusammenarbeit mit den bisherigen linken Unterstützern.

Von 1961 bis 1985 erneut unternommene zaghafte Versuche einer Landreform führten unter dem Druck von Bauernverbänden immerhin zur Verteilung von 550.000 Hektar brachliegendem Boden an 30.000 Familien. Die Mehrzahl der Landlosen ging allerdings leer aus.

Land und Gerechtigkeit

Kolumbien ist das einzige lateinamerikanische Land, in dem noch heute linke Guerillagruppen militärisch aktiv sind und über einen gewissen Rückhalt in der Bevölkerung verfügen. Ihr ursprüngliches Anliegen war der Schutz der Landbevölkerung vor den von Großgrundbesitzern bezahlten paramilitärischen Banden. Die quasi-staatliche Herrschaft der Guerilleros über verschiedene abgelegene Territorien Kolumbiens wird von der Mehrheit der Einwohner dieser Regionen als wesentlich gerechter empfunden als die der notorisch korrupten und repressiven offiziellen Staatsgewalt.

Die Ursache für das Entstehen der Guerilla lag in der nach dem Ende der *Violencia* immer noch ungelösten Landfrage. Kleinere linke Guerillatrupps, die sich der Demobilisierung verweigert hatten, bildeten bäuerliche Selbstverteidigungsgruppen und übten in Siedlungen, auf die die landhungrigen Großgrundbesitzer keinen Zugriff hatten, eine Art lokaler Verwaltung aus. Ab 1962 ging das kolumbianische Militär, angeleitet von US-Beratern, bewaffnet gegen die bäuerliche Guerilla vor. Im Jahre 1966 schlossen sich die Selbstverteidigungsgruppen nach Eroberung der von nur 48 Guerilleros verteidigten Siedlung Marquetalia durch die reguläre Armee zur *Fuerzas Armadas Revolucionarias da Colombia – Ejérito del Pueblo* (FARC) zusammen, erklärten der repressiven Staatsgewalt den Krieg und orientierten sich politisch an der Kommunistischen Partei. Ihre Hauptforderung: »*Den Siedlern, Besitzern, Mietern, Halbpächtern, Anteilseignern von Grund und Boden des Großgrundbesitzes und der Nation werden Besitzrechte derjenigen Grundstücke überschrieben, die sie bearbeiten. Jede Art der veralteten Bodennutzung, Halbpacht oder Miete gegen Naturalien oder Geld, wird abgeschafft.*« (Marulanda, S. 191) Eine Programmatik, die sich weniger an den protokapitalistischen Modernisierungsregimes osteuropäischer Prägung orientierte, sondern vielmehr den Realitäten einer antifeudalen Bauernbewegung entsprach, die sich in diesem Winkel Lateinamerikas noch immer gehalten hatte. Mit militärischer Rückendeckung der FARC und anderer Guerillagruppen kam es insbesondere in den 1970er Jahre in Kolumbien zu einer neuen Welle von Sozialprotesten, Streiks und Landbesetzungen.

1982 unternahm die FARC mit Gründung der legalen Partei *Union Patriotica* (UP) einen Versuch, den militärischen Konflikt mit der Staatsmacht in den Rahmen einer politischen Auseinandersetzung zu überführen. Dieser Versuch wurde im Keim erstickt. Die UP entwickelte sich zwar schnell von einer marxistischen Kaderpartei zur offenen Plattform der kolumbianischen Linken und kam bei den Präsidentschaftswahlen von 1988 auf immerhin 4,5 Prozent der Stimmen. Zu dieser Zeit hatte jedoch bereits die systematische Jagd rechter Paramilitärs auf UP-Mitglieder eingesetzt. Zwei Präsidentschaftskandidaten der UP wurden ermordet, außerdem acht Abgeordnete und 70 Gemeinderäte. Die Zahlenangaben zu den insgesamt ermordeten Mitgliedern schwanken zwischen 2.000 und 5.000. Eine Mitgliedschaft in der Partei wurde zum selbstmörderischen Unternehmen. Im Jahre 2002 wurde die faktisch kaum noch existente UP auch formaljuristisch als Partei aufgelöst.

Außer der FARC ist derzeit in Kolumbien noch die etwas kleinere Guerillaorganisation *Ejército de Liberación Nacional* (ELN) aktiv. Die ELN entstand bereits 1963 um einen Kern marxistisch geschulter Studenten und orientiert sich an den Schriften Ernesto Che Guevaras. Die studentischen Guerilleros vermochten sich nach recht kurzer Zeit in den von ihnen kontrollierten Regionen zu etablieren. International bekannt wurde die Organisation, als sich der sozial engagierte Universitätspfarrer Camillo Torres der ELN anschloss und kurz darauf, am 16. Februar 1966, im Kampf gegen das Militär ums Leben kam. Der Tod des revolutionären Theologen führte seinerzeit zu heftigen Debatten in der katholischen Kirche und trug zur Entstehung der in Lateinamerika sehr starken Theologie der Befreiung bei. Und Torres blieb kein Einzelfall – bis in die jüngere Vergangenheit hinein waren in der Führungsspitze der marxistisch ausgerichteten ELN katholische Armenpriester vertreten, deren soziales Engagement in ihrer Beteiligung an der Guerilla mündete. Die ELN galt in den 1970er Jahren nach einer schweren Niederlage gegen das Militär als im Zerfall begriffen, konnte sich dann jedoch neu strukturieren und in weiteren Regionen verankern.

Aus einer maoistischen Abspaltung der Kommunistischen Partei entstand 1967 die *Ejército Popular de Liberación* (EPL). Diese dritte Guerillaorganisation war hauptsächlich in den Bananenanbauregionen Nordkolumbiens verankert. Im Jahre 1990, mit dem Zerfall des osteuropäischen Sozialismus, geriet die zuletzt an Albanien orientierte EPL allerdings in eine ideologische Krise; die Mehrheit ihrer Kämpfer ließ sich in der Folge demobilisieren. Zahlreiche ehemalige Maoisten ließen sich später von Privatpolizeien der Plantagenbesitzer oder von den rechtsradikalen Paramilitärs rekrutieren. Einige Rest-Abteilungen der EPL, die sich der Demobilisierung verweigert hatten, spielen in der Gegenwart offensichtlich keine Rolle mehr.

Eine vierte Guerillaorganisation bildete sich als Folge der wahrscheinlich manipulierten Präsidentschaftswahl von 1970. Die *Nationale Volksallianz* um den ehemaligen Putschgeneral und Diktator Rojas Pinilla unterlag damals dem Bündnis aus Konservativen und Liberalen. Obwohl Pinilla seine Niederlage akzeptierte, gründeten Teile des linken Flügels seiner Partei 1972 die Guerillaorganisation *Movimiento 19 de abril* (M 19). Diese war nicht marxistisch, sondern linksnationalistisch ausgerichtet und versuchte, sich mittels spektakulärer Aktionen vor allem in der städtischen Bevölkerung zu verankern. Nach einer schweren Niederlage im Jahre 1985 – die Besetzung des Justizpalastes endete mit dem Tod sämtlicher Besetzer und zahlreicher Geiseln – legte das M 19 die Waffen nieder und versuchte sich wieder in das legale politische Leben zu integrieren. 1989 gründeten ehemalige Guerilleros mit der *Aliança Democràtica M-19* eine weitere Partei, die bei den Wahlen von 1990 auf Anhieb acht Prozent der abgegebenen Stimmen erhielt. Fast alle führenden Mitglieder dieser Partei wurden in der Folge von rechten Paramilitärs ermordet; die Reste der Partei gingen in der 2003 neu gegründeten Linkspartei *Polo Democrático* auf. Gustavo Pedro, der populäre linke Bürgermeister von Bogota, war Mitglied der *M 19*.

Während des Bürgerkrieges kam es zu zahlreichen Hinrichtungen von Gefangenen und zu Morden an politischen Gegnern – auch in den Guerilla-Gebieten. Bei militärischen Aktionen der Guerilla sind nicht wenige zivile Opfer nachgewiesen. Von einer gezielten Terrorisierung ganzer Bevölkerungsgruppen durch die Guerilleros kann allerdings keine Rede sein. In einer 2013 veröffentlichten Studie heißt es, dass zwischen 1981 und 2012 in Kolumbien 23.154 Personen gezielt ermordet worden sind. In zehn Prozent der Fälle kamen die Täter aus den Reihen der staatlichen Sicherheitsorgane, 17 Prozent der Fälle sind den Guerilleros zuzuordnen, 23 Prozent den rechten Paramilitärs. In 27 Prozent der Fälle konnten die Urheber nicht festgestellt werden.

FARC und ELN wurden ab 1990 häufig als ›stalinistische Relikte‹ bezeichnet und ihr Verschwinden schien zwangsläufig. Von der tiefen Krise der kolumbianischen Linken Anfang der 1990er Jahre, als legale politische Parteien, Gewerkschaften und sonstige Organisationen sich auflösten, zerschlagen wurden oder zu winzigen Restgruppen schrumpften, waren die Guerillaorganisationen allerdings kaum betroffen. Im Gegenteil: FARC und ELN gingen in dieser Zeit zum Bewegungskrieg über, eroberten Militärstützpunkte und brachten weitere Territorien unter ihre Kontrolle. 1998 eroberte die FARC kurzzeitig die Departmentshauptstadt Mitú. Anfang 1991 und dann noch einmal Ende 2000 standen ihre Einheiten kurz vor der kolumbianischen Hauptstadt Bogota; es kam in den Vorstädten zu schweren Gefechten zwischen Sicherheitskräften und FARC-nahen Milizen.

Die Guerilla bewies durch ihre Existenz, dass sie entgegen dem eigenen Selbstverständnis weit weniger auf den Schultern europäischer Sozialismusmodelle steht als vielmehr in der Tradition einer jahrhundertelangen Kette von Bauernrevolten gegen den in der Zeit der spanischen Landnahme entstandenen Großgrundbesitz.

Gegen den Vormarsch bewaffneter Bauern organisierte sich allerdings die bewaffnete Gegenlandreform.

Revolutionäre Volksmacht und kriminelle Ökonomie

Ein Heer von mehreren tausend Guerilleros muss bewaffnet und unterhalten werden. Das Dilemma, sich als Parallelmacht zum existierenden Staat Finanzquellen erschließen zu müssen, aber andererseits auf das Wohlwollen der Bevölkerung in den von ihnen kontrollierten Regionen angewiesen zu sein, zieht sich wie ein roter Faden durch die Geschichte sämtlicher Guerillabewegungen.

Die beiden noch aktiven Guerillaorganisationen FARC und ELN dulden in ihren Territorien die Tätigkeit gewinnorientiert arbeitender Unternehmen, wenn diese sich bereit erklärten, einen Teil ihres Umsatzes als ›Revolutionssteuer‹ abzuführen. Gelegentlich wurde den Unternehmen von der Guerilla außerdem die Anwendung besonders umweltschädlicher Technologien untersagt und sie waren gehalten, ihren Beschäftigten einen angemessenen Mindestlohn zu zahlen. Es handelte sich also um einen mit Waffengewalt unternommenen Versuch, klassische sozialstaatliche Forderungen durchzusetzen. Unternehmen, die sich der Besteuerung und Kontrolle durch die Guerilla widersetzen, haben mit Anschlägen zu rechnen.

FARC und ELN führten unter anderem einen jahrelangen Krieg gegen die im Nordosten Kolumbiens operierenden ausländischen Ölkonzerne. Die Guerilleros begründeten ihre zahlreichen Anschläge auf Förderanlagen und Pipelines der Ölindustrie damit, dass bei den zwischen Regierung und ausländischen Unternehmen abgeschlossenen Verträgen die Bevölkerung leer ausgehe, das Land also ausgeplündert würde. Von den Ölkonzernen bezahlte Lobbyisten üben im Gegenzug permanent Druck auf die US-Regierung aus, das kolumbianische Militär bei seinem Krieg gegen die Guerilla zu unterstützen. Doch dazu später. Bei den Anschlägen der Guerilleros sorgte das auslaufende Öl in den betroffenen Regionen jedenfalls für massive Umweltschäden. In mindestens einem Fall entzündete sich der Ölteppich und zerstörte ein ganzes Dorf; über 70 Menschen starben.

Die von allen Guerillaorganisationen Kolumbiens ausgeübte Praxis, Angehörige der Oberschicht zu entführen und erst nach Zahlung eines Lösegeldes wieder freizulassen, ist ganz sicher kriminell. FARC und ELN rechtfertigten sich mit der oft zweifelhaften Herkunft der so enteigneten Vermögen – besonders häufig wurden Familienangehörige bekannter Drogenbosse gekidnappt. Auch legten die Guerilleros Wert auf die Feststellung, ihre Gefangenen gut zu behandeln, und verwiesen in diesem Zusammenhang auf menschenunwürdige Zustände in staatlichen Gefängnissen. Dass die Guerilleros im Jahre 2002 ausgerechnet die grüne Präsidentschaftskandidatin Ingrid Betancourt entführten, ist allerdings schwer nachvollziehbar. Kolumbien geriet infolge dieser Aktivitäten jedenfalls nicht zu Unrecht in den Ruf, das Land mit der weltweit höchsten Entführungsrate zu sein. Die permanente Befürchtung der Oberschicht, Opfer eines Kidnappings zu werden, trug im Jahre 2002 maßgeblich zum Wahlsieg des rechten Hardliners Álvaro Uribe Vélez bei. Im Februar 2012 erklärte die FARC ihre jahrzehntelang ausgeübte Praxis von Entführungen bedingungslos für beendet.

Die Tolerierung des Anbaus von Kokasträuchern sowie die Besteuerung der Produktion von *Pasta Básica de Cocaina* brachte insbesondere der FARC den Ruf ein, eine *Narcoguerilla* zu sein. Übersehen wird dabei zumeist, dass die überaus gewinnbringende Extraktion von Kokain aus der *Pasta Básica* erst in Drogenlabors außerhalb der Guerillagebiete stattfindet. Und dass Regierung und rechte Paramilitärs bis zum Hals im Drogengeschäft stecken. Überliefert ist beispielsweise, dass beim Vormarsch der FARC im Jahre 1983 ein Drogenlabor von den Betreibern unter aktiver Mithilfe des regulären Militärs evakuiert wurde.

Der Anbau von Kokasträuchern in den südlichen Gebirgsregionen Kolumbiens begann im Wesentlichen erst in den letzten Jahrzehnten. In geringem Umfang wurde Koka in Bergdörfern schon vorher zur Selbstversorgung angebaut. Wobei das traditionelle Kauen der Kokablätter mittlerweile als gesundheitlich unbedenklich gilt, ebenso wie der Konsum von aus Kokablättern gebrühtem Tee. Kokain als Droge wurde erstmals im 19. Jahrhundert aus Blättern der Kokapflanze extrahiert, ist also ein Produkt der westlichen Moderne. Seit der internationalen Drogenkonvention von 1961 gilt es als weltweit verbotene Substanz.

In einem Interview äußerte sich der FARC-Commandante Tirofijo zu diesbezüglichen Vorwürfen wie folgt: »*Wir haben uns mit den Bauern zusammengesetzt und gefragt: Warum baut ihr Koka an? Und die Menschen sagten: Weil es das Einzige ist, was einen Wert hat und was wir verkaufen können. (...) Der Koka-Anbau ist nicht Schuld der Campesinos, sondern die Schuld des Systems, das keine Lösung für dieses Problem zulässt.*« (Hörtner, 2006, S. 113)

In entlegenen Regionen, in denen die Guerilla vorzugsweise operiert, sind der überaus genügsame Kokastrauch und die leicht zu transportierende *Pasta Básica* einzige Einnahmequelle der Bevölkerung. Die Kosten für den Ankauf des Grundstoffes betragen nach Schätzungen von Fachleuten in Kolumbien nur etwa ein bis zwei Prozent des in den USA erzielbaren Großhandelspreises für Kokain. Der Löwenanteil am Gewinn wird somit bei der chemischen Extraktion des Kokains und seinem Transport in die USA oder nach Europa erzielt. Die Kokabauern erhalten von den im Drogenhandel insgesamt erwirtschafteten Milliarden nur einen winzigen Bruchteil, können dadurch aber immerhin überleben.

Aus der Anfangsphase der Guerilla sind Versuche nachgewiesen, den Anbau von Kokasträuchern zu verhindern. Dies wurde von den Guerilleros bald wieder unterlassen, da es sie die Sympathie ihrer kleinbäuerlichen Basis kostete. Die ELN unterbreitete der Europäischen Union im Jahre 1995 ein Konzept zur Unterbindung des Kokaanbaus. Der Vorschlag blieb unbeantwortet. 1998/1999 führte auch die FARC mit der kolumbianischen Regierung und US-Diplomaten Gespräche über ein Pilotprojekt zur Umstellung von Kokaanbau auf alternative Agrarprodukte. Die USA lehnten den Vorschlag schließlich ab.

Immerhin findet der in großen Teilen Kolumbiens tobende Kampf zwischen Drogenkartellen in den Guerillagebieten nicht statt. Angesichts des weitgehenden Versagens der staatlichen Institutionen gegenüber krimineller Gewalt profilierte sich die Guerilla als nicht korrumpierbare Ordnungsmacht. In einem UNICEF-Bericht des Jahres 2000 beklagt beispielsweise eine kolumbianische Bäuerin die Untätigkeit der Behörden ihres Landes gegenüber der ausufernden Gewalt in den Koka-Anbaugebieten. Und bringt ihre Argumentation abschließend auf folgenden Punkt: »*Die einzigen, die für Gerechtigkeit sorgen, sind die Guerilleros.*« (Lessmann, S. 58) Und die katholische Sozialarbeiterin Maria Geraldina Cardozo Aragón schildert die Verhältnisse in einer 1999 bis 2002 von der FARC beherrschten entmilitarisierten Zone wie folgt: »*Es gab keine Morde, keine Überfälle, keinen Diebstahl. Wenn jemand etwas anstellte, dann konnte man sich bei der Guerilla beklagen und die stellte die Ordnung wieder her.*« (Cardozo, S. 22f) Mit Einmarsch der Armee in diese Zone eskalierte dann wieder die Gewalt.

Der Anbau von Kokasträuchern im Süden Kolumbiens und die Produktion von Kokain sind eben nicht der Präsenz der Guerilla geschuldet, sondern haben ihre Wurzel in denselben sozialen Problemen, die letztlich zum Aufkommen der Guerilla führten.

Terror der Gegenlandreform

Rechte Paramilitärs gelten zu Unrecht neben dem Militär und der Guerilla als dritte Konfliktpartei im kolumbianischen Bürgerkrieg. Tatsächlich arbeiten die Paramilitärs meist mit dem Militär zusammen; häufig sind Soldaten und Polizisten nebenher für rechte Todesschwadronen tätig. Obwohl es auch gelegentlich Konflikte zwischen Regierung und Paramilitärs gab und gibt, wurden staatliche Institutionen von den rechtsradikalen Mörderbanden kaum bekämpft.

Wann die ersten Einheiten rechtsradikaler Paramilitärs entstanden, ist schwer nachweisbar. Bereits in der Zeit der *Violencia* nutzten konservative Grundbesitzer die Dienste krimineller Banden, um mit politischen Gegnern abzurechnen und im großen Stil Landraub zu betreiben. Die durch Vertreibung und Landraub geschaffenen großflächigen Ländereien wurden später häufig Keimzellen kapitalistisch betriebener Plantagenwirtschaft. (Der in jüngerer Vergangenheit von linken Soziologen thematisierte Prozess von Landgrabbing ist tatsächlich alt; nur ließen sich kapitalistische Agrarunternehmen anfangs von feudalen Großgrundbesitzern die Drecksarbeit abnehmen.)

Aus einem Dokument des US-Militärs aus dem Jahre 1962 stammt die Empfehlung an die kolumbianische Regierung, aus Zivilisten und Militärs gemischte Gruppen zu bilden, die mittels »*paramilitärischer terroristischer Aktivitäten*« Sympathisanten des Kommunismus bekämpfen. Interessant ist dabei, dass es zu dieser Zeit in Kolumbien eine linke Guerilla noch gar nicht gab. 1965 wurde jedenfalls die Existenz paramilitärischer Strukturen per Gesetz legalisiert. Und spätestens ab 1981 war der schmutzige Krieg gegen die kolumbianische Linke im vollen Gange.

Als einer der auslösenden Momente gilt die Entführung der Tochter von Fabio Ochoa, damals einer der führenden Capos des *Medellin-Drogenkartells* durch Mitglieder der Guerillabewegung *M 19*. Don Fabio, ein persönlicher Freund und Geschäftspartner des späteren kolumbianischen Staatschefs Uribe, weigerte sich, das geforderte Lösegeld zu bezahlen, und baute stattdessen mit Unterstützung weiterer Drogenbosse eine Bande namens *Muerte a Secuesstradores* (MAS) auf. Einzige Aufgabe des MAS war, Unterstützer und Sympathisanten der Guerilla zu ermorden. Nachdem eine ganze Reihe linker Aktivisten von der Drogenmafia als Geiseln genommen worden waren, lenkte die Guerilla ein und ließ die entführte Studentin ohne Lösegeld wieder frei. Der Anführer des Entführungskommandos fiel kurz darauf der MAS in die Hände und wurde zu Tode gefoltert. Weitere Gewaltakte folgten; die *M 19* wurde in der Stadt Medellin faktisch ausgelöscht. Mörderische Gewalt gilt seitdem in der kolumbianischen Oberschicht als legitimes und wirksames Mittel, um mit der Guerilla fertig zu werden. Die Aufstandsbekämpfung wurde zunehmend entstaatlicht.

Binnen kurzem bildeten sich weitere paramilitärische Gruppen, die beispielsweise unter dem Namen *Vereinigte Bauernselbstverteidigungen, Tod den Kommunisten* oder *Vampire von XY* auftraten und nicht nur die Guerilla verfolgten, sondern regelmäßig auch kritische Journalisten, Politiker, Gewerkschafter und Menschenrechtsaktivisten umbrachten. Gonzalo Rodriguez Gacha, einer der führenden Bosse des *Medellin-Drogenkartells*, soll beispielsweise für die Ermordung von etwa 1.000 Anhängern der FARC-nahen Partei *Union Pariotica* (UP) verantwortlich sein. In den Reihen der Paramilitärs standen zeitweise britische und israelische Berufssöldner; es kam zu personellen Überschneidungen mit verschiedenen internationalen Geheimdiensten. Zwecks Verbreitung antikommunistischer Ideologie kooperierten die Paramilitärs auch mit aus den USA importierten evangelikalen Sekten.

Kleinbauern und Pächtern, die man im Verdacht hatte, mit der Guerilla oder linken Organisationen zu sympathisieren, wurden massenhaft vertrieben oder ermordet. Wie im *Krieg der tausend Tage* oder in der Zeit der *Violencia* eigneten sich Großgrundbesitzer das Land der Ermordeten und Vertriebenen an oder kauften es für ein Spottgeld auf. Um den Landraub zu verschleiern, wurden von den Paramilitärs gelegentlich örtliche Katasterregister vernichtet. So konnte der Raub nachträglich nicht mehr bewiesen und juristisch angefochten werden.

Einer direkten militärischen Konfrontation mit bewaffneten Guerillaeinheiten gingen die rechten Paramilitärs zwar im Regelfall aus dem Wege. Aber da sie durch ihre Mordserien der Guerilla nach und nach das Umfeld von Unterstützern entzogen, konnten sie bald eine uneingeschränkte Schreckensherrschaft über ganze Regionen ausüben. Und sie kooperierten von Anfang an mit Armee, Polizei und Geheimdienst. Das Haus des Drogenbarons und MAS-Gründers Fabio Ochoa wurde beispielsweise vom militärischen Geheimdienst als illegales Gefängnis genutzt. Bei einem organisierten Massenmord in der von der Linkspartei UP regierten Kleinstadt Sevogia am 11. November 1988, dem 44 unbewaffnete Zivilisten zum Opfer fielen, wurden die Mörder von Armee und Geheimdienst unterstützt.

Wie der deutsche Politologe und Journalist Raul Zelik schrieb, liefen die Aktivitäten der Paramilitärs auf einen »*gewalttätigen Wiederaufbau der traditionellen Herrschaftsmechanismen*« (Zelik, S. 81) hinaus. 1997 konstituierten sich als übergreifende Organisation der paramilitärischen Gruppen die *Vereinigten Selbstverteidigungsgruppen Kolumbiens* (AUC). Versuche zur Gründung einer rechtsradikalen Partei als politischer Arm des Paramilitarismus blieben allerdings ohne durchschlagenden Erfolg.

Finanziert wurde das Netzwerk krimineller Mörderbanden nach eigenen Aussagen etwa zu 70 Prozent von den Drogenkartellen, außerdem von grundbesitzenden Viehzüchtern und Smaragdschürfern des kolumbianischen Südostens. Und es sind Zahlungen kolumbianischer Niederlassungen internationaler Großunternehmen auf Konten der Paramilitärs nachgewiesen: *Nestlé, Chiquita, Del Monte, Dole*. Die Unternehmen erklärten nach diesbezüglichen Enthüllungen zwar stets, sie seien Opfer einer Erpressung gewesen und die Zahlung wäre unter Zwang erfolgt. Die Blutspur ermordeter Arbeiter spricht jedoch eine andere Sprache. Beispielsweise gab es von 1989 bis 2002 bei den kolumbianischen Abfüllstationen des Getränkekonzerns *Coca*

Cola eine ganze Mordserie an aktiven Gewerkschaftern – seit 1986 hat die kolumbianische Arbeiterbewegung insgesamt etwa 3.000 ihrer Aktivisten durch Mord verloren, nicht mitgerechnet zahlreiche Familienangehörige. Die Täter kamen fast immer aus den Reihen der Paramilitärs.

Ein militärischer Sieg über die Guerilla gelang den Paramilitärs trotz Zusammenarbeit mit Armee und Geheimdienst nicht. Sie konnten es durch mörderischen Terror allerdings erreichen, dass die Guerilla in vielen Regionen faktisch nicht mehr präsent ist.

Neoliberalismus und Drogenökonomie

Wie kam es nun zu der geschilderten Allianz von Militärs, Grundbesitzern und Drogenkartellen?

Grundlage der Drogenökonomie ist eine entsprechende Nachfrage auf dem Markt. Der illegale Konsum von Kokain explodierte in den entwickelten Industrieländern während der 1970er und 1980er Jahre. Bereits bestehende kriminelle Gruppierungen, die zunächst vom Anbau und Export von Marihuana profitiert hatten, stiegen nun auf Kokain um. Ankäufer der *Pasta Básica*, Betreiber illegaler Drogenlabors und Schmugglernetzwerke formierten sich zu länderübergreifend agierenden Drogenkartellen. Das *Cali-* und das *Medellin-Kartell* (benannt nach Städten, in denen sie ihren Hauptsitz hatten) fungierten zunächst überwiegend als Zwischenhändler.

Bevor der Anbau von Kokasträuchern im großen Stil auf Kolumbien übergriff, importierten die Kartelle den Grundstoff für die Produktion von Kokain hauptsächlich per Flugzeug aus Bolivien und Peru und lieferten dann das Endprodukt auf dem Seeweg in die USA oder nach Europa. Die aus dem Drogenhandel erwirtschafteten Riesengewinne sorgten dafür, dass die führenden Köpfe der Narco-Kartelle – am bekanntesten war der berüchtigte Drogenboss Pablo Escobar – schnell in die Oberschicht aufstiegen. Als Folge umfänglicher Landkäufe kam es zu einer Verschmelzung zwischen traditionellem Großgrundbesitz und den Familien der Drogenbosse. Zivilgesellschaftliche Akteure der Linken und die Guerilla wurden von beiden als natürlicher Feind angesehen. Allerdings führten die Kartelle auch untereinander einen gnadenlosen Kampf um Marktanteile, der zeitweise in einen mit brutalen Mitteln geführten Drogenkrieg ausartete.

Zu einer massiven Steigerung des Anbaus von Kokasträuchern in Kolumbien selbst kam es erst mit den im Windschatten paramilitärischen Terrors durchgesetzten neoliberalen Reformen ab 1988. Das Wirtschaftsprogramm des damaligen Präsidenten Virgilio Barco beinhaltete die üblichen Grausamkeiten – wie beispielsweise Beseitigung der Arbeitsschutzgesetze, Beschneidung der Rechte von Gewerkschaften und radikale Kürzung von Sozialausgaben. Dazu kamen eine forcierte Liberalisierung des Kapitalverkehrs sowie der Abbau von Zollschranken. Aufgrund der neoliberalen Öffnung des Binnenmarktes wurde Kolumbien von auswärtigen Agrarprodukten überschwemmt – häufig hochsubventionierte Importe aus westlichen Industriestaaten. Vor allem die in entlegenen Gebieten ansässigen Bauern konnten mit den niedrigen Preisen der Importgüter nicht konkurrieren, zumal sich die fruchtbarsten Ländereien in den Händen von Großgrundbesitzern oder ausländischer Agrarkonzerne befinden. Die Landbevölkerung verarmte rapide. Als Alternative bot sich – wie bereits ausgeführt – der Anbau von Kokasträuchern an, zumal er in verschiedenen Regionen von den Drogenkartellen per Kreditvergabe gezielt gefördert wurde. Bis Ende der 1990er Jahre verdreifachte sich der Kokaanbau. Binnen kurzem überholte Kolumbien die traditionellen Kokaproduzenten Bolivien und Peru. Mehrere mit Unterstützung internationaler Hilfsorganisationen angelaufene Programme zur Unterstützung alternativer Agrarproduktion blieben letztlich erfolglos, da an den strukturellen Problemen Kolumbiens nicht gerüttelt wurde.

Mit dem als Folge der neoliberalen Öffnung zunehmenden Anbau von Kokasträuchern im Süden Kolumbiens erhielt die schon vorher die Volkswirtschaft maßgeblich bestimmende Drogenökonomie eine neue Schubkraft. Der seit 1988 tobende Krieg der Kartelle untereinander und die zunehmende Aushöhlung des Staates als Folge krimineller Gewalt bewog die Regierung schließlich zu einem ernsthaften Vorgehen gegen den Drogenhandel. Entscheidend war offensichtlich der Druck der USA, die sich spätestens ab Beginn der Crack-Welle mit den sozialen Folgen massenhaften Drogenkonsums und ausufernder krimineller Gewalt konfrontiert sah. Bereits in den 1980er Jahren hatte der damalige US-Präsident George Bush die Kokapflanze als »*Geißel der Menschheit*« bezeichnet. Die Bekämpfung der Drogenkartelle war zuvor eine reine Farce gewesen, da die von den kriminellen Organisationen unterwanderten und finanzierten Paramilitärs zeitweise ein Drittel des kolumbianischen Territoriums kontrollierten und Armee, Polizei und Justiz von ihnen gründlich infiltriert waren.

Die Unterzeichnung eines Abkommens mit den USA, nach dem inhaftierte Drogenbosse an die US-Justiz ausgeliefert werden können, wurde von der neureichen Oberschicht als Affront aufgefasst. Teile des *Medellin-Kartells* unter Führung von Pablo Escobar riskierten daraufhin eine offene Konfrontation mit der Staatsmacht; Escobar beabsichtigte offensichtlich, das von ihm kontrollierte Territorium aus der staatlichen Souveränität Kolumbiens herauszulösen. Damit hatte er allerdings den Bogen überspannt.

Die Staatsmacht kooperierte daraufhin mit dem *Cali-Kartell* gegen das *Medellin-Kartell*. Die Gewalt eskalierte – allein zwischen August 1989 und Januar 1990 kam es in der Stadt Medellin zu 263 Bombenanschlägen, in Bogota explodierten 200 Bomben. Etwa 1.700 Menschen fielen dem Narco-Terrorismus damals zum Opfer, darunter drei Präsidentschaftskandidaten; nach offiziellen Angaben starben 400 Polizisten bei der Bekämpfung der kriminellen Kartelle. Die Staatsmacht setzte sich jedoch langfristig durch – Drogenboss Escobar wurde im Jahre 1993 von Sicherheitskräften gestellt und sofort exekutiert. Das *Medellin-Kartell* war zu diesem Zeitpunkt bereits unter maßgeblicher Beteiligung des *Cali-Kartells* zerschlagen worden. Letzteres erklärte seine Selbstauflösung, woraufhin den Bossen für die begangenen Verbrechen wesentliche Strafmilderungen zugestanden wurden. Gemäß der damaligen Gesetzeslage waren infolge krimineller Aktivitäten erlangte Vermögen ohnehin im Wesentlichen legalisiert und dem Zugriff der Justiz entzogen.

Der kolumbianische Drogenhandel war damit aber keineswegs unterbunden, nicht einmal maßgeblich gestört. Neugegründete Unternehmen, die im Verborgenen agieren und nach Kriterien rigoroser Profitmaximierung arbeiten, übernahmen die freigewordenen Marktanteile. Sie begnügten sich mit der einträglichen Position eines Zwischenhändlers – den Transport übernahmen nun mexikanische Drogenkartelle. Die neuen Drogenbosse umgaben sich nicht mit bewaffneten Gorillas, sondern mit Rechtsanwälten und promovierten Betriebswirten. Der Drogenhandel entwickelte sich von der kriminellen Schattenwirtschaft hin zu einem ganz normalen Zweig der kolumbianischen

Volkswirtschaft. Einziger Unterschied zu anderen Branchen ist die Illegalität des Produktes und daraus resultierende Rechtsunsicherheiten im Geschäftsverkehr. Dafür garantieren diese Unternehmer außerordentlich hohe Gewinnspannen.

Sämtliche Anstrengungen sowohl der kolumbianischen als auch der US-Regierung im Anti-Drogenkampf mussten also ins Leere laufen. Selbst wenn es einmal gelang, einen führenden Drogenboss zu inhaftieren, wurde seine Stelle sofort von einem Nachrücker besetzt. Für den italienischen Politologen Dario Azzelini ist das Drogengeschäft ein »*integraler Bestandteil eines Systems, das darauf beruht, alles zur Ware zu machen, was sich vermarkten lässt*« (Zelik, S. 112). Das Scheitern des von den USA betriebenen Drogenkrieges sei daher vorprogrammiert. Tatsächlich hat die Zerschlagung der beiden großen kolumbianischen Drogenkartelle Mitte der 1990er Jahre weder zu einer spürbaren Verknappung der Kokain-Lieferungen in den USA geführt noch zu wesentlichen Preisveränderungen auf dem illegalen Markt.

Chemischer Luftkrieg

Der von der US-Regierung in den 1990er Jahren propagierte Anti-Drogenkrieg beschränkte sich zunächst darauf, den Transport von Kokain auf dem Seeweg in Richtung USA zu blockieren. Als die Kartelle dann auf den Landweg über Mexiko auswichen, gingen die US-Behörden massiv gegen den Anbau von Kokasträuchern vor. Von der Clinton-Regierung wurde 1999 der *Plan Colombia* entwickelt und umgesetzt. In der Folge flossen innerhalb von drei Jahren 1,6 Milliarden US-Dolar an die kolumbianische Regierung, davon 70 Prozent direkt an Polizei und Militär. Ein Großteil des Geldes war ausdrücklich für die Zerstörung der Koka-Pflanzungen im Süden des Landes bestimmt – also in den Gebieten, in denen die Guerilla am aktivsten war. Kolumbien avancierte damals schlagartig zum weltweit drittgrößten Empfänger von US-Militärhilfe (nach Israel und Ägypten). Offizielle Begründung war, durch Unterbindung des Kokaanbaus dem Bürgerkrieg in Kolumbien die Geldquelle zu entziehen. Da die Aktionen des Militärs sich jedoch hauptsächlich auf Gebiete beschränkten, in denen die Guerilla aktiv war, wurde der von den USA propagierte Anti-Drogenkrieg eindeutig zum Bestandteil einer Aufstandsbekämpfung.

Zwar drangen auch hochgerüstete Armeeeinheiten in die Anbaugebiete ein und rissen Koka-Sträucher massenhaft aus dem Boden. Zunehmend setzte das Militär aber großflächig Herbizide ein. Allein im Jahre 2002 wurden 100.000 Hektar Land aus Flugzeugen besprüht und 30.000 Kokapflanzen vernichtet. Den Einsätzen fielen zugleich große Flächen Regenwald zum Opfer und Felder, auf denen die Bauern zur Selbstversorgung Nahrungsmittel angebaut hatten. Mit Herbiziden vergiftet wurden auch von internationalen Hilfsorganisationen geförderte Projekte, die den Bauern den Umstieg von Koka auf alternative Agrarprodukte ermöglichen sollten. Die ökologischen Folgen waren für die besprühten Regionen gravierend, für die Gesundheit der Bevölkerung erwies sich die Besprühung als katastrophal. Es dürfte kaum verwundern, dass die Guerilleros sich auf die Seite der betroffenen Dörfer stellten und begannen, Sprühflugzeuge und Hubschrauber gezielt abzuschießen. Dies führte zu einer weiteren Eskalation des militärischen Konfliktes. Zahlreiche Menschen flüchteten aus den umkämpften und chemisch verseuchten Regionen in die Armutsviertel der Städte.

Durch massive Besprühungen wurden zwar im Jahre 2004 die Kokaanbauflächen um 88.000 Hektar reduziert. Aber nur vorübergehend. Die Kokabauern wichen bei der Offensive der Drogenbehörden einfach auf andere Regionen aus und kehrten nach einigen Jahren, wenn der Boden sich erholt hatte, wieder zurück. Was voraussehbar war: An den sozialen Ursachen, die zu dem Koka-Anbau führten, hatte sich nichts geändert.

Kommunitärer Staat und Antiterrorkrieg
Die kriminellen Bandenkriege und der Bürgerkrieg zwischen Regierung, Paramilitärs und Guerilla beförderten im Jahre 2002 den Wahlsieg von Álvaro Uribe Vélez. Die Bevölkerung wollte Frieden – um jeden Preis. Und Uribe, ein rechtsradikaler Hardliner, der sich als Saubermann gerierte, hatte diesen versprochen. Er rief einen ›kommunitären Staat‹ aus, versprach, binnen kurzer Zeit den Drogenhandel zu beenden, die Paramilitärs zu demobilisieren, mit der Guerilla aufzuräumen und den Bürgerkrieg so zu beenden. Keines seiner Versprechen hielt er. Was nicht verwundern kann, da der vorgebliche Saubermann selbst bis über den Hals im Drogensumpf steckte und in unzählige Verbrechen der Paramilitärs verwickelt war.

In Uribes Regierungszeit wurden die paramilitärischen Banden offiziell demobilisiert und gaben ihre Waffen ab. Tatsächlich gründeten sich zahlreiche Gruppen unter anderem Namen neu und setzen ihren mörderischen Krieg gegen linke Aktivisten ungebrochen fort. Uribe lieferte zwar einige führende Drogenbosse in die USA aus. Gleichzeitig sorgte er jedoch dafür, dass die zahlreichen Menschenrechtsverletzungen der ehemaligen Paramilitärs vor US-Gerichten nie zur Sprache kamen. Die kriminellen Bandenführer kamen demzufolge mit vergleichsweise milden Urteilen davon. Im Namen eines vorgeblichen Krieges gegen den Terror wurde die kolumbianische Armee von den USA weiter hochgerüstet. Die Regierung George W. Bush stellte unter dem Druck von Lobbyisten der Ölindustrie im Jahre 2002 erneut 38 Millionen US-Dollar für den ›Antiterrorkrieg‹ in Kolumbien bereit.

Während der Präsidentschaft von Uribe stiegen in Kolumbien die Menschenrechtsverletzungen massiv an, es gab weiter Opfer politischer Gewalt. Im unter Uribe forcierten Krieg der hochgerüsteten kolumbianischen Armee gegen FARC und ELN wurde hauptsächlich die Bevölkerung terrorisiert. Die Militärführung versprach den Soldaten Kopfprämien für getötete Guerilleros. Diese gingen folglich dazu über, Unschuldige zu töten und so völlig gefahrlos zu den versprochenen Prämien zu kommen. Nachweislich wurden Arbeitslose durch falsche Versprechungen angeworben, um dann ermordet, in FARC-Uniformen gesteckt und als im Gefecht gefallene Gegner präsentiert zu werden. Der kriminelle Drogenhandel wurde unter Uribe hingegen kaum gestört.

Uribe Präsidentschaft endete am 30. Mai 2010. Nachdem sich herausgestellt hatte, dass sein Geheimdienst verfassungswidrig über Jahre hinweg die Mitglieder des Obersten Gerichtshofes von Kolumbien abgehört hatte, wurde ihm am 26. Februar 2010 gerichtlich untersagt, zur Wiederwahl anzutreten.

Nach seinem politischen Abgang entschloss sich sein Nachfolger Juan Manuel Santos zum ernsthaften Vorgehen gegen das mit seinem Vorgänger verschwägerte *Cifuentes-Villa- Drogenkartell*. Die Familie Cifuentes kooperierte mit El Chapo, dem Chef des mexikanischen *Sinaloa-Kartells*, damals einer der weltweit am meisten gesuchten kriminellen Drogenbosse. Bei einem Schlag gegen die Führungsspitze des *Cifuentes-Villa-Kartells* wurde auch die Nichte des nunmehrigen

Ex-Präsidenten Uribe von der Polizei festgenommen. Nach kurzer Zeit verschwand Ana Maria Uribe allerdings spurlos wieder aus der Haft und mit ihr sämtliche Akten zu dem Fall.

Präsident Santos, der als Uribes Verteidigungsminister über Jahre hinweg vergeblich versucht hatte, mit der Guerilla fertig zu werden, entschloss sich außerdem zu einem moderateren Kurs und nahm Verhandlungen mit der FARC auf.

Friedensverhandlungen und Ausblick
Zwar ist in Kolumbien nur ein relativ geringer Teil der Gewaltakte nachweisbar politisch motiviert – etwa 15 Prozent. Die soziale Situation in dem Andenland bleibt jedoch maßgeblich geprägt durch die repressive Herrschaft, die die Oberschicht seit langem ausübt. Nach Schätzungen unabhängiger Organisationen wurden in den letzten 30 Jahren in Kolumbien 600.000 Personen von bewaffneten Gruppen und staatlichen Sicherheitsorganen ermordet.

Der Konflikt hat längst die Grenzen Kolumbiens überschritten – sowohl die Guerilla als auch Regierungstruppen und Paramilitärs operierten auch in den Grenzregionen Venezuelas und Ecuadors. Gebiete der Nachbarstaaten wurden häufig von kolumbianischen Militärflugzeugen mit Herbiziden besprüht. Aus Kolumbien stammende Paramilitärs und Drogenkartelle griffen auf Seiten der Konservativen offen in die politischen Auseinandersetzungen Venezuelas ein.

Hauptursache der seit Jahrzehnten in Kolumbien tobenden und militärisch ausgetragenen Konflikte ist und bleibt die Landfrage. Für das Jahr 2012 gab das UN-Flüchtlingshilfswerk für Kolumbien offiziell die Zahl von 4,9 Millionen Binnenflüchtlingen an, etwa ein Zehntel der Gesamtbevölkerung des Andenlandes. Schätzungen anderer Organisationen gehen allerdings von bis zu 5,5 Millionen Flüchtlingen aus. Zwischen 1980 und 2010 wurden im Windschatten von Bürgerkrieg und Drogenkrieg über sechs Millionen Hektar Land unter Zwang übereignet oder ganz einfach geraubt. Noch im Jahre 1960 beanspruchte eine Oberschicht von 0,6 Prozent der Bevölkerung 40,4 Prozent des Nutzlandes für sich. 2011 besaßen dann 1,15 Prozent der kolumbianischen Landeigentümer 52,2 Prozent des kultivierbaren Bodens. Jahrzehnte des Bürgerkrieges haben die Situation, die zur Eskalation der Auseinandersetzungen führte, also weiter verschärft. Ohne grundlegende Lösung der aus Ungleichverteilung von Grund und Boden resultierenden sozialen Probleme muss jeder Frieden brüchig bleiben. 2012 wurde zwar unter der Regierung Santos ein Gesetz zur Rückgabe geraubter Ländereien erlassen, aber ob dessen Umsetzung gelingt, ist derzeit ungewiss. Die Guerilleros der FARC unterbreiteten bei den Friedensverhandlungen in Havanna ein komplettes Reformprogramm, das als wichtigsten Punkt die Abschaffung unproduktiven Großgrundbesitzes sowie die Einrichtung geschützter Zonen für kleinbäuerliches Wirtschaften beinhaltet. Zweifelhaft ist, ob die Santos-Regierung über ihren neoliberalen Schatten springen kann und einem solchen Reformplan zustimmt. Regierungsvertreter Humberto de la Calle betonte nach erfolgreicher erster Verhandlungsrunde mit der Guerilla jedenfalls: »*Die legalen Besitzer haben nichts zu befürchten.*« (nach Graaff, David »Zweifelhafter Verhandlungserfolg«, in: Lateinamerika Nachrichten, 468/2013)

Ebenfalls offen ist, wer die von der FARC angestrebten Schutzzonen kleinbäuerlichen Besitzes, wenn sie denn zustande kommen, nach Demobilisierung der Guerilla vor wiederbewaffneten Paramilitärs schützen soll und auch kann. Seit dem Jahre 2008 wurden 68 Vertriebenen-Vertreter ermordet, die eine Rückgabe geraubten Landes gefordert hatten, davon allein 20 im Jahre 2011.

Der kolumbianische Bürgerkrieg dürfte auch mit Unterzeichnung eines endgültigen Friedensvertrages zwischen Regierung und Guerilla kaum beendet sein. Der Prozess von Entstaatlichung und Vormarsch einer kriminellen Schattenökonomie ist derzeit ausgebremst, aber nicht beendet. Die soziale Kluft wird sich weiter verbreitern, die Spannungen dürften sich über kurz oder lang wieder in gewaltsamen Auseinandersetzungen entladen.

KOSOVO
EU-Protektorat und Hochburg der Mafia

Am 24. März 1999 begann ein unerklärter Krieg der NATO-Luftwaffe unter Beteiligung der Bundeswehr, der mit der Loslösung des Kosovo aus dem damals noch existierenden Rest der Föderativen Republik Jugoslawien endete. Unter dem Patronat westlicher Institutionen verwandelte sich der so herbeigebombte Kleinstaat binnen kurzer Zeit in eine Drehscheibe des Drogenhandels und Hochburg des organisierten Verbrechens. Die für den Aufbau eines wohlgeordneten Staatswesens ins Land gepumpten Mittel verschwanden in den geräumigen Taschen mafiöser Clans.

Historischer Hintergrund
Das Kosovo (deutsch: Amselfeld) gilt nicht zu Unrecht als Kerngebiet des mittelalterlichen serbischen Großreiches, das im 14. Jahrhundert den Osmanen unterlag. Allerdings dürfte das Gebiet damals eher multiethnisch besiedelt gewesen sein; in der legendären Entscheidungsschlacht von 1389 kämpfte beispielsweise der Großvater des späteren albanischen Nationalhelden Skanderbeg auf serbischer Seite. Das Gebiet war dann jahrhundertelang eine abgelegene Provinz des Osmanischen Reiches. Der im 19. Jahrhundert beginnende Zerfall des Großreiches sowie Versuche, auf dem Balkan ethnisch homogene Nationalstaaten zu konstituieren, riefen Vertreibungen und Ethnogemetzel hervor. Im Kosovo stießen außerdem die Interessensphären von Großmächten zusammen: Im Westen lag das von einem deutschen Fürsten regierte Königreich Albanien, im Osten das unter russischem Einfluss stehende serbische Königreich. Als Ergebnis des ersten Balkankrieges von 1912 wurde das Kosovo zwischen Serbien und Montenegro aufgeteilt, ab 1918 war das Gebiet Bestandteil des

ersten jugoslawischen Staates. Im 2. Weltkrieg kam das Kosovo zwischenzeitlich zum italienischen Satellitenstaat Albanien; unter dem Schutz faschistischer Truppen vertrieben albanische Freischärler Teile der serbischen Bevölkerung. Nach dem Sieg der multinationalen kommunistischen Partisanenarmee des Kroaten Josef Broz Tito wurde das Kosovo ein autonomes Gebiet der Republik Serbien innerhalb der Sozialistischen Föderativen Republik Jugoslawien. Im Interesse einer Aussöhnung der verschiedenen Völkerschaften hatte Tito auf Racheakte an Kollaborateuren und die zwangsweise Umsiedlung der albanischen Bevölkerung weitgehend verzichtet.

Scheidung auf Jugoslawisch

Im Kosovo wurde nach 1945 das spezifisch jugoslawische Modell der Arbeiterselbstverwaltung umgesetzt. Aber auch während der sozialistischen Zeit blieb es das Armenhaus der Föderation. Obwohl in der Ära Tito jährlich Milliardensummen aus dem Haushalt der reicheren Teilrepubliken in einem Fonds zur Förderung der unterentwickelten Regionen Bosnien, Mazedonien und Kosovo umverteilt wurden, gelang es der Belgrader Regierung nicht, das Wirtschaftsgefälle innerhalb der Föderation auszugleichen. Die Industrialisierung der abgelegenen Bergregion hielt sich bis zuletzt in Grenzen; die hauptsächlich albanischsprachige Bevölkerung war maßgeblich durch vormoderne Clanstrukturen geprägt und lebte zum größten Teil von der Landwirtschaft. Der Lebensstandard war niedrig. Das beförderte eine latente Unzufriedenheit bei Teilen der Bevölkerung und bildete den Nährboden für separatistische Bestrebungen, die von der (ebenfalls kommunistisch regierten) Volksrepublik Albanien heftig geschürt wurden.

Die spätestens ab den 1980er Jahren in Jugoslawien unübersehbare Wirtschaftskrise hatte eine Welle einander ausschließende Nationalismen zur Folge. Slowenien und Kroatien lehnten es schließlich ab, weiterhin für die Entwicklung der ärmeren Teilrepubliken zu zahlen, und bereiteten kaum verhüllt ihre Sezession aus dem Staatsverbund vor. Die Belgrader Zentrale reagierte mit einer Beschränkung der kulturellen und politischen Autonomie der auseinanderdriftenden Teilrepubliken und Regionen. Westliche Gläubigerstaaten forderten von der jugoslawischen Regierung, die Föderation einem neoliberalen Strukturanpassungsprogramm zu unterziehen. Nach deren Weigerung ergriffen sie für die verschiedenen separatistischen Bewegungen Partei. Die Anerkennung der Unabhängigkeit Sloweniens und Kroatiens durch die Regierung Helmut Kohl bildete den Auftakt zu einer ganzen Kette innerjugoslawischer Bürgerkriege. Das Ausbleiben von Transferzahlungen aus den abgespaltenen Republiken führte zur weiteren Verarmung der schon vorher unterentwickelten Regionen. Nach der Aufhebung der Autonomie des Kosovo verweigerte sich die albanische Bevölkerungsmehrheit gegenüber sämtlichen jugoslawischen Institutionen. Unter dem gemäßigten Politiker und späteren Präsidenten Ibrahim Rugova bildete sich eine von der Belgrader Zentrale stillschweigend geduldete Selbstverwaltung der Kosovo-Albaner.

Kriminelle Guerilla und ethnische Säuberung

In bewusster Abgrenzung zu der von Rugova dominierten Bewegung formierte sich ab 1992 die großalbanisch-nationalistischen *Kosovo-Befreiungsarmee* (UCK), die bewaffnet gegen jugoslawisches Bundesheer und Polizei, aber auch gegen gemäßigte Albaner vorging. Massenhafte Armut und Arbeitslosigkeit beförderten zeitgleich die Entstehung einer kriminellen Schattenwirtschaft. Die quasi-staatlich agierende UCK ging mangels einer nennenswerten kosovarischen Wirtschaft schnell dazu über, sich ebenfalls ganz offen durch kriminelle Aktivitäten zu finanzieren.

Bereits 1999 war es auch im Westen bekannt, dass die UCK einen Großteil ihrer Einkünfte aus dem Drogenhandel bezog. Später stellte sich heraus, dass die kriminelle Guerilla auch in illegalen Organhandel verwickelt war, zahlreiche Morde ausschließlich mit dem Ziel beging, sich menschliches Organmaterial zu beschaffen. Aktionen der jugoslawischen Polizei gegen gesetzwidrige Aktivitäten albanischer Clans wurden von der UCK als nationale Unterdrückung angeprangert und von Teilen der Weltöffentlichkeit auch als solche wahrgenommen. Durch die Verschmelzung der nationalistischen Guerilla mit einer auf vormodernen Clanstrukturen basierenden kriminellen Schattenwirtschaft wurde schon damals der Grundstock des heutigen ›Mafiastaates Kosovo‹ gelegt.

Der bewaffnete Kampf der UCK-Freischärler gegen jugoslawische Polizei und serbische Zivilisten rief 1999 eine Gegenoffensive des jugoslawischen Bundesheeres hervor. Diese lieferte den Anlass für das militärische Eingreifen der NATO. Nach einem barbarischen Bombenkrieg gegen serbische und montenegrinische Städte und Dörfer zog sich die jugoslawische Armee schließlich aus dem Kosovo zurück. Die daraufhin eskalierenden nationalistischen Exzesse führten zu einer fast vollständigen Vertreibung aller nicht-albanischen Bevölkerungsgruppen, hauptsächlich Serben und Roma. Lediglich in einigen von westlichen Besatzern abgeschirmten Enklaven wurde der ethnischen Säuberung Einhalt geboten. Zeitgleich kam es zu zahlreichen Morden von UCK-Kämpfern an Albanern, die loyal zur Belgrader Zentrale gestanden hatten oder aber Anhänger der gemäßigt-konservativen Bewegung Ibrahim Rugovas waren. Die Auseinandersetzungen zwischen den verschiedenen politischen Gruppierungen nahmen teilweise den Charakter von Familienfehden und Blutrache an.

Westliches Patronat und kriminelle Staatsbildung

Nach dem Einmarsch westlicher Truppen wurde die UCK formell aufgelöst und entwaffnet, organisierte sich aber neu im paramilitärischen *Kosovo-Schutzkorps* als Keimzelle einer künftigen Armee. Andere ehemalige UCK-Angehörige wurden Angehörige der neu aufgestellten kosovarischen Polizei. Als politische Nachfolgeorganisation der UCK gilt die *Demokratische Partei des Kosovo* (PDK). Das *Kosovo-Schutzkorps* musste auf Betreiben der westlichen Besatzer 2009 offiziell aufgelöst werden, da zahlreiche Angehörige nachweislich an Schmuggel, Schutzgelderpressung und Bombenanschlägen beteiligt waren. Die dafür neu gegründeten *Sicherheitskräfte des Kosovo* unterstanden aber wieder einem ehemaligen UCK-Führer.

Die Integration der ehemaligen Freischärler in die neu aufzubauende Verwaltung erwies sich für den künftigen Staat als Desaster. Viele UCK-Kämpfer setzten ihre kriminelle Karriere, die sie zunächst zwecks Finanzierung eines Unabhängigkeitskampfes begonnen hatten, unter westlichem Patronat zwecks persönlicher Bereicherung ungebrochen fort. Im Jahre 2005 operierten im Kosovo 20 kriminelle Bruderschaften, die sich zum größten Teil aus ehemaligen UCK-Kämpfern zusammensetzten. Anzeigen von Straftaten, die Mitglieder dieser Bruderschaften mutmaßlich begangen haben, werden von der kosovarischen Polizei und Justiz im Regelfall entweder nicht entgegengenommen oder

aber bis zur Verjährung verschleppt. Beamte, die sich an diese Spiel-
regeln nicht halten, müssen damit rechnen, entweder aus dem Dienst
entfernt oder selbst Opfer von Mordanschlägen zu werden. Da die in
den Spitzen der kosovarischen Verwaltung sitzenden Drahtzieher des
kriminellen Untergrundes von den westlichen Besatzern gedeckt sind,
begnügen sich Justizangestellte meist damit, eine nicht vorhandene
Rechtsstaatlichkeit zu simulieren. Der Journalist und Balkan-Kenner
Norbert Mappes-Niediek brachte die Situation wie folgt auf den Punkt:
»*Wenn Kriminalität überhaupt bekämpft wird, dann von der jeweils gegnerischen Bande, die sich gerade die Kontrolle über die Staatsorgane gesi-
chert hat.*« (http://www.zeit.de/2002/46/Der_Geschmack_von_Frei-
heit_und_Anarchie)

Nach neun Jahren einer de facto-Unabhängigkeit unter westlichem
Patronat proklamierte am 17. Februar 2008 das kosovarische Parlament offiziell seine Unabhängigkeit. Der ehemalige UCK-Führer Hashim Thaçi ist seitdem Ministerpräsident eines unabhängigen Staates.
Eines Staates, der schon vor seiner Gründung als gescheitert galt und
nur dank umfänglicher Transferzahlungen der EU überhaupt notdürftig funktioniert. Weniger als die Hälfte der in den UN vertretenen Staaten haben das politische Gebilde bisher anerkannt.

In ihrem 2012 auch auf Deutsch erschienenen Buch »Kosovo« zitieren die italienischen Journalisten Giuseppe Ciulla und Vittorio Romano einen namentlich nicht genannten westlichen Beamten in der kosovarischen Hauptstadt Priština: »*(Die UNO) hat die Voraussetzungen
dafür geschaffen, dass dieses Land seine Unabhängigkeit ausrufen konnte. Sie hat es in einen Mafia-Staat verwandelt. Wir haben die Falschen
bombardiert.*« (Ciulla, Romano, 2012, S. 21)

Wirtschaftsdesaster und ethnisch motivierter Dauerkonflikt

Die Sezession aus dem rest-jugoslawischen Staatsverband erwies
sich für die kosovo-albanischen Nationalisten als wirtschaftliches Desaster. Die bereits stark angeschlagene Industrie brach erst einmal
fast völlig zusammen, da infolge der politischen Trennung von Rest-
Jugoslawien vorher noch funktionierende Vertriebs- und Absatznetze
zerrissen (erst 2010 wurde die gegenseitige Handelsblockade mit Serbien beidseitig wieder aufgehoben). Die zunächst angestrebte Zusammenarbeit mit dem benachbarten albanischen Staat beschränkte

sich hauptsächlich auf Willenserklärungen, da dessen Wirtschaft schon in den 1990er Jahren weitgehend kollabiert, die Reste in die Hände mafiöser Clans geraten war. Tausende Einwohner des albanischen ›Mutterlandes‹ siedelten danach in das Kosovo über, eigneten sich dort zumeist Ländereien vertriebener nicht-albanischer Dorfbewohner an. Der seitdem schwelende Dauerkonflikt der albanischen Bevölkerungsmehrheit mit den Einwohnern serbischer Enklaven hat kaum einen politischen Hintergrund, sondern ist hauptsächlich eine Folge nackter Raubsucht.

Obwohl das Kosovo reich an Bodenschätzen ist, haben westliche Unternehmen bisher keine nennenswerten Investitionen getätigt. Verantwortlich dafür machen sie politische Unsicherheit, grassierende Korruption, Mangel an ausgebildetem Fachpersonal und unklare Eigentumsverhältnisse – beispielsweise wurden die vor 1999 von der Belgrader Regierung getätigten Privatisierungen von der Regierung des Kosovo nicht anerkannt, woraus ein langjähriges juristisches Tauziehen folgte. Hauptursache für die westliche Zurückhaltung dürfte aber das organisierte Verbrechen sein. In einer über Wikileaks veröffentlichten Studie des Bundesnachrichtendienstes von Februar 2005 heißt es jedenfalls: Die Organisierte Kriminalität »*behindert die Entwicklung einer legalen Wirtschaftstätigkeit (und) schreckt Auslandsinvestoren ab*«. Im Klartext: Kein profitorientiertes Unternehmen setzt sich freiwillig dem Risiko aus, Opfer unkalkulierbar hoher Schutzgelderpressungen zu werden.

Das Territorium entwickelte sich mangels einer legalen Ökonomie nach und nach zu einem Eldorado für Kriminelle aller Schattierungen. Schmuggel, Geldwäsche, Schutzgelderpressung, Rauschgift- und Frauenhandel sind die einzigen florierenden Wirtschaftszweige. Der Bundesnachrichtendienst nennt in seiner bereits genannten Analyse die Organisierte Kriminalität einen »*bedeutenden Wirtschaftsfaktor*«. Gemäß einer Erhebung aus dem Jahre 2008 werden etwa 15 bis 20 Prozent der Wirtschaftsleistung des Kosovo durch den illegalen Drogenhandel erbracht – das Land ist Bestandteil der Transitroute für in Afghanistan produziertes Heroin nach Westeuropa. Kundschaft von kriminellen Unternehmen waren dabei nicht zuletzt westliches Verwaltungspersonal und die Soldaten der Besatzungstruppen. Ein Großteil der eigentlich für den Staatsaufbau investierten Gelder wanderte über Kneipen, Bars, Bordelle und Rauschgifthändler in die Taschen des kriminellen Untergrundes. Als weitere trübe Finanzquelle erwies sich die Religion: Finanziert aus Missionsgeldern islamischer Staaten wurden im vormals laizistischen Kosovo überall Moscheen errichtet, christlich-orthodoxe Bauwerke hingegen geschleift.

Das westliche Verwaltungspersonal, das eigentlich ein funktionierendes Rechtssystem aufbauen sollte, rechtfertigte seine Untätigkeit gegenüber dem offen kriminellen Treiben unter anderem mit dem ethnischen Konflikt zwischen der albanischen Bevölkerungsmehrheit und den Einwohnern der serbischen Enklaven. Festnahmen von Kriminellen würden sofort als Parteinahme für die feindliche Seite interpretiert und einen Aufstand der jeweiligen Bevölkerungsgruppe hervorrufen. Solche Revolten hat es in der Tat mehrere gegeben: Unter den Augen der Besatzer fackelte entweder ein albanischer Mob orthodoxe Kirchen ab oder aber serbische Kosovaren zerstörten neu errichtete Grenzstationen. Dies ist aber nur ein Teil des Problems: In Regionen, in denen Teilhabe an der Organisierten Kriminalität die einzige nennenswerte Erwerbsquelle darstellt, werden Schritte zu deren Unterbindung von der Bevölkerung sofort als Bedrohung der eigenen Existenz wahrgenommen. Die Auseinandersetzungen zwischen den verfeindeten Ethnien wurden zudem nachweislich von der Organisierten Kriminalität geschürt, da diese an stabilen politischen Verhältnissen nicht interessiert war und nicht ist.

Seit den Parlamentswahlen des Jahres 2007, die mit einem Sieg der PDK endeten, ist der ehemalige UCK-Führer Hashim Thaçi Ministerpräsident der Region. Thaçi gilt als Verbindungsglied zwischen Verwaltung und Organisierter Kriminalität, soll schon in den 1990er Jahren in illegalen Organhandel sowie in Morde an konkurrierenden UCK-Führern verwickelt gewesen sein. Später führte er gemäß der oben genannten Studie des Bundesnachrichtendienstes über Jahre hinweg »ein im gesamten Kosovo aktives kriminelles Netzwerk« und wurde mit dem »umfassenden Waffen- und Drogenhandel in Verbindung gebracht«. Anschließend sei er in der Tschechischen Republik für die Mafia tätig gewesen, heißt es. Thaçi wurde im Jahre 2003 auf Grundlage eines internationalen Haftbefehls in Ungarn festgenommen, nach Intervention eines ›Geschäftsfreundes‹ von den Behörden aber wieder freigelassen.

Grassierende Armut und Mafiaparadies

Die Arbeitslosenrate beträgt im Kosovo nach offiziellen Angaben derzeit über 40 Prozent, die Jugendarbeitslosigkeit über 60 Prozent. Tatsächlich dürften beide Zahlen wesentlich höher liegen. Die Löhne der Beschäftigten sind selbst nach osteuropäischem Maßstab extrem niedrig. 34 Prozent der Einwohner leben gemäß offiziellen Statistiken unterhalb der Armutsgrenze, zwölf Prozent gelten als extrem arm. Die Reste von Industrie und Landwirtschaft liegen darnieder. Sogar traditionell im Lande erzeugte Agrarprodukte müssen mittlerweile importiert werden. Die Verkehrsanbindung an die Nachbarländer ist mangelhaft. Das Gesundheits- und das Bildungssystem zählen zu den schlechtesten in Europa.

Obwohl die EU seit 1999 etwa vier Milliarden Euro ins Land gepumpt hat, findet eine wirtschaftliche Entwicklung praktisch nicht statt. Schon die Versorgung mit Elektrizität ist unzureichend und lückenhaft – ein weiteres Hindernis für die Ansiedlung von Industriestandorten. Für den geplanten Bau eines neuen Wasserkraftwerkes fand sich kein Investor.

Das Land finanziert sich hauptsächlich aus Zahlungen von Gastarbeitern aus der Schweiz und Deutschland an ihre im Land zurückgebliebenen Familienangehörigen sowie durch Zolleinnahmen. Obwohl kein Mitglied der EU, ist der Kosovo seit Staatsgründung Bestandteil der Eurozone. Die Kosovaren haben also eine Währung, auf deren Regularien sie politisch keinerlei Einfluss nehmen können. Das Außenhandelsdefizit lag 2010 bei 1,8 Milliarden €.

Eine vertrauliche Studie des Bundesverteidigungsministeriums vom Januar 2007 (sie gelangte nur auf dem Umweg über eine russische Nachrichtenagentur an die deutsche Leserschaft) resümierte: »*Kosovo (ist) fest in der Hand der organisierten Kriminalität. Aus früheren UCK-Strukturen im Kosovo haben sich unter den Augen der Internationalen Gemeinschaft mittlerweile mehrere Multi-Millionen-Euro-Organisationen entwickelt (...). Ein fest etabliertes Omertà-Umfeld, eine nahezu infiltrationsresistente Clanorganisation sowie die weitgehende Kontrolle über den Regierungsapparat vervollständigen den lokalen Herrschaftsanspruch, der mit der Unabhängigkeit des Kosovo in eine neue Phase treten wird.*«

In der Analyse des Bundesnachrichtendienstes wird dem Kosovo eine Schüsselrolle als »*Drehscheibe und Transitregion des Drogenhan-*

dels« zugesprochen. Außerdem würden vom Kosovo aus umfänglicher Zigaretten-, Alkohol-, Waffen- und Menschenschmuggel getätigt. Das Fazit der BND-Analyse lautet: *»Gerade der Kosovo gilt dabei als ein Zentrum der OK (Organisierte Kriminalität – d. Autor), aus dem kriminelle Aktivitäten in ganz Europa gesteuert werden.«*

2010 wurden im Kosovo drei Agenten des Bundesnachrichtendienstes unter der Beschuldigung festgenommen, an einem Sprengstoffanschlag auf das EU-Hauptquartier in der kosovarischen Hauptstadt Priština beteiligt gewesen zu sein. Unter dem Druck der Bundesregierung erfolgte kurz darauf ihre Freilassung. Inwiefern die drei BND-Agenten tatsächlich in kriminelle Aktivitäten verwickelt waren oder ob es sich um eine Retourkutsche der Mafia für den genannten BND-Bericht handelte, wird sich schwerlich zweifelsfrei aufklären lassen.

Der Europäische Rechnungshof fällte im Oktober 2012 ein vernichtendes Urteil über die EU-Mission EULEX, die den Kosovo beim Aufbau einer funktionierenden Polizei und Justiz unterstützen sollte. Für die gezahlten 614 Millionen Euro habe diese *»nur einen bescheidenen Beitrag zum Aufbau der Kosovo-Polizei geleistet und im Kampf gegen das organisierte Verbrechen hat es kaum Fortschritte gegeben«*.

Sämtliche Versuche westlicher Staaten, im Kosovo ein funktionierendes Staatswesen aufzubauen, waren allerdings von vorherein zum Scheitern verurteilt. Nach dem Zusammenbruch des jugoslawischen Modernisierungsregimes war der Rückfall in die nie vollständig überwundenen Clanstrukturen vorprogrammiert. Aus eigener Kraft ein neues Modernisierungsprogramm anzuschieben, ist für eine wirtschaftlich derart schwache Region nicht leistbar. Die auf den vormodernen Clanstrukturen der kosovarischen Gesellschaft basierende illegale Schattenökonomie sowie die daraus resultierende mangelnde Rechtssicherheit bilden ein kaum zu überwindendes Hindernis für die angestrebte Durchdringung des Landes durch westliche Kapitalgruppen. Sämtliche Fördermittel der EU konnten und können somit nur in den geräumigen Taschen eines kriminellen Untergrundes landen.

Die durch Krieg, Sezession und mafiöse Durchdringung ruinierte Wirtschaft leidet derzeit auch noch unter Auflagen von IWF und Weltbankgruppe, denen die Regierung des Kosovo im Jahre 2009 beigetreten ist. Gefordert werden eine schnelle Privatisierung der ehemals in Arbeiterselbstverwaltung befindlichen und jetzt von einer Treuhand verwalteten Betriebe sowie der noch in öffentlicher Hand befindlichen Infrastruktur. Die Regierung Thaçi hat diesen Forderungen zugestimmt und trotz des Widerstandes der Betroffenen mit der Umsetzung begonnen.

Ein neoliberales Schockprogramm als Ausweg aus einer ausweglosen Situation? Die Zukunft dieser Region sieht wohl auch weiterhin mehr als düster aus.

LIBYEN

Von der Volksjamahirija zum Stammeskrieg

Die Wüstenregionen Libyens wurden im Zuge des antikolonialen Aufbruchs ab 1969 einem radikalen Modernisierungsprogramm unterzogen. Als Motor dieser Modernisierung fungierte der Export von Erdöl nach Westeuropa. Die Transformation des mehr lockeren Bündnisses von Wüstenstämmen zu einem Nationalstaat gelang der libyschen Revolutionsführung jedoch nur bedingt. Als Folge der unausweichlichen ökonomischen Krise kam es zur Annährung Libyens an den Westen. Resultat des Bürgerkrieges von 2011 war dann aber nicht der erhoffte ›demokratische Neubeginn‹, sondern ein zunehmender Zerfall Libyens in von Stammesmilizen, Warlords und islamistischen Gotteskriegern kontrollierte Territorien.

Vorgeschichte

Der Staat Libyen ist ein Produkt der italienischen Kolonialmacht, die zum Anfang des 20. Jahrhunderts mehrere bis dahin eigenständige Landesteile – die Cyrenaika im Osten, Tripolitanien im Westen und den Fessan im Süden – annektierte und zur Kolonie *Libia italiana* zusammenfasste. Zwischen den Zentren dieser drei Landesteile erstreckt sich lebensfeindliche Wüste, nur gelegentlich von kleinen Oasen unterbrochen. Die Küstenregionen waren jahrhundertelang abgelegene Provinzen des heruntergekommenen Osmanischen Reiches, das Landesinnere bis in die jüngere Vergangenheit hinein von Stammesfehden zerrissen. Seit dem 7. Jahrhundert ist das heutige Libyen islamisiert und weitgehend arabisiert; Reste vorarabischer Bevölkerungsgruppen hielten sich hauptsächlich in den westlichen und südöstlichen Randgebieten des Landes. Vor dem Bürgerkrieg von 2011 zählte man in Libyen etwa 140 verschiedene Stämme und Clans.

In der Zeit der Osmanenherrschaft lebte die türkische Oberschicht in der Küstenregion hauptsächlich von Seeraub, während die arabischen und Berberstämme im Landesinneren sich selbst überlassen blieben. Piraterie, Angriffe europäischer Flotten, Stammesfehden sowie die extensive Nomadenwirtschaft arabischer Stämme schädigten nachhaltig die in der Antike entstandenen Wirtschaftsstrukturen. Von Machtvakuum und Niedergang profitierte der Sanusi-Orden, der sich nach seiner Gründung im Jahre 1837 über weite Teile Nordafrikas ausgebreitet hatte. Kern der Sanusi-Herrschaft waren *Zawiyas*, islamische Klöster, die sich zu landwirtschaftlichen, kulturellen und kommerziellen Zentren entwickelten. Dem europäischen Kolonialismus standen die Sanusi feindlich gegenüber, es gab wiederholt Zusammenstöße mit französischen Truppen.

Ab 1902 erfolgte eine zunehmende wirtschaftliche Einflussnahme Italiens auf die libyschen Küstenregionen; das aufstrebende südeuropäische Königreich kontrollierte schließlich ein Viertel des libyschen Imports. Als Folge des italienisch-osmanischen Krieges von 1911/12 wurden Tripolitanien und die Cyrenaika vom Königreich Italien annektiert. 1914 besetzten italienische Truppen auch den Fessan.

Das Osmanische Reich hatte in Libyen kaum Truppen stationiert; Träger des erbitterten Widerstandes gegen die italienische Landnahme waren hauptsächlich einheimische Stammeskrieger. Die Sanusi, die der osmanischen Herrschaft zuvor kritisch, aber nicht grundsätzlich ablehnend gegenübergestanden hatten, setzten sich gegen das italienische Militär ebenfalls zur Wehr und konnten im Bündnis mit mehreren Stammesverbänden zeitweise den größten Teil des Landes zurückerobern.

Unter Muammar Idris el-Mahdi as-Senussi, einem Enkel des Ordensgründers, vollzog ein Teil der Sanusi-Führung im Jahre 1917 einen Frontwechsel. Da die sozialistische Nachkriegsregierung Italiens eine begrenzte Souveränität ihrer Kolonien akzeptierte, konnte sich Idris mit italienischer Unterstützung als Emir der Cyrenaika etablieren; in Tripolitanien wurde eine unabhängige Republik ausgerufen.

Nach der faschistischen Machtübernahme in Italien leitete Benito Mussolini umgehend eine ›Wiedereroberung‹ und Ausweitung des Kolonialbesitzes ein. Idris verschwand für über 20 Jahre im britischen Exil; der Widerstand formierte sich unter dem Sanusi-Sheik Omar al-Mukthar. Die Besatzer reagierten mit Razzien und Massenhinrichtungen. Italienische Piloten bombardierten die wehrlose Oasenbevölkerung – nachgewiesen ist aus den Jahren 1927/28 der Einsatz von Giftgas. Etwa 100.000 Bewohner der Cyrenaika wurden im Jahre 1930 in Lagern interniert; nur die Hälfte von ihnen überlebte. Omar al-Mukthar fiel 1931 in die Hände der Italiener und wurde öffentlich hingerichtet. Der Widerstand dauerte noch bis ins Jahr 1934. Die genaue Anzahl der libyschen Opfer des Eroberungskrieges ist nicht rekonstruierbar; es gibt Schätzungen, dass ein Drittel der Bevölkerung dem Hunger und dem Wüten der italienischen Militärs zum Opfer fiel. Die kolonialen Verbrechen des faschistischen Italien wurden bis in die jüngere Vergangenheit hinein geleugnet.

Die Besatzer zerstörten die traditionelle Infrastruktur Libyens; das Land wurde eine italienische Agrarkolonie. Die Kolonialverwaltung enteignete sämtliche wertvolle Ländereien und übertrug sie Italienern. Die faschistische Führung siedelte über 100.000 Bauern aus dem unterentwickelten Süditalien auf zuvor enteigneten Ländereien Tripolitaniens und der Cyrenaika an, investierte Unsummen in den Aufbau einer Infrastruktur nach europäischem Vorbild. Diese Politik der faschistischen Landnahme erwies sich angesichts des Klimas und der Konfrontation mit fremden Lebens- und Produktionsbedingungen jedoch als Fehlinvestition. Viele italienische Siedler verließen das Land nach 1945 wieder. Andere wurden von den Briten zwangsweise deportiert, die letzten nach dem Umsturz des Jahres 1969 vom Revolutionären Militärrat ausgewiesen.

Der 2. Weltkrieg brachte Libyen heftige Zerstörungen – Mussolinis Truppen und ihre deutschen Verbündeten nutzten das Land mehrmals als Ausgangspunkt für Angriffe auf das damals britische Ägypten. Bis zur endgültigen Niederlage Italiens wechselte allein die Stadt Benghasi fünfmal den Besitzer; die Stadt Tobruk erhielt die Bezeichnung ›Verdun von Afrika‹. Libysche Stammeskrieger und aufständische Sanusi beteiligten sich an diesen Kämpfen auf Seiten der Briten. Von Osten her rückten schließlich britische, vom Süden her französische Truppen in Libyen ein, während die geschlagenen Reste der italienischen und deutschen Armeen nach Tunesien flüchteten und dort am 10. Mai 1943 die Waffen streckten.

Auf den 2. Weltkrieg folgte eine Zeit unter britisch-französischer Militärverwaltung, während die Vereinten Nationen über das weitere

Schicksal Libyens berieten. Die Briten betrieben in dieser Zeit kaum verhohlen eine Annexion der Cyrenaika. Der Fessan sollte französisch werden, Tripolitanien als UN-Mandatsgebiet italienisch bleiben. In Tripolitanien ließen die Briten daher die faschistischen Kolonialstrukturen weitgehend unangetastet, betrieben aber Raubbau, indem sie Teile der von den Italienern hinterlassenen Infrastruktur demontierten. Die geplante Aufteilung Libyens wurde dann allerdings nicht vollzogen, das Land entsprechend einem Mehrheitsbeschluss der UN im Jahre 1951 als *Vereinigtes Königreich Libyen* zu einer unabhängigen Föderation der drei Landesteile erklärt. Ein Abzug der französischen Truppen aus dem Fessan erfolgte allerdings erst im Jahre 1955.

Unabhängigkeit und Königreich

Das koloniale Erbe war grauenhaft. Die Analphabetenrate lag bei 95 Prozent. Im Jahre 1951 hatten nur 5.000 Libyer mehr als fünf Jahre Schulbildung hinter sich, gerade 16 waren Hochschulabsolventen. Libyen zählte zu den ärmsten Ländern der Welt, die Wirtschaft war zudem noch extrem witterungsabhängig. Das jährliche Pro-Kopf-Einkommen betrug durchschnittlich 15 US-Dollar; in Dürrejahren waren 80 Prozent der Einwohner beschäftigungslos. Die Bevölkerung bestand im Wesentlichen aus bettelarmen Nomaden und Oasenbauern; die fruchtbaren Ländereien befanden sich nach wie vor im Besitz italienischer Grundbesitzer, die einheimische Landarbeiter für einen Hungerlohn für sich arbeiten ließen. Der einzige bedeutende Exportschlager war Militärschrott, der auf verlassenen Schlachtfeldern des 2. Weltkrieges aufgesammelt wurde.

König Idris I. war wenig mehr als eine Marionette der Briten, wurde von der Bevölkerung auch als eine solche angesehen. So verpachtete er beispielsweise unmittelbar nach der Unabhängigkeit mehrere Militärstützpunkte für 20 Jahre an Großbritannien und die USA; deren Nutzung während der Suezkrise von 1956 gegen Ägypten und im Sechs-Tage-Krieg von 1967 als Nachschubbasis für Israel rief schwere Unruhen hervor.

Idris I. umgab sich hauptsächlich mit ehemaligen Sanusi-Sheiks und Stammesführern der Cyrenaika; die Stämme Tripolitaniens und des Fessan blieben von der Machtausübung weitgehend ausgeschlossen. Erst in Jahre 1963 erfolgte auf dem Papier eine Umwandlung Libyens von einer Föderation zu einem Einheitsstaat.

Durch die faschistischen Besatzer – hauptsächlich in Tripolitanien – enteignete Ländereien blieben auch nach der Unabhängigkeit im italienischen Besitz; der Handel und die sehr bescheidene Industrie waren weiterhin italienische Domänen. Nach ersten Erdölfunden im Jahre 1955 duldete Idris I., dass das libysche Territorium unter den führenden Erdölkonzernen aufgeteilt wurde, und kassierte für den Staatshaushalt nur eine vergleichsweise niedrige Grundrente. Die Öleinnahmen kamen fast ausschließlich Mitgliedern der privilegierten Oberschicht zugute, während die Bevölkerungsmehrheit in Armut und Unterentwicklung verblieb. Zahlreiche Nomaden und Oasenbauern gaben in der Folge die Landwirtschaft auf und strömten in der Hoffnung auf guten Verdienst auf die Ölfelder. Ohne hinreichende Ausbildung konnten sie dort meist nur als Handlanger Beschäftigung finden.

Bei der herrschenden Schicht rief der Ölboom eine blühende Korruption hervor. Die Erteilung von Förderkonzessionen war zwar gesetzlich an die finanzielle Unterstützung landwirtschaftlicher Projekte gekoppelt; diese kam jedoch im Wesentlichen bereits bestehendem Großgrundbesitz zugute. Auf sich mehrende Proteste reagierte das Herrscherhaus mit Repression – formell war Libyen zwar eine konstitionelle Monarchie, praktisch konnte der König aber jede ihm nicht genehme Gesetzesvorlage blockieren. Schon im Jahre 1952 verbot Idris I. alle politischen Parteien und unabhängigen Gewerkschaften. Besonders nach dem Sturz des Königshauses im benachbarten Ägypten ließ Idris I. zahlreiche oppositionelle Politiker inhaftieren oder an der Teilnahme am politischen Leben hindern.

Machtergreifung des Militärs und Beginn der Gaddafi-Ära

Unter Idris I. blieben sämtliche höheren Posten in Staatsapparat, Polizei und Geheimdienst Angehörigen der Sanusi-Oberschicht vorbehalten. Einzige Möglichkeit des Aufstiegs auch für Angehörige nicht-privilegierter Stämme bildete das Militär. Gerade unter den niederen Offiziersrängen gab es daher Gruppen Unzufriedener, die gegen die konservierte Rückständigkeit und den nationalen Ausverkauf opponierten. Der *Bund der Freien Unionistischen Offiziere* stürzte Idris I. im Jahre 1969 durch einen Militärputsch. Der Umsturz war relativ unblutig – die Leibwache des zu einem Staatsbesuch abwesenden Königs leistete nur kurzen Widerstand, als die Panzer der Putschisten in Tripolis und Benghasi einrückten. Der gerade einmal 27 Jahre alte Armeeoberst Muammar al-Gaddafi als Oberhaupt der Verschwörung ließ sich vom Revolutionären Militärrat als Befehlshaber der Streitkräfte bestätigen. Ein geplanter Gegen-Putsch königstreuer Offiziere konnte Ende 1969 – merkwürdigerweise dank einer gezielten Indiskretion des US-Geheimdienstes CIA – verhindert werden; durch den Revolutionsrat erfolgte in der Folge eine gründliche Säuberung des Militärs. Unter der Losung ›Freiheit, Sozialismus, Einigkeit‹ wurde in der nun beginnenden Gaddafi-Ära ein Prozess der radikalen Modernisierung der libyschen Gesellschaft angeschoben.

Muammar al-Gaddafi war ganz sicher eine widersprüchliche Persönlichkeit. Geboren als Sohn eines halbnomadischen Wüstenbauern in einem wenig einflussreichen Stamm, besuchte er zunächst eine islamische Schule. Sein Großvater war 1911 im Kampf gegen die Italiener gefallen, Vater und Onkel verbrachten Jahre in faschistischen Internierungslagern. Aufgrund seiner Leistungen in eine höhere Schule versetzt, kam Gaddafi im Alter von 14 Jahren erstmals mit der panarabischen Ideologie des ägyptischen Präsidenten Gamal Abdel Nasser in Berührung, war seitdem dessen begeisterter Anhänger. Gaddafi wurde Kadett an der Militärhochschule des Landes, kam als junger Offizier zur Weiterbildung nach Großbritannien und begann dann einen steilen Aufstieg in der libyschen Militärhierarchie.

Gaddafi wurde häufig als ›Sozialist‹ bezeichnet. Tatsächlich war er kein Marxist, eher ein stark islamisch geprägter panarabischer Nationalist. Sein zeitweiliges Zusammengehen mit dem sozialistischen Osteuropa – er ließ sich von der Sowjetunion aufrüsten, schickte zahlreiche junge Libyer zwecks Ausbildung zu Fachkräften in osteuropäische Volksdemokratien, auch in die DDR – war rein taktischer Natur.

Ungeachtet dessen wiesen die unter seiner Führung vom Revolutionären Militärrat durchgesetzten Reformen gewisse Ähnlichkeiten zum osteuropäischen Sozialismusmodell auf: Erhöhung des Mindestlohnes, rigide Verstaatlichung der maßgeblichen Unternehmen, Bodenreform, staatliche Lenkung der Wirtschaft und Preiskontrolle sowie staatliches Monopol des Außenhandels. Dies war durchaus folgerichtig: Ein nationales Bürgertum als Träger des angestrebten Modernisierungsprozesses war in der libyschen Stammesgesellschaft nicht vorhanden, die Reformer konnten sich daher nur auf eine von ihnen selbst geschaffene Staatsbürokratie stützen.

Stammesgesellschaft contra Volksjamahirija

Viele der Merkwürdigkeiten und Absurditäten der Gaddafi-Ära haben ihre Ursache darin, dass ein derartig umfassendes Modernisierungs-programm eigentlich nur auf der Grundlage eines funktionierenden Nationalstaates hätte erfolgen können. Eine solche Nationalstaatsbil-dung konnte in Libyen zwar angeschoben, aber nie vollständig abge-schlossen werden. Das Land war bis in die Gegenwart hinein eher ein loses Bündnis vormoderner Stämme und Clans, das durch eine über-gestülpte Staatsbürokratie, durch Militär und Geheimdienst sowie nicht zuletzt durch die Verteilung der Einnahmen aus dem Erdölver-kauf notdürftig zusammengehalten wurde. Der Staat Libyen war auch unter Gaddafi dauerhaft instabil, dessen Staatsführung auf ein Lavie-ren zwischen den verschiedenen Stammesinteressen, zwischen Er-neuerern und Traditionalisten, zwischen vormodernen Clanchefs und einem modernen Management angewiesen. Auch der Kult, den Gad-dafi um seine eigene Person kreierte, hat seine Ursache genau darin: Er begriff sich selbst als einzige Person, die die widerstrebenden In-teressen ausbalancieren und die libysche Gesellschaft zusammenhal-ten konnte. Was ihm auch eine längere Zeit gelang.

Da Gaddafi selbst aus einem unbedeutenden und relativ machtlo-sen Wüstenstamm der Syrte kam, verfügte er über keine traditionelle Hausmacht; der von ihm angeführte Revolutionsrat wurde ständig von Militärverschwörungen, Putschversuchen und Stammesrevolten bedroht. Gegen die königstreuen Stammesführer der Cyrenaika ver-bündete sich der Revolutionäre Militärrat zunächst mit verschiedenen Stammeskoalitionen Tripolitaniens und des Fessan. Einige Reformen konnten so durchgesetzt und die Rolle der Zentralgewalt gegenüber dem Stammeswesen gestärkt werden.

Die offizielle Auflösung des Militärrates und die Ausrufung der Volksjamahirija im Jahre 1977 war ein Versuch, die soziale Basis des Regimes zu verbreitern und so das gesamtstaatliche Modernisierungs-programm dauerhaft gegen partikulare Stammesinteressen durchzu-setzen. Nachdem eine Mobilisierung der Bevölkerungsmehrheit mittels einer im Juni 1971 nach ägyotischem Vorbild gegründeten Einheitspartei *Arabische Sozialistische Union* gescheitert war, wurden im Jahre 1976 die bereits geschaffenen Parteizellen in so genannte Volkskomitees umgewandelt. Letztere sollten in ›Volkskonferenzen‹ direkt von der Bevölkerung gewählt werden und dann als Interessenvertretungen und lokale Verwaltungsgremien fungieren. Politische Parteien und Gewerkschaften blieben während der gesamten Gaddafi-Ära in Libyen verboten.

Gaddafi selbst übte in der von ihm geschaffenen Volksjamahirija offiziell keine Funktion aus. Da der Revolutionsführer jedoch über die von ihm kontrollierte Polizei und den Geheimdienst jederzeit ihm nicht genehme Entwicklungen unterbinden und unliebsame Personen ausschalten konnte, lag die tatsächliche Macht weiter bei ihm. In seiner im ›Grünen Buch‹ beschriebenen ›Dritten Universaltheorie‹ arbeitete Gaddafi die ideologischen Grundlagen für die von ihm geführte ›Revolution von oben‹ aus. Er verwarf sowohl das bürgerliche Demokratiemodell als auch die Diktatur des Proletariats. An deren Stelle traten Vorstellungen von direkter Demokratie der Volksmassen durch permanente Revolution – letzteres machte sein Werk eine Zeitlang auch für westeuropäische Linksradikale attraktiv. Von den insbesondere im Osten des Landes stark verwurzelten Islamisten wurde Gaddafis eigenwillige Koran-Interpretation als Ketzerei betrachtet, die mit allen Mitteln zu bekämpfen sei.

Faktisch beförderte die Volksjamahirija das Fortbestehen der traditionellen Stammes- und Clanstrukturen und daraus resultierende Konflikte. Die mühsam und oft nur unter Druck sich konstituierenden ›Volkskomitees‹ waren leere Hüllen, in denen die Besetzung einflussreicher und lukrativer Posten nach Stammeszugehörigkeit ausgehandelt wurde. Zwischen scheinbar basisdemokratisch agierenden Komitees und den verschiedenen Dienststellen des zunehmend ausufernden Staatsapparates tobten ununterbrochen Machtkämpfe, hinter denen einander ausschließende Interessen der einzelnen Familienclans steckten. Auch mit der westlicherseits eher belächelten ›Kulturrevolution‹ gelang Gaddafi keine Auflösung der Clanstrukturen in der libyschen Gesellschaft.

Gegen die partikularen Interessen der einzelnen Clans organisierte der formell aufgelöste Revolutionäre Militärrat zusätzlich auch noch ein System so genannter ›Revolutionskomitees‹. Ursprünglich zur Beförderung einer Massenmobilisierung gegründet, wandelte sich die Rolle dieser Gruppen bezahlter Berufsrevolutionäre schnell zu einer Kontrollinstanz. Sie hatten die vorgegebene Linie in den Basiskonferenzen der Volkskomitees durchzusetzen und die Revolutionsführung über Abweichungen zu informieren. Aufgaben und Befugnisse dieses >Revolutionssektors< innerhalb der libyschen Gesellschaft waren nirgendwo definiert, sie agierten ohne gesetzliche Grundlage. Fälle von Machtmissbrauch und Korruption waren natürlich vorprogrammiert. Gaddafi gelang es dank der Revolutionskomitees und eines gut organisierten Geheimdienstapparates immerhin, einer Reihe von Attentaten zu entgehen, konnte die meisten Verschwörungen und Putsche im Keim ersticken.

Den Machtkämpfen im libyschen Staatsapparat fielen jedoch nach und nach die meisten von Gaddafis anfänglichen politischen Weggefährten und Mitstreitern zum Opfer, sie wurden häufig durch Angehörige seines Familienclans und anderer >zuverlässiger Stämme< ersetzt.

Gaddafi selbst hatte anfangs heftig gegen die vormodernen Stammesstrukturen gekämpft, erwies sich aber im Alter gegenüber der Begünstigung von Angehörigen des eigenen Clans als anfällig. Die meisten seiner Verwandten versorgte er mit hochdotierten Posten und duldete ihre merkwürdigen Eskapaden bis hin zur schamlosesten Bereicherung.

Öl als Motor eines Modernisierungsprogramms

Noch in der Zeit der Monarchie hatte sich ein Großteil der westeuropäischen Industrie auf die Verarbeitung libyschen Erdöls eingestellt. Ursache war nicht nur dessen hochwertige Qualität, sondern auch die günstige Verkehrslage; bei einem Import aus Libyen konnten sich die Abnehmer den riskanten und teuren Transport durch den damals umkämpften Suezkanal sparen.

Sofort nach dem Umsturz von 1969 forderte die Revolutionsführung den auf libyschem Territorium tätigen Ölkonzernen eine höhere Rendite ab – das sozialistische Osteuropa stand als Zweitabnehmer bereit, falls Westeuropa meinte, auf libysches Erdöl verzichten zu können. Mit den auf diese Weise um das Mehrfache gesteigerten Staatseinkünften wurden eine Reform des Bildungssystems und die Ausbildung libyscher Fachkräfte finanziert, so dass die Volksjamahirija ein paar Jahre später die Erdölförderung weitgehend in die eigenen Hände nehmen konnte. Die in den 1970er Jahren extrem hohen Ölpreise sorgten für Milliardeneinnahmen des libyschen Staatshaushaltes, mit denen Gaddafi nicht nur die Aufrüstung des Militärs und seine darauf gestützte Außenpolitik finanzierte, sondern auch Industrieunternehmen aus dem Boden stampfte und ein für afrikanische Verhältnisse vorbildliches Gesundheits- und Sozialsystem aufbaute. Libyen hatte damals das höchste Pro-Kopf-Einkommen im nördlichen Afrika. Die Einwohner waren bis auf einen symbolischen Betrag von staatlicher Besteuerung befreit.

In den Wüstenregionen wurden moderne Städte errichtet. Die Bevölkerung nötigte man – zum Teil durch sanften Druck –, ihre traditionellen Siedlungen zu verlassen und mietfrei in Neubauten zu wohnen. Die durchschnittliche Lebenserwartung stieg von 1970 bis 2010 von 53 Jahren auf 75 Jahre. In der Voraussicht, dass die Öl- und Gasreserven des Landes begrenzt sind, begann die Staatsführung im Jahre 1984 mit einem gigantischen Bewässerungsprojekt. In der Sahara wurde fossiles Grundwasser gefördert und zwecks Versorgung der Städte und der Gewinnung landwirtschaftlicher Nutzflächen in die Küstenregionen gepumpt. Die ökologischen Folgen des Projektes sind allerdings umstritten; die vorhandenen Grundwasservorräte erwiesen sich als begrenzt.

Außerdem unternahm Libyen mehrere Anläufe zum Aufbau einer Atomindustrie. Zuletzt unterzeichnete Gaddafi im Jahre 2007 mit dem damaligen französischen Präsidenten Nicolas Sarkozy einen Vertrag über den gemeinsamen Bau eines libyschen Reaktors – das Vorhaben kam allerdings nicht mehr zur Realisierung.

Soziologisch blieb die libysche Gesellschaft jedoch auch in den neu errichteten Industriezentren tief gespalten: Wissenschaftliche und technische Führungskräfte wurden in der Regel aus Westeuropa und den USA bezogen, Verwaltungspersonal und mittleres Management waren Libyer, während die Drecksarbeit von Migranten aus den Nachbarländern geleistet wurde.

Immerhin konnte nach der politischen Öffnung Libyens von westlichen Tourismusunternehmen erstaunt konstatiert werden, dass es sich um ein wohlhabendes Land mit einer modernen Infrastruktur und geringer Analphabetenrate handelte, die Menschen mit allem Notwendigen versorgt wurden und – im Gegensatz zu den meisten Nachbarstaaten – keine bettelnden Kinder auf den Straßen zu sehen waren.

Zwischen Verbalradikalismus und Anpassung – Gaddafis Außenpolitik

Die zuweilen stark abenteuerliche Politik der Volksjamahirija kann zumindest in den Anfangsjahren aus Gaddafis Ablehnung des europäischen Kolonialismus erklärt werden. Eine passende Legitimierung für die angestrebte Modernisierung der libyschen Gesellschaft fand der Revolutionäre Militärrat in der panarabischen Ideologie, die vom benachbarten Ägypten nach Libyen hinübergeschwappt war.

Bei der 1969 erfolgten Schließung der britischen und US-amerikanischen Militärstützpunkte auf libyschem Boden konnte der Kommandorat sich des Beifalls der libyschen Bevölkerungsmehrheit, der übrigen arabischen Welt und des sozialistischen Osteuropa sicher sein.

Um mit den ehemaligen Kolonialmächten militärisch gleichzuziehen, unternahm Libyen in den Folgejahren mehrere – vergebliche – Versuche, das eigene Militär mit Massenvernichtungswaffen aufzurüsten. Die mit Wissen der Kohl-Regierung geplante Lieferung einer Fabrik zur Herstellung chemischer Kampfstoffe durch ein bundesdeutsches Unternehmen flog nur durch einen Zufall auf.

Getreu dem Motto ›der Feind meines Feindes ist mein Freund‹ unterstützte Gaddafi in den 1970er und 1980er Jahren verschiedene militante Gruppen der westeuropäischen und palästinensischen Linken; libysche Geheimdienstler sollen auch persönlich in verschiedene Anschläge verwickelt gewesen sein. Letzteres diente seit 1973 immer wieder als Anlass, Libyen mit Wirtschaftssanktionen zu belegen; in den 1980er Jahren erfolgten Zusammenstöße mit dem US-Militär, dieses bombardierte schon damals die Hauptstadt Tripolis.

Im Sinne der panarabischen Ideologie unternahm Gaddafi zahlreiche Versuche, Libyen mit verschiedenen Nachbarstaaten zu einer Union zusammenschließen. Sämtliche dieser Projekte scheiterten entweder schon in der Verhandlungsphase oder aber hatten langfristig keinen Bestand.

Ebenfalls aus der panarabischen Ideologie heraus sind Gaddafis heftige Verbalattacken gegen Israel zu verstehen. Er ließ es jedoch nie zu einer offenen militärischen Konfrontation kommen, auch nicht, als die israelische Luftwaffe über der Sinaihalbinsel ein libysches Passagierflugzeug abschoss. Das libysche Militär führte jahrelang einen unerklärten Krieg gegen das südliche Nachbarland Tschad. Libyen erkannte die Grenzziehung durch die früheren Kolonialmächte Italien und Frankreich nicht an. Ursache des bewaffneten Konfliktes waren Uranerzlagerstätten in diesem Gebiet. Libyen unterstützte Rebellenverbände im Tschad mit Waffen und Geld, rüstete auf seinem Territorium eine multinational zusammengewürfelte *Islamische Legion* auf. Nach dem militärischen Eingreifen Frankreichs erlitt die libysche Armee allerdings eine Niederlage; Gaddafi musste einen internationalen Schiedsspruch akzeptieren und zog seine Truppen aus dem Tschad zurück.

In den 1990er Jahren trat in der libyschen Führung an die Stelle der gescheiterten panarabischen Ideologie zeitweilig eine panafrikanische: Gaddafi machte palästinensische Arbeitsmigranten für die zunehmende Ausbreitung des Islamismus verantwortlich und ließ zehntausende von ihnen ausweisen, wobei er einen Appell des damaligen Palästinenserpräsidenten Jassir Arafat an die gemeinsame antiimperialistische Frontstellung souverän ignorierte. Da die libysche Wirtschaft auf ausländische Arbeitskräfte angewiesen war, öffnete Gaddafi in der Folge die Grenzen für Arbeitsmigranten aus dem Süden. Er gefiel sich mehrere Jahre lang in heftiger Parteinahme für afrikanische Staaten, ließ sich in einer PR-Aktion von etwa 200 afrikanischen Fürsten und Königen zum *König der Könige* krönen. Später schloss Libyen seine südlichen Grenzen wieder und warf einen großen Teil der afrikanischen Gastarbeiter aus dem Land.

Wirtschaftskrise und politischer Frontwechsel

Bereits in den 1990er Jahren konnte man schwerlich übersehen, dass die Bildung eines libyschen Nationalstaates gescheitert, ein Auseinanderbrechen des Staates entlang der Stammesgrenzen vorprogrammiert war. Trotz des mit Brachialgewalt vorangetriebenen Modernisierungsprogramms war es nicht gelungen, die traditionelle Stammesgesellschaft aufzulösen. Im Hintergrund der offiziell propagierten Volksdemokratie tobten ständig Verteilungs- und Machtkämpfe zwischen Angehörigen der verschiedenen Clans. Das System der Volksjamahirija funktionierte als labiles Gleichgewicht zwischen den verschiedenen Stammes- und Claninteressen, das Gaddafi lange Zeit auszubalancieren verstand. Aber es funktionierte nur, solange die libysche Gesellschaft sich in einem wirtschaftlichen Aufschwung befand.

Das staatliche Modernisierungsprogramm war Ende der 1980er Jahre an seine Grenzen gestoßen. Die meisten Produkte der neu errichteten Industrieanlagen und der dank des Bewässerungsprojektes neu erschlossenen Agrarflächen erwiesen sich als überteuert und auf dem Weltmarkt nicht absetzbar. Dies lag weniger an der vielbeschworenen ›Misswirtschaft‹ der libyschen Staatsbürokratie als vielmehr daran, dass Libyen ein ›Zuspätkommer‹ in der Reihe der Industrienationen war. Ein Hineindrängen in längst aufgeteilte Absatzmärkte kann im Regelfall nur durch Zahlung von Niedriglöhnen erfolgen. Da solche in der libyschen Gesellschaft trotz des massiven Einsatzes von Billiglohn-Gastarbeitern aus den Nachbarländern nicht durchsetzbar waren, blieb nur die Subventionierung von Produkten auf Basis der Öleinnahmen. Eine solche volkswirtschaftliche Umschichtung widerspricht zwar eklatant den Grundlagen neoliberalen Wirtschaftens, ist aber durchaus nichts Ungewöhnliches. Libyens gesamte Wirtschaft beruhte dauerhaft auf dem Ölexport nach Westeuropa; Gaddafi war trotz seiner zeitweise heftigen anti-westlichen Rhetorik jahrzehntelang ein zuverlässiger und vertragstreuer Handelspartner und Lieferant. Die Abhängigkeit von der Ölförderung erwies sich für das libysche Entwicklungsmodell jedoch langfristig als fatal. Denn als Produktion und Absatz stockten, außerdem auch noch die Preise in den Keller fielen, war dem libyschen Modernisierungsprogramm plötzlich die Grundlage entzogen.

Hintergrund des Desasters waren nicht nur die permanenten Absatz- und Preisschwankungen auf dem Weltmarkt. Bereits 1973 hatten die USA Wirtschaftssanktionen gegen Libyen als ›terrorunterstützenden Staat‹ verhängt; 1986 eskalierte der Wirtschaftskrieg. Sämtliche US-Ölfirmen zogen aus Libyen ab. Da die Förderanlagen ausschließlich auf US-amerikanischer Technologie beruhten, kämpfte die libysche Wirtschaft zunehmend mit einem Mangel an Ersatzteilen und an Spezialisten für die Instandhaltung der Anlagen. Die libysche Ölförderung brach in der Folge massiv ein. Mitte der 1990er Jahre waren die Öleinnahmen auf ein Drittel des Standes von 1980 gesunken.

Die Folgen waren entsprechend: Im ehemals reichen Libyen wurden plötzlich monatelang keine Gehälter mehr gezahlt, die Angestellten mussten schlecht bezahlte Zweitjobs annehmen. Und auf dem jenseits des staatlich organisierten Handels florierenden Schwarzmarkt explodierten die Preise. Zusätzlich zur Inflation stieg dann auch noch die Arbeitslosigkeit massiv an.

Als Folge kam es zum Erstarken oppositioneller Kräfte. Denn wo es nichts mehr zu verteilen gibt, funktioniert erkaufte Loyalität nicht mehr. Entmachtete Armeeoffiziere verbanden sich mit traditionalistischen Clanchefs und ehemaligen islamischen Würdenträgern. Besonders in der ehemaligen Sanusi-Hochburg Cyrenaika organisierten sich islamistische Geheimbünde, wurden von den im benachbarten Ägypten starken Muslimbrüdern gefördert und offenbar auch von westlichen Geheimdiensten hochgepäppelt. Der Widerstand nahm zeitweilig die Form eines bewaffneten Untergrundkrieges an.

Gaddafi reagierte mit der für ihn typischen Schaukelpolitik – mit dem Ziel, das gestörte Gleichgewicht in der libyschen Gesellschaft wiederherzustellen. Putschversuche des Militärs und islamistische Aufstände ließ er brutal niederschlagen. Gleichzeitig versuchte er auch, der Opposition den Wind aus den Segeln zu nehmen, indem er sich ihre Forderungen zu eigen machte: Im weitgehend laizistischen Libyen wurde 1994 die Scharia wieder eingeführt, allerdings kaum angewendet. Die Macht der Revolutionskomitees wurde zurückgedrängt, außerdem schon ab 1987 unter der Losung *Volkskapitalismus* eine Liberalisierung des Wirtschaftslebens angekündigt. Im Verlauf der dann tatsächlich erfolgenden neoliberalen Umstrukturierung der Wirtschaft wurde ein Drittel der staatseigenen Betriebe privatisiert, mehrere Hunderttausend Angestellte wurden vorzeitig pensioniert oder in die freie Wirtschaft entlassen.

Die Auslieferung von in das Attentat von Lockerbie verwickelten libyschen Geheimdienstoffizieren an ein schottisches Gericht sowie Entschädigungszahlungen fasste der Westen zutreffend als Kniefall auf. Wirtschaftssanktionen und das Waffenembargo wurden ausgesetzt. Gaddafi war plötzlich ein bevorzugter Partner: Milliardeninvestitionen flossen in die libysche Wirtschaft; defekte und veraltete Ölförderanlagen wurden saniert, staatliche Investitionsprogramme zunehmend an westliche Firmen vergeben, das Militär von westeuropäischen Waffenschmieden neu aufgerüstet.

Flankiert wurde Gaddafis politischer Schwenk durch eine nationalistische Rhetorik, die ausgerechnet die Schwächsten traf. Von über zwei Millionen Gastarbeitern, die in der Zeit des ›libyschen Wirtschaftswunders‹ ins Land geströmt waren, blieben bis 2006 nur etwa 600.000 übrig. Auch Angehörige nicht-arabischer Stämme wurden nun als ›Ausländer‹ betrachtet und in die Nachbarländer ausgewiesen. Zu den finstersten Kapiteln der Gaddafi-Ära gehörten Pogrome gegen afrikanische Gastarbeiter im Jahre 2000, die damals etwa 130 Menschen das Leben kosteten – von staatlicher Seite wurden nur sechs Opfer zugegeben.

Die zunehmende Anlehnung Libyens an die Europäische Union äußerte sich auch in der Gewährung von Wirtschaftshilfen. Als Gegenleistung kooperierte Gaddafi, damals Duzfreund des italienischen Premiers Berlusconi und des österreichischen Rechtsaußen Jörg Haider, mit der italienische Marine und der europäischen Grenzschutzorganisation FRONTEX. Die sich als ›sozialistisch‹ bezeichnende und betont antiimperialistisch agierende Revolutionsführung begann auf militärischer und Geheimdienstebene eine Zusammenarbeit mit westlichen Staaten. Libyen war der erste afrikanische Staat, der sich umfassend in das europäische Sicherungssystem zur Migrationsabwehr integrieren ließ. Hunderte von Booten mit über das Mittelmeer in Richtung Europa strebenden afrikanischen Elendsflüchtlingen wurden von der libyschen Marine aufgebracht, zehntausende Migranten interniert und zurück in Richtung Hunger und Bürgerkriegschaos abgeschoben. Allein im Jahre 2006 wurden von der libyschen Regierung 60.000 illegale Einwanderer in Lagern festgehalten. Ab 2009 ging die italienische Marine dazu über, Flüchtlingsboote schon auf See aufzubringen und zwangsweise nach Libyen rückzuführen. Ein im Jahre 2010 bereits vorbereitetes Rahmenabkommen mit der Europäischen Union zwecks Abschottung der Grenzen zwischen Libyen und seinen südlichen Nachbarstaaten kam wegen fehlender Einigung über die von der EU zu tragenden Kosten allerdings nicht zustande.

Jugendrevolte und Bürgerkrieg

Hauptursache für Gaddafis Annäherung an den Westen war die seit den 1990er Jahren unübersehbar gewordene ökonomische Stagnation. Mittels neoliberal eingefärbter Wirtschaftsreformen konnte zwar wieder ein bescheidener Aufschwung erreicht werden – Libyen stieg bis zum Ausbruch des Bürgerkrieges wieder zum weltweit achtgrößten Ölproduzenten mit den Hauptabnehmern Italien, Deutschland und Frankreich auf. Außerdem war das Land dank der wieder sprudelnden Öleinnahmen fast schuldenfrei. Die wirtschaftspolitische Öffnung hatte als Nebeneffekt jedoch eine zunehmende soziale Ausdifferenzierung der zuvor weitgehend egalitären libyschen Gesellschaft zur Folge. Mittels des Privatisierungsprogrammes wurde eben kein ›Volkskapitalismus‹ geschaffen. Ein großer Teil der nunmehr privaten Unternehmen geriet in die Hände westlicher Konzerne, andere in die einer Schicht privilegierter Angehöriger der Staatsbürokratie.

Korruption hat es in Libyen trotz mehrerer Gegen-Kampagnen während der gesamten Gaddafi-Ära gegeben. Mit Entstehen eines privaten Wirtschaftssektors wurde die zuvor illegale Bereicherung jedoch faktisch legalisiert, wobei insbesondere Angehörige von Gaddafis Familienclan mit gutem Beispiel vorangingen. Mit der hemmungslosen Selbstbedienung einer privilegierten Oberschicht am Staatsvermögen ging jedoch auch die Entstehung einer zunehmend verarmenden Schicht einher.

Die strukturellen Probleme Libyens wurden durch die politische und wirtschaftliche Öffnung keinesfalls beseitigt, sondern eher verstärkt. Durch die Investitionsschwemme wurden kaum Arbeitsplätze für Libyer geschaffen; die westlichen Konzerne brachten ihre Spezialisten selbst mit und nahmen für die schlechtbezahlten Hilfsarbeiten vorzugsweise Arbeitsmigranten aus Ägypten und den Staaten der Zentralsahara (was dem ohnehin in der libyschen Stammesgesellschaft tief verwurzelten Rassismus gegenüber Schwarzafrikanern neue Nahrung gab).

Die Privatisierung eines großen Teils der Staatsbetriebe hatte ein rapides Ansteigen der Arbeitslosigkeit zur Folge, zuletzt betrug sie 30 Prozent, die Jugendarbeitslosigkeit nach Schätzungen bis zu 65 Prozent. Insbesondere die jüngere Generation sah für sich keine Perspektive mehr. Dies und die ständig steigenden Lebenshaltungskosten verbitterten Teile der Bevölkerung, während die neureiche Oberschicht keineswegs zufrieden war und Vergleiche mit den Verhältnissen in den autokratisch regierten Golf-Monarchien zog.

Libyens westlichen Partnern gingen die bereits eingeleiteten Reformen nicht weit genug; sie erwarteten die Streichung der Subventionen auf Mieten und Grundnahrungsmittel sowie einen vollständigen Rückzug des Staates aus der Wirtschaft. Noch im Frühjahr 2010 sicherte Gaddafi zu, in den Folgejahren die gesamte libysche Wirtschaft der Kontrolle privater Investoren zu übergeben. Dazu sollte es aber nicht mehr kommen.

Um den vom Westen erhobenen Forderungen nach politischer Liberalisierung nachzukommen, wurden in den Jahren 2006 und 2009 mehrere Amnestien erlassen. Diese stärkten aber nicht, wie erwartet, vorrangig die liberale pro-westliche Opposition. Mehrheitlich kamen nach den Aufständen der 1990er Jahre inhaftierte islamistische Untergrundkämpfer auf freien Fuß, die sich umgehend wieder dem bewaffneten Widerstand anschlossen.

Angesichts der wachsenden Widersprüche erfolgte offensichtlich auch eine politische Ausdifferenzierung innerhalb der herrschenden Schicht Libyens. Während Teile der Staatsbürokratie gewillt waren, den einmal eingeschlagenen prowestlichen Kurs ohne Rücksicht auf soziale Folgen fortzusetzen, versuchten andere Funktionäre offensichtlich, dem sich anbahnenden Staatszerfall gegenzusteuern. Die widersprüchliche Politik Libyens der letzten Jahre vor dem Umsturz könnte so ihre Erklärung finden.

Gaddafi traf mehrere Entscheidungen, die ihn vermutlich das Vertrauen seiner westlichen Partner und damit die Macht kosteten. In Verhandlungen mit der italienischen Regierung forderte er ultimativ eine Erhöhung der Wirtschaftshilfe und drohte, andernfalls die Abwehr afrikanischer Bootsflüchtlinge auf dem Mittelmeer einzustellen. Und er verstaatlichte im Jahre 2009 Eigentum der kanadischen Ölfirma Verenex. Aus Sicht der internationalen Ölindustrie war er damit nicht mehr haltbar; man lauerte wohl nur noch auf eine günstige Gelegenheit, ihn loszuwerden.

Der Zusammenbruch des Regimes erfolgte in Etappen.

Trotz des im Vergleich zu den Nachbarstaaten immer noch vorhandenen relativen Wohlstandes der Bevölkerung war es folgerichtig, dass Anfang 2011 die Welle von Aufständen gegen repressive Regimes in der arabischen Welt auch auf Libyen überschwappte. Auslöser waren zunächst soziale Forderungen der städtischen Unterschicht, Proteste gegen Willkür, Korruption und bürokratische Bevormundung. Nach Angriffen revoltierender Jugendlicher auf Polizeistationen und öffentliche Einrichtungen reagierten Polizei und Geheimdienst in gewohnter Manier.

Mit Privatisierung und wirtschaftlicher Öffnung waren aber auch die Diskrepanzen zwischen den einzelnen Landesteilen keineswegs beseitigt worden. Der Revolutionsrat hatte sich seit 1969 gegen die überwiegend islamistisch und königstreu gesonnenen Stämme der Cyrenaika hauptsächlich auf die bevölkerungsstarken Stämme Tripolitariens gestützt (die relativ schwachen Stämme des Landesinneren spielten kaum eine Rolle). Die wirtschaftspolitische Bevorzugung Tripo itaniens setzte sich auch nach 2001 fort, da westliche Unternehmen sich hauptsächlich in der Umgebung der Hauptstadt mit ihrer vergleichsweise gut ausgebauten Infrastruktur ansiedelten. Die in den Stämmen der Cyrenaika rapide wachsende Unzufriedenheit hatte sich seit den 1990er Jahren im Erstarken eines islamistischen Untergrundes geäußert. Die Auseinandersetzungen mit diesem nahmen schon damals zeitweise den Charakter eines Bürgerkrieges an. Erst nach der Annäherung an den Westen und der wirtschaftlichen Erholung des Landes hatten Polizei und Geheimdienst die Situation zeitweilig wieder unter Kontrolle bekommen.

In der Cyrenaika nutzten nun der islamistische Untergrund und mit Gaddafis Herrschaft unzufriedene Stammesführer die vielerorts tobenden Jugendproteste, um in verschiedenen Städten die Macht an sich zu reißen.

Dass die unter der Decke der Volksjamahirija offiziell geeinte libysche Nation tatsächlich tief gespalten war, zeigte sich auch daran, dass Teile von Militär und Staatsbürokratie umgehend zu den Aufständischen überliefen. Mit den ursprünglichen Sozialprotesten hatte der Machtwechsel in der Cyrenaika allerdings nur mittelbar zu tun; von den anfangs geäußerten Forderungen war sehr schnell keine Rede mehr. Der in Benghasi residierende Übergangsrat bestand hauptsächlich aus vom Westen ausgehaltenen Exilpolitikern, neoliberal eingefärbten Wirtschaftsfunktionären, unzufriedenen Stammesführern und radikalen Islamisten. Einzige Gemeinsamkeit dieses äußerst heterogenen Bündnisses bestand in der Forderung nach dem Sturz Gaddafis.

Die Militärführung und verschiedene Stämme Tripolitaniens und des Fessan hegten für dieses zusammengewürfelte Oppositionsbündnis anfangs kaum Sympathien, standen lieber loyal zum Regime oder wahrten zumindest Neutralität.

Nach einer Phase der Stabilisierung sah es eine Zeitlang so aus, als könne Gaddafis Armee die abtrünnigen Städte des Ostens zurückerobern. Erst das militärische Eingreifen westlicher Staaten wendete das Blatt.

Intervention und Regimewechsel

Durch die Unterstützung des Westens für die in Benghasi residierende Übergangsregierung war der Machtwechsel vorprogrammiert. Infolge der Sperrung seiner Auslandskonten war Gaddafi zahlungsunfähig, konnte auf Dauer also weder seine Truppen besolden noch aus dem Ausland militärischen Nachschub beziehen. Dass die bewaffneten Auseinandersetzungen noch Monate dauerten und es der massiven Aufrüstung der aufständischen Milizen durch den Westen sowie eines Einsatzes ausländischer Truppen bedurfte, um die letzten Hochburgen des Regimes niederzukämpfen, beweist, dass die Übergangsregierung außerhalb der Cyrenaika über keinerlei nennenswerte Verankerung verfügte. Tatsächlich ließen die meisten Stämme Westlibyens Gaddafi erst in dem Moment fallen, als die aufständischen Milizen und ihre Verbündeten schon in den Vororten der Hauptstadt Tripolis standen, nachdem die NATO-Luftwaffe ihnen den Weg freigebombt hatte.

Warum Gaddafi sich nicht, wie beispielsweise die gestürzten Diktatoren von Tunesien und Ägypten, beizeiten davonmachte, als die Protestwelle auch Libyen erreichte, kann man nur mutmaßen: Eine grandiose Fehleinschätzung der Lage, die Hoffnung, das Ruder noch einmal herumreißen und seine Macht behaupten zu können? Oder das Bewusstsein, dass er ausgespielt hatte und man ihn keineswegs ungeschoren davonkommen lassen würde? Wollte er der Welt einen grandiosen Abgang vorführen: ein heroisches Ende inmitten letzter Getreuer in den Trümmern des zerbombten Palastes? Tatsächlich war sein Tod wohl wenig spektakulär. Bei Erstürmung der letzten von seinen Truppen gehaltenen Stadt Sirte starb er am 20. Oktober 2011 durch einen Kopfschuss. So lautet jedenfalls die offizielle Lesart. Sein Körper wurde an einem geheim gehaltenen Ort in der Wüste beigesetzt.

Sehr bald wurden in der Übergangsregierung entscheidende Macht-positionen von übergelaufenen Funktionären des Gaddafi-Regimes besetzt. Sie hatten offensichtlich auf die günstige Gelegenheit gelau-ert, ihre Widersacher im Staatsapparat loszuwerden und anschlie-ßend die vom Regime zwar zugesagte, aber nie vollständig umge-setzte Privatisierung der Wirtschaft zu erzwingen. Der Aufstand gegen Gaddafi war also tatsächlich ein Konglomerat aus Sozialprotest, re-gionaler Stammesrevolte und dem Putsch einer neoliberal gesonne-nen Funktionärsschicht. Es war keinesfalls, wie vom Westen behaup-tet, ein ›demokratischer Aufbruch‹, schon deshalb nicht, weil die Mehrzahl seiner Akteure alles andere als Demokraten waren.

Ein Treppenwitz der Geschichte ist, dass in Gestalt der damaligen rechtsgerichteten Premiers Nicolas Sarkozy und Silvio Berlusconi aus-gerechnet zwei Politiker maßgeblich den Sturz Gaddafis betrieben, die zuvor am engsten mit ihm zusammengearbeitet hatten. War es nur die Gier nach den libyschen Ölvorkommen, die diese Staatschefs zu dem militärischen Abenteuer bewog – oder auch der Wunsch nach einer späten Revanche für die im vorigen Jahrhundert verlorenen Ko-lonialkriege?

In jedem Fall förderte der Umsturz massenweise Dokumente zuta-ge, die auf peinlichste Weise die Kooperation westlicher Politiker und Geheimdienste mit dem Gaddafi-Regime dokumentierten. Nicolas Sarkozy soll sich mittels Millionen-Spenden des Gaddafi-Clans sogar seinen eigenen Wahlkampf finanziert haben – im Gegenzug hatte der französische Premier dem libyschen Regime Waffenlieferungen zu-gesagt. Ein anderes Beispiel: Britische Militärs lieferten in Afghanis-tan gefangene Taliban-Kämpfer nach Tripolis aus, mit dem Wunsch, brauchbare Informationen aus ihnen herauszufoltern. Was auch ge-schah.

Staatszerfall

Sehr schnell stellte sich heraus, dass der auch von europäischen Lin-ken bejubelte Umsturz keines der strukturellen Probleme Libyens ge-löst hatte. Im Gegenteil: Die staatliche Infrastruktur war durch den Bürgerkrieg und die Angriffe der NATO-Luftwaffe zu großen Teilen zerstört worden, das Sozialsystem und insbesondere das Gesund-heitswesen lagen darnieder.

Das Bündnis aus neoliberalen Wirtschaftsfunktionären und betont antiwestlichen Islamisten erwies sich nach dem Sturz Gaddafis schnell als ein Bündnis auf Zeit. Im pro-westlich ausgerichteten Übergangskabinett waren letztere nicht vertreten. Bei den 2012 abgehaltenen Wahlen konnte sich dann eine gemäßigt-islamische Partei gegen ihre liberalen Gegenspieler durchsetzen. Mehrere Regierungen wechselten sich danach ab, ohne dass es zu Neuwahlen kam.

Als Folge des Regimewechsels erhielten die zentrifugalen Bestrebungen der einzelnen Landesteile eine verstärkte Schubkraft. Die Mehrzahl der während des Bürgerkriegs entstandenen Milizen dachte überhaupt nicht daran, sich dem neuen Regime zu unterstellen oder sich entwaffnen zu lassen. Die in der Cyrenaika sehr starken radikalen Islamisten versuchten auch weiterhin, sich der Kontrolle der Regierung in Tripolis zu entziehen, und erklärten ihre Autonomie. Der syrische Bürgerkrieg bremste die angestrebte Sezession zwar zunächst aus, da zahlreiche der beschäftigungslos gewordenen Gotteskrieger dort eine neue Spielwiese gefunden hatten; die Konflikte zwischen den einzelnen Landesteilen blieben jedoch ungelöst. Im November 2013 wurde in der Cyrenaika eine Regionalregierung ausgerufen. Verschiedene libysche Städte wurden nach dem Regimewechsel Schauplatz blutiger Säuberungen von ehemaligen Parteigängern Gaddafis sowie erbitterter Kämpfe zwischen verfeindeten Milizen. Im Landesinneren tobten sich die in der Zeit der Gaddafi-Herrschaft unterdrückten Konflikte zunehmend in Form von Stammeskriegen aus.

Absurderweise erlebte das Land gerade in dieser Zeit des Zerfalls der ohnehin instabilen nationalstaatlichen Strukturen eine Renaissance nationalistischer Denk- und Verhaltensweisen. Die unter Gaddafi zuerst ins Land geholten, dann aber zunehmend diskriminierten afrikanischen Gastarbeiter wurden fast ausnahmslos vertrieben, viele im Verlaufe der Kämpfe und auch noch danach ermordet. Internationale Beobachter sprachen von einer »Jagd auf Schwarze«; Meldungen, es handele sich um ausländische Söldner, die Gaddafi gegen seine eigenen Landsleute eingesetzt habe, wurden von den meisten westlichen Medien gutwillig geschluckt. Außerdem kam es zu Ausschreitungen der arabischstämmigen Bevölkerungsmehrheit gegen Angehörige von Berberstämmen und gegen die im Südosten Libyens beheimatete Minderheit der Tubu. Die hauptsächlich im Südwesten Libyens ansässigen Tuareg, die unter Gaddafi privilegiert waren und tatsächlich bis zuletzt für ihn gekämpft hatten, wurden mehrheitlich vertrieben. Zahlreiche Flüchtlinge, die versuchten über das Mittelmeer nach Europa zu entkommen, bezahlten dies mit dem Leben. Wie viele Menschenleben Bürgerkrieg, westliche Bombardements und die nachfolgende Welle von Pogromen tatsächlich gekostet haben, wird sich schwerlich genau feststellen lassen. Es gibt Schätzungen, die von etwa 50.000 Opfern ausgehen.

Die schon während der Gaddafi-Herrschaft im Interesse des Westens praktizierte Schließung der südlichen Grenzen und die Abwehr von Bootsflüchtlingen auf dem Mittelmeer wurden von den demokratisch gewählten neuen Machthabern natürlich ungebrochen fortgesetzt.

In den von Milizen besetzten Städten herrscht inzwischen Chaos; es gab Morde, Folter und Plünderungen. Bewaffnete Gruppierungen besetzten mehrfach Flugplätze, Hafenstädte und Ölförderanlagen, um ihren finanziellen Forderungen gegenüber der Regierung Nachdruck zu verleihen. Der Flugplatz der Hauptstadt Tripolis war mehrmals heftig umkämpft. Zwischenzeitlich wurde sogar die Trinkwasserversorgung der Hauptstadt unterbrochen. Dokumentiert sind zahlreiche Mordanschläge gegen Politiker und führende Militärs.

Im März 2014 brachten US-Marineeinheiten in internationalen Gewässern einen mit libyschem Öl beladenen Tanker auf. Das Schiff war im Auftrag der die Cyrenaika kontrollierenden Autonomisten beladen worden, die sich so einen größeren Anteil an den Erdölerlösen sichern wollten. Da es funktionierende libysche Seestreitkräfte nicht mehr gab, hatte die Regierung in Tripolis die USA um militärische Hilfe ersucht.

Die Anfang 2014 anstehenden Neuwahlen wurden wegen der Situation im Lande verschoben. Mehrfach stürmten Demonstranten oder Militärs das Parlamentsgebäude in Tripolis und warfen der Regierung Untätigkeit gegenüber den weite Teile Libyens kontrollierenden Stammesmilizen vor. Pro-westlich orientierte Truppen und Milizen erklärten schließlich Regierung und Parlament für illegitim und begannen unter Führung eines pro-westlich gewendeten ehemaligen Gaddafi-Generals auf eigene Faust einen Krieg gegen die weite Teile der Cyrenaika beherrschenden Islamisten. Die ohne Legitimation und ohne nennenswerten Rückhalt agierende Regierung ersuchte vergeblich das Ausland um Hilfe. Ausländische Ölunternehmen, die sich in der jüngeren Vergangenheit gierig auf die libyschen Ölvorkommen gestürzt hatten, begannen mit dem Abzug ihrer Mitarbeiter.

Unter Kontrolle der Putschisten wurden Ende Juni 2014 die geforderten Neuwahlen durchgeführt – zum Teil unter chaotischen Bedingungen. Die zuvor das Parlament dominierenden Islamisten akzeptierten ihre Niederlage nicht und es formierten sich ein »Gegenparlament« und eine »Gegenregierung«. In der Folge versank die Hauptstadt in einem Bandenkrieg rivalisierender Milizen. Der Westen reagierte mit zusätzlichen Waffenlieferungen. Im Juli 2014 wurde der größte Flughafen des Landes nach einem Raketeneinschlag durch einen Großbrand verwüstet. Die Erdölproduktion des Landes brach massiv ein. Die offiziell abgewählte, jedoch von verschiedenen islamistischen Milizen noch immer als legitim anerkannte Regierung kontrolliert große Teile des Landes. Die neugewählte Regierung verfügt hingegen über keinerlei Autorität und kann sich ausschließlich auf westliche Hilfe stützen.

Tausende Libyer flüchteten in das ebenfalls zunehmend instabil werdende Nachbarland Tunesien. Eine Intervention des mit dem Westen kooperierenden algerischen und/oder ägyptischen Militärs wird derzeit als wahrscheinlich angenommen.

Afrikanische Politiker hatten schon zu Beginn des Bürgerkrieges vor einer ›Somalisierung‹ Libyens gewarnt. Mittlerweile sprechen auch westliche Politiker von einem Staatszerfall. Dieser Prozess schreitet rasant voran. Die Zukunft wird für die libysche Bevölkerung wohl auch weiter nicht rosig aussehen. Eher pechschwarz.

MALI
Krieg im Wüstenstaat

Nach dem Sieg islamistischer Gruppen im Norden des westafrikanischen Staates Mali und einem Militärputsch im Süden des Landes kündigte Frankreich sein militärisches Eingreifen an. Mit der *Operation Serval*, sollte die Schreckensherrschaft islamistischer Hardliner über verschiedene Städte Malis beendet werden.

Sowohl einheimische Eliten als auch westliche Mächte waren bisher ängstlich darauf bedacht, die von europäischen Kolonialisten meist willkürlich gezogenen Grenzen zwischen den heutigen afrikanischen Nationalstaaten aufrechtzuerhalten, wohl wissend, dass ein Infragestellen dieser Grenzziehungen eine ganze Welle von Stammeskriegen und Ethnogemetzeln nach sich ziehen kann. Nur in wenigen Fällen, so bei der Abspaltung Eritreas von Äthiopien und des Süd-Sudan vom Norden, wurde von diesem Prinzip bisher abgewichen.

Den Staatszerfall Malis langfristig aufzuhalten, vermochte der von Frankreich unternommene Weltordnungskrieg nicht.

Koloniale Grenzziehungen und sozialistischer Versuch
Der heutige Staat Mali leitet seinen Namen von einem Feudalreich her, das im 13. und 14. Jahrhundert große Teile Westafrikas umfasste. 1883 wurde dieses Territorium Opfer der kolonialen Landnahme Frankreichs.

Im Zuge der Entkolonialisierung erlangte die Provinz *Französisch-Sudan* im Jahre 1960 ihre Unabhängigkeit. Als Folge der kolonialen Aufgliederung Westafrikas durch willkürliche Grenzziehungen setzte sich die Bevölkerung des neugegründeten Staates aus über dreißig Ethnien zusammen, wobei die Ackerbau treibende Bevölkerung des Südens den Wüstennomaden des Nordens zahlenmäßig weit überlegen ist. Die politischen und wirtschaftlichen Schwerpunkte des Staates Mali lagen daher stets im Süden. Die sozialen und kulturellen Disproportionen zwischen den beiden höchst unterschiedlichen Landesteilen konnten von keiner malischen Regierung gelöst werden. Mali verfolgte nach Erringung der Unabhängigkeit zunächst einen antiimperialistischen Kurs. Das sich selbst als sozialistisch bezeichnende Modernisierungsregime unter Präsident Modibo Keïta betrieb von 1960 bis 1968 eine rabiate Politik der Industrialisierung des zurückgebliebenen Wüstenterritoriums auf der Basis staatlichen Eigentums, ersetzte den französische Franc durch eine eigene Währung und löste die französischen Militärstützpunkte auf.

Ein Militärputsch beendete im Jahre 1968 das Modernisierungsprogramm. Der gestürzte Präsident Keïta starb 1977 unter ungeklärten Umständen im Gefängnis. Der neue Machthaber Oberst Moussa Traoré errichtete eine repressive Diktatur und lieferte die Wirtschaft des Landes wieder der ehemaligen Kolonialmacht aus. Die unter seinem Vorgänger angeschobenen Industrialisierungsprojekte wurden schrittweise wieder aufgegeben, die eigene Währung wieder durch den *Franc CFA* der von der ehemaligen Kolonialmacht dominierten *Westafrikanischen Wirtschaftsgemeinschaft* (CEDEAO) ersetzt. Dieser war durch einen festen Wechselkurs zuerst an den französischen Franc und ist jetzt an den Euro gekoppelt.

Nach einem erneuten Militärputsch im Jahr 1991 wurde 1992 in Mali die parlamentarische Demokratie eingeführt. Eine Fortsetzung des Modernisierungsprojektes der 1960er Jahre wurde jedoch erst gar nicht versucht. Einzige Folge des Regimewechsels war eine zunehmend hemmungslose Bereicherung der einheimischen Elite, die insbesondere unter der Regierungszeit von Präsident Amadou Toumani Touré buchstäblich kriminelle Ausmaße annahm. Ämterkauf und Patronage wurden Normalität, Korruption war allgegenwärtig. Kenner der Verhältnisse bezeichnen Mali als einen *»von Korruption zerfressenen Staat«* (Schmid, 2014, S. 24). Die Situation steuerte unaufhaltsam auf eine Staatskrise zu, die im Jahre 2012 blutige Realität wurde.

Lieferant von Rohstoffen und Agrarprodukten
Mali gehört zu den zehn ärmsten Ländern der Welt; 36 Prozent der Bevölkerung lebt nach offiziellen Angaben unterhalb der Armutsgrenze.

Die Alphabetisierungsrate beträgt 40 Prozent, die durchschnittliche Lebenserwartung 48 Jahre, die Kindersterblichkeit 11,8 Prozent. Wie den meisten afrikanischen Staaten gelang es auch Mali nie, sich aus der wirtschaftlichen Umklammerung durch die ehemalige Kolonialmacht zu lösen. Hinzu kam das Fortbestehen einer aus der Kolonialzeit ererbten korrupten und inkompetenten Staatsbürokratie. Der Sturz der Militärherrschaft und die Einführung eines parlamentarischen Systems nach westlichem Vorbild wurden von einem neoliberalen Strukturanpassungsprogramm flankiert. Die auf Druck westlicher Geldgeber durchgezogene Privatisierung ehemals staatseigener Infrastruktur erwies sich zwar häufig als volkswirtschaftliches Desaster, was aber weder einheimische Eliten noch die Strategen an den Schreibtischen der Weltbank in irgendeiner Weise beeindruckte. Beispielsweise wurde 2009 trotz massiver Proteste der Bevölkerung per Gesetz die nationale Exportgesellschaft für Baumwolle privatisiert; es fand sich allerdings bisher noch kein Investor, der an einer Übernahme des wichtigsten Exportunternehmens des Landes interessiert war.

Von den in den 1960er Jahren unter sozialistischem Vorzeichen angeschobenen Industrialisierungsprojekten sind heute nur noch etwa 300 Unternehmen übrig; die meisten haben ihren Standort in der Hauptstadt Bamako. Nur 17 Prozent der Beschäftigten sind in Industriebetrieben tätig.

Vom riesigen Territorium Malis können aus klimatischen Gründen nur vier Prozent für Ackerbau genutzt werden. Auf diesen wenigen Flächen im Süden des Landes werden im großen Umfang exportorientierte Monokulturen angebaut – Mali ist in Afrika eines der Hauptanbaugebiete für Baumwolle. Etwa 80 Prozent der Bevölkerung sind im Agrarsektor tätig. Der Mechanisierungsgrad der malischen Landwirtschaft ist gering – die meiste Arbeit wird mittels menschlicher Muskelkraft oder durch Nutzung von Eseln erledigt. Subsistenzproduktion zum eigenen Bedarf macht einen bedeutenden Anteil der einheimischen Agrarproduktion aus. Dies kann im Regelfall die Familie nicht vollständig ernähren – durch Anbau und Verkauf von Baumwolle wird der Rest ›hinzuverdient‹. Mit zehn Prozent des Bruttoinlandsproduktes ist die Rücküberweisung von Geldern durch Arbeitsmigranten, denen die Auswanderung in die kapitalistischen Metropolen gelang, eine bedeutende Einnahmequelle der Bevölkerung.

Ein weiterer wichtiger Wirtschaftszweig ist der Goldbergbau, in dem aber hauptsächlich ausländische Spezialisten beschäftigt sind. Der Goldbergbau ist extrem umweltschädigend und daher starker Kritik sowohl von Seiten der malischen Bevölkerung als auch internationaler Organisationen ausgesetzt. Nur zwischen 17 und 20 Prozent der Erlöse aus der Goldförderung bleiben beim malischen Staat, der Löwenanteil geht an ausländische Bergbaufirmen, hauptsächlich aus der Südafrikanischen Union und aus Kanada. Seit einigen Jahren ist auch ein deutsches Unternehmen am malischen Goldbergbau beteiligt.

Geplant, aber infolge massiver Proteste der Bevölkerung noch nicht umgesetzt, ist ein Projekt zum Abbau von Uranerz in Süd-Mali. Im Taodenni-Becken in Nord-Mali, im Grenzgebiet zu Mauretanien, werden umfängliche Erdölvorkommen vermutet. Bisher sind diese aber nur auf mauretanischem Gebiet nachgewiesen.

Der Außenhandel Malis ist stark defizitär, der Export extrem abhängig von den schwankenden Preisen des Weltmarktes. Obwohl Mali von dem Schuldenerlass des Jahres 2005 profitieren konnte, war das Land zu Beginn des Bürgerkrieges wieder mit über drei Milliarden US-Dollar verschuldet. Bedingungen für erneute Kredite waren eine ›Verschlankung‹ des ohnehin instabilen Staates sowie weitere neoliberale Grausamkeiten. Das führte zur Schaffung einer langfristig ›überflüssigen‹ Bevölkerung: Nach offiziellen Angaben betrug die Arbeitslosigkeit zuletzt 30 Prozent, tatsächlich dürfte sie wesentlich höher liegen.

Aufstieg der Schattenökonomie

In multiethnischen Staaten führt die Anhäufung von sozialem Sprengstoff oft zur Ausdifferenzierung entlang ethnischer Grenzen und zu Verteilungskämpfen. Ein solcher Verteilungskampf findet in Mali seit Jahrzehnten statt. Sämtliche staatliche Investitionen und Förderprogramme gingen in den dominierenden Süden, während die Wüstenregionen des Nordens der Dürre und der Armut überlassen blieben. Die angeblich für afrikanische Verhältnisse vorbildliche Demokratie in Mali war tatsächlich eine Demokratie auf tönernen Füßen. Die Revolte des Nordens und die darauf folgende erneute Machtergreifung des Militärs waren absehbar.

Mit dem Zerfall der traditionellen Nomadenwirtschaft und dem Ausbleiben von Unterstützung durch die Regierung in Bamako blieb einem großen Teil der Bevölkerung Nord-Malis als einzige Überlebensmöglichkeit die Verstrickung in die kriminelle Schattenwirtschaft. Schon seit Jahren fungieren die Staaten der Zentralsahara als Transitroute für Zigaretten-, Waffen- und Rauschgiftschmuggler, die die faktische Abwesenheit staatlicher Gewalt in den unzugänglichen Wüstenregionen ausnutzen. Ein nicht unbeträchtlicher Wirtschaftszweig ist auch die Schleusung von Migranten aus den west- und zentralafrikanischen Regionen in Richtung der Anrainerstaaten des Mittelmeeres, insbesondere Libyen und Marokko.

Besonders lukrativ ist der Transport von Kokain. Ein Kilogramm kostet derzeit bei den Herstellern in Kolumbien zwischen 2.000 und 3.000 Euro. An der afrikanischen Westküste, in den Republiken Guinea oder Guinea-Bissau, kostet das Kilo dann schon 10.000 Euro. Der weitere Transport geht über Mali entweder nach Libyen oder Marokko. An der Nordküste Afrikas beträgt der Kilopreis etwa 18.000 Euro. Der Endverbraucher in Europa bezahlt zwischen 30.000 und 45.000 Euro.

Je stärker die Ökonomie der afrikanischen Staaten verfällt, desto korrupter agieren die einheimischen Eliten. In den Transitländern nutzten diese den profitablen, wenn auch illegalen Geschäftszweig gezielt für sich aus. Der Aufbau grenzübergreifender Netzwerke für den Drogen- und auch Waffenhandel geschieht meist mit stillschweigender Duldung führender Politiker der jeweiligen Länder, die dafür an dem nicht unbeträchtlichen Gewinn beteiligt werden. Zu einer Drehscheibe des kriminellen Handels entwickelte sich in den letzten Jahren der dünn besiedelte und extrem verarmte Norden von Mali. Die korrupte und im März 2012 durch einen Militärputsch gestürzte Regierung Amadou Toumani Tourés war nachweislich in die kriminellen Aktivitäten in Nord-Mali verwickelt. Von Kennern der Verhältnisse wird vermutet, dass die Untätigkeit dieser Regierung angesichts der desaströsen Verhältnisse im Norden des Landes, des Erstarkens separatistischer Tendenzen und des islamistischen Untergrunds ihre Ursache in dieser kriminellen Verstrickung hatte.

Wüstenkrieger ohne Heimat und Zukunft
Die Revolte in Nord-Mali im Januar 2012 wurde überwiegend von der Ethnie der Tuareg getragen.

Das Siedlungsgebiet der Tuareg befindet sich im östlichen Teil der Zentralsahara. Von den derzeit zwei bis drei Millionen Tuareg lebt die Mehrzahl in den Staaten Niger und Mali, kleinere Gruppen leben in Algerien, Burkina Faso und Libyen. In allen fünf Staaten bilden sie jeweils nur eine winzige Bevölkerungsminorität. In Mali umfasst die Tuareg-Ethnie nur etwa zwei Prozent der Bevölkerung, in Nord-Mali etwa 20 Prozent. Außer den Tuareg leben im Norden Malis noch weitere Völkerschaften, wie die Songhai, Fulbe und Bidhan.

Eine übergreifende Zentralgewalt hat es bei den Tuareg in historischer Zeit nie gegeben. Ihre Stämme waren zur Zeit ihrer ersten Begegnung mit Europäern in mehreren Föderationen zusammengeschlossen, die sich gelegentlich bekämpften, meist aber ihre Konflikte auf dem Verhandlungsweg austrugen. Die Tuareg lebten hauptsächlich von Handel und Viehzucht, erhoben außerdem Abgaben von Oasenbauern und durchziehenden Handelskarawanen.

Es handelte sich bei dieser Nomadenkultur allerdings nicht um eine egalitäre Gesellschaft, sondern um ein hochkompliziertes Kastensystem. Als Tuareg war man entweder Angehöriger der Stammesaristokratie, Schriftgelehrter, Tributpflichtiger, Handwerker, Freigelassener oder Sklave. Ähnliche Kastensysteme gab es auch bei anderen nomadisierenden Völkerschaften der Sahara.

Die Tuareg bekennen sich seit Jahrhunderten zum Islam, wobei sie diesen an ihre Stammeskultur angepasst hatten. Beispielsweise trugen bei ihnen nicht Frauen, sondern Männer den Gesichtsschleier, allerdings aus pragmatischen Gründen. Strenggläubige Muslime bezeichneten sie einst als *Tawariq* (arabisch: von Gott Verstoßene) – davon leitet sich der Name Tuareg ab, unter dem das Wüstenvolk in Europa allgemein bekannt wurde.

Bemerkenswert war bei der Mehrzahl dieser Beduinenstämme die herausragende Rolle der Frau. Es sind Fälle überliefert, dass Stammesoberhäupter von Frauen ein- und wieder abgesetzt wurden. Die wirtschaftliche Macht lag beim weiblichen Bevölkerungsteil; die Vererbungslinie ging von der Mutter auf die Tochter. Bei der Trennung von Ehepaaren ging das Familieneigentum in den Besitz der Frau über, dem Mann blieben lediglich das persönliche Reittier und seine Waffen. Die Tuareg hatten eine sehr reiche, hauptsächlich mündlich weitergegebene Literatur. Ihr uraltes, ausschließlich von Frauen gepflegtes Tifinagh-Alphabet – außer dem Amharischen in Äthiopien die einzige noch lebende afrikanische Schrift – nutzen die Nomaden hauptsächlich für wirtschaftliche und persönliche Korrespondenz.

Der europäischen Kolonisation setzten die Wüstenkrieger erbitterter Widerstand entgegen; sie konnten die französische Eroberung der Zentralsahara um mehrere Jahrzehnte verzögern. Erst in den 1920er Jahren erlosch ihr letzter Widerstand.

Mit der kolonialen Unterwerfung setzte rasch ein wirtschaftlicher Niedergang der Nomadenkultur ein. Die Franzosen erhoben Steuern, untersagten Raubzüge und das Eintreiben von Tributen. Der Siegeszug von Auto und Flugzeug schädigte die Kamelzucht der Beduinen irreparabel.

Die Unabhängigkeit der gewesenen Kolonialprovinzen wurde von der Mehrzahl der Beduinen nicht als Befreiung, sondern lediglich als Wechsel der Fremdherrschaft empfunden. Bei den auf Modernisierung und Fortschritt bedachten Eliten der neugegründeten Staaten war kein Platz für Vertreter einer im Niedergang begriffenen Nomadenkultur.

Die neuen Grenzziehungen zwischen Nationalstaaten anstelle der bisher rein verwaltungstechnischen Abgrenzungen zwischen verschiedenen Kolonialterritorien erwiesen sich für die Nomadenvölker als Katastrophe. Die meist willkürlich auf der Landkarte gezogenen Linien unterbrachen traditionelle Wanderrouten und Handelswege, zerteilten Stammesgebiete und Weidegründe. Aus dieser Zeit datiert die bis heute bestehende Forderung der Beduinen nach einem eigenen Staat. Die französische Kolonialmacht nutzte diese Forderung schon in den 1960er Jahren für sich aus und versuchte, das Siedlungsgebiet der Tuareg als französisches Protektorat aus den sich bildenden Nationalstaaten herauszulösen. Dies scheiterte damals an der ablehnenden Haltung der meisten Stammesführer.

Mit Ablösung des alten Karawanenhandels durch LKW und Kleinflugzeug war das Ende der Nomadenwirtschaft faktisch besiegelt. Die Mehrheit der Wüstenstämme verarmte rapide, nur einer Minderheit gelang es, in der illegalen Schattenökonomie Fuß zu fassen, ihren Lebensunterhalt also mittels Drogen-, Menschen- und Waffenschmuggel zu bestreiten. Die traditionellen Stammesstrukturen hatten zunehmend einer mafiös strukturierten Klientelwirtschaft Platz gemacht.

Die neureiche Oberschicht bediente sich der verarmten Stammesangehörigen als Handlanger bei ihren Geschäften sowie bei Auseinandersetzungen mit konkurrierenden kriminellen Gruppen.

Schon 1962/63, also in der sozialistischen Zeit, kam es in Mali zu einer ersten Revolte der Tuareg gegen die Zentralgewalt, die vom malischen Militär brutal niedergeschlagen wurde. Hintergrund war die von der damaligen Regierung systematisch betriebene Entmachtung des traditionellen Stammesadels. Ein Großteil der geschlagenen Aufständischen floh damals ins Königreich Libyen.

Der äußerste Südwesten Libyens gehört traditionell zum Siedlungsgebiet der Tuareg. Der stockkonservative libysche König Idris I. war ein entschiedener Gegner des von Mali eingeschlagenen sozialistischen Kurses. Viele der 1963 aus Mali flüchtenden Nomaden wurden daher wohlwollend von ihm aufgenommen. In dieser Zeit setzte auch die Erdölförderung ein; viele der Vertriebenen fanden Arbeit bei der Erschließung der libyschen Ölfelder. Andere wanderten ins benachbarte Algerien, wo die Ölindustrie ebenfalls boomte.

Da die Dürreperioden der 1970er Jahre die Nomadenstämme in Niger und Mali weiter verarmen ließen und sie Schritt für Schritt ihrer Lebensgrundlagen beraubten, nahm die Auswanderung auch von Tuareg in die reicheren, weil ölfördernden Staaten weiter zu.

Die guten Beziehungen zwischen den meisten Tuareg-Stämmen und der libyschen Regierung wurden auch fortgesetzt, als 1969 ein Revolutionärer Kommandorat die Monarchie stürzte und das Land auf einen strikt antiimperialistischen Kurs brachte. Revolutionsführer Gaddafi betrachtete (wahrscheinlich nicht zu Unrecht) die Tuareg als Ureinwohner Libyens, die bei der Invasion arabischer Stämme im 7. Jahrhundert ins Landesinnere abgedrängt wurden.

Eingewanderte Tuareg erhielten in der Gaddafi-Ära problemlos einen libyschen Pass, unterlagen keinerlei Diskriminierung, hatten Zugang zu Wohnraum und Schulbildung, konnten ohne weiteres eine gut bezahlte Beschäftigung in der Ölindustrie oder beim Wohnungsbau finden. Gaddafi sprach sich im Jahre 1980 für die Gründung einer Tuareg-Republik in der westlichen Zentralsahara aus, unternahm jedoch keinen ernsthaften Versuch, sie auch durchzusetzen. Schon auf sein bloßes Versprechen hin ließen sich aber viele Tuareg vom libyschen Militär rekrutieren, erlangten zum Teil sogar hohe Kommandopositionen. Zahlreiche Tuareg kämpften und starben in den Grenzkriegen zwischen Libyen und dem benachbarten Wüstenstaat Tschad.

Der libysche Bürgerkrieg von 2011, in dem die meisten Tuareg bis zuletzt auf der Seite Gaddafis gekämpft hatten, brachte das Ende. Die Rache der Sieger sowie eine Welle von hochkochendem anti-afrikanischen Rassismus sorgten dafür, dass zusammen mit anderen nicht-arabischen Ethnien fast alle Tuareg aus Libyen vertrieben wurden.

Traum vom eigenen Staat

Mit dem Preisverfall des Erdöls geriet in den 1980er Jahren die Tuareg-Diaspora in eine erste Krise. Zehntausende ehemalige Nomaden, die in Libyen und Algerien ein Auskommen gefunden hatten, verloren ihre Arbeitsplätze. 1990 wies die algerische Regierung etwa 25.000 aus Niger und Mali geflüchtete Tuareg aus – zurück in ihre Heimatländer.

Die wirtschaftliche Situation in der Zentralsahara hatte sich inzwischen noch weiter verschlechtert. Die führenden Eliten der wirtschaftlich niedergehenden Wüstenstaaten vertraten vordergründig die Interessen der eigenen Ethnie und zeigten wenig Bereitschaft, aus ständig schrumpfenden Staatssäckeln Mittel zur Unterstützung der rückständigen Nomadenstämme abzuzweigen.

Internationale Hilfsgelder für eine Wiedereingliederung der geflüchteten Tuareg kamen nie bei den Betroffenen an, sondern versickerten in den Taschen einer korrupten Bürokratie. In Niger reagierten die in Lager eingepferchten Tuareg im Mai 1990 mit einem verzweifelten Aufstand, der wenige Monate später auch auf Mali übergriff. Dieser hatte seine Ursache nicht in der Entmachtung einer privilegierten Adelskaste – die traditionelle Stammeshierarchie war zu dieser Zeit längst zerfallen –, sondern in der Unterentwicklung der Wüstenregionen und der gezielten Vernachlässigung von Nord-Mali durch die Regierung in Bamako. Die Rebellengruppen verlangten politische Autonomie, Gleichstellung und Wirtschaftshilfe. Mehrmals kam es in den Folgejahren zum Waffenstillstand und zu Verhandlungen zwischen Gruppen aufständischer Tuareg und den Nationalarmeen Malis und Nigers. Getroffene Vereinbarungen hatten jedoch nie lange Bestand, da die strukturellen Ursachen des Konfliktes, der wirtschaftliche Niedergang der Saharastaaten und die ungerechte Verteilung der schrumpfenden Staatseinnahmen, nicht beseitig wurden.

Die Regierung von Mali versuchte schließlich, die unzufriedenen Stämme ruhigzustellen, indem diejenigen Aufständischen, die eine Vereinbarung unterzeichneten und die Waffen niederlegten, in die malische Armee integriert wurden. Da sich an der sozialen Situation in Nord-Mali aber nichts Grundlegendes änderte, führte dies nur zur Entstehung einer weiteren privilegierten Schicht von Tuareg-Militärs, die binnen kurzem ebenso korrupt und machtgierig agierte wie die Süd-Mali dominierende Oberschicht.

Die Rückkehr tausender Tuareg in ihre Heimatregionen nach dem libyschen Bürgerkrieg von 2011 ließ die Kämpfe in Mali sofort wieder aufflammen. Die Regierung von Niger hatte ihre eigenen Rückkehrer zwar aufgenommen, diese mussten aber an der Grenze ihre Waffen niederlegen. Andere Tuareg, die weiter auf dem Weg nach Mali waren, ließ die Armee des Nachbarstaates ungehindert passieren. Im Norden von Mali war die Staatsgewalt zu dieser Zeit faktisch kaum präsent, das malische Militär demzufolge gar nicht in der Lage, die Rückkehrer zu entwaffnen.

Die ehemaligen Militärs und Gastarbeiter, die in Libyen ein gesichertes Einkommen gehabt und von einem für afrikanische Verhältnisse vorbildlichen Gesundheits- und Sozialsystem profitiert hatten, wollten sich mit den elenden Bedingungen in den heruntergekommenen Wüstenregionen nicht abfinden.

Mehrere schon vorher bestehende und politisch sehr heterogene Gruppen in Nord-Mali hatten sich kurz zuvor zur Befreiungsbewegung MNLA (*Mouvement national pour la libération de Azawad*; Nationale Befreiungsbewegung für das ›Land der Nomaden‹) zusammengeschlossen. Diese erhielt nun Zulauf nicht nur durch zahlreiche ehemalige Offiziere und Soldaten der libyschen Armee, sondern auch durch Angehörige des malischen Militärs, die bei Ausbruch des Aufstandes umgehend die Fronten wechselten. Außerdem verbündeten sich die Tuareg-Nationalisten der MNLA mit verschiedenen in Nord-Mali operierenden islamistischen Gruppen, die ebenfalls mit der kriminellen Schattenwirtschaft verschmolzen waren (Narco-Jihadisten). Vermutlich wollte der kriminelle Untergrund seine Profite nicht mehr mit der schwachen malischen Regierung teilen und unterstützte daher die geplante Sezession.

Das westliche Eingreifen in den malischen Bürgerkrieg als »*Kampf gegen den Drogenhandel*« zu deklarieren, wie es beispielsweise in einem

Beitrag im *Magazin der Bundeswehr* geschah, dürfte allerdings an der Realität vorbeigehen.

Narco-Jihadisten

Der Nord-Mali dominierende kriminelle Untergrund rekrutierte sich vorwiegend aus den nachwachsenden Generationen zerfallender und verarmter Nomadenstämme, aber auch aus Flüchtlingen, denen die Grenzschutzagentur FRONTEX den Zugang nach Europa verwehrte und die in der abgelegenen Wüstenregion hängen geblieben waren. Die Region fungierte zudem auch noch als Rückzugsgebiet der im algerischen Bürgerkrieg der 1990er Jahre geschlagenen Islamisten.

In Algerien wurde Anfang 1992 durch einen Militärputsch ein Wahlsieg der *Islamischen Heilsfront* (FIS) verhindert. Infolge der massiven Menschenrechtsverletzungen von Militär und Geheimdienst bei der Unterdrückung der Opposition kam es zum Erstarken radikaler Gruppen. Die islamistischen Gruppen finanzierten sich unter anderem durch kriminelle Aktionen, wie zum Beispiel Lösegelderpressung. Die Massaker salafistischer Terrorkommandos, insbesondere *der Groupes islamiques armés* (GIA, Bewaffnete islamische Gruppen), an unbeteiligten Zivilisten und der Gegenterror des von Frankreich gestützten algerischen Militärs kosteten zwischen 60.000 bis 150.000 Menschen das Leben. Aufgrund zahlreicher Massenmorde hatten die radikalen Islamisten Ende der 1990er Jahre ihren Rückhalt in der algerischen Bevölkerung weitgehend verloren. Im Jahre 2000 löste sich die größte Organisation selbst auf. Die verbliebenen Kommandos der GIA und der von ihnen abgespaltenen *Groupe Salafiste pour la Pédication et le Combat* (GSPC, Bewaffnete Gruppe für Predigt und Kampf) zogen sich schließlich in schwer zugängliche Wüstenregionen oder über die Landesgrenzen zurück.

Im schon damals weitgehend außerhalb der Kontrolle der Regierung stehenden Norden Malis kam es dann zunehmend zu einer Verschmelzung der kriminellen Schattenwirtschaft mit der in verschiedene Teilgruppen zerfallenen GSPC. Dank krimineller Geschäfte sowie aus den reaktionären Golfmonarchien, vor allem aus Katar, fließender Unterstützungsgelder konnten sich die mittlerweile multinational zusammengewürfelten islamischen Gruppen nach dem Ende des libyschen Bürgerkrieges aus geplünderten Arsenalen der Armeen Gaddafis massiv aufrüsten.

Zu Beginn des Aufstandes operierten die drei größten islamistischen Gruppen *Ansar ad-Din* (Unterstützer des Glaubens), *Mouvement pour l'unicité et le jihad en Afrique de l'Ouest* (MUJAO, Bewegung für Einheit und Djihad in Westafrika) und *Al-Qaïda au pays du Maghreb islamique* (AQMI, Al-Qaida im Land des islamischen Maghreb) gemeinsam mit den Tuareg-Nationalisten der MNLA.

Staatsgründung und Militärputsch

Am 17. Januar 2012 griffen die zusammengewürfelten Rebellenverbände der MNLA und ihrer islamistischen Verbündeten die ersten Städte in Nord-Mali an. Kurz zuvor waren Vertreter des MNLA bei der französischen Regierung vorstellig geworden, wahrscheinlich, um die Möglichkeiten einer Unterstützung der Sezession auszuloten. Das Ergebnis des Gespräches ist nicht bekannt, allerdings forderte am 26. April der damalige französische Außenminister Juppé die Regierung von Mali zum Dialog mit der MNLA auf. Am 6. April 2012 riefen Vertreter der MNLA-Führung dann die Unabhängigkeit des Staates *Azawad* aus, die allerdings von keinem Nachbarstaat anerkannt wurde.

Azawad ist in der Berbersprache die Bezeichnung für ein Wüstengebiet in Nord-Mali. Das von den Aufständischen für ihre Staatsgründung geforderte Territorium ging allerdings weit über diese Region hinaus.

Die Regierung von Mali setzte ungeachtet der französischen Empfehlungen auf eine rein militärische Lösung. Das durch notorische Korruption an der Staatsspitze geschwächte Militär erwies sich jedoch trotz seiner zahlenmäßigen Überlegenheit einer Konfrontation mit den Aufständischen nicht gewachsen.

Ein Beispiel für die kriminelle Durchdringung der Militärführung: In der Armee Malis soll es in dieser Zeit bei einer effektiven Gesamtstärke von etwa 20.000 Soldaten allein 104 Generäle gegeben haben. Die Mehrzahl dieser Militärführer besaß allerdings keine Ausbildung, ließ sich nie bei den Truppen sehen, nutzte den Rang nur, um Soldbezüge einzustreichen und um sich an lukrativen Geschäften mit Militärgütern zu bereichern.

Die Armee erlitt bei den Kämpfen mit den Aufständischen mehrere Niederlagen, verschiedene Städte im Nordosten fielen der MNLA und ihren Verbündeten in die Hände. Es begann eine Massenflucht der

Bevölkerung aus den umkämpften Gebieten. Nach der Einnahme der Stadt Aguelhok wurden in deren Umgebung etwa 82 gefangene und entwaffnete Regierungssoldaten von Aufständischen niedergemetzelt. In der Folge kam es zu einem panikartigen Rückzug von Armeeeinheiten in Richtung Süden.

In dieser Situation kam es am 21. März in Malis Hauptstadt Bamako zu einer hauptsächlich von jüngeren Offizieren getragenen Militärrevolte. Die meuternden Soldaten und Offiziere machten die notorisch korrupte Regierung für ihre Niederlagen gegen die Aufständischen in Nord-Mali verantwortlich. Als Folge brach das Regime wie ein Kartenhaus zusammen; die meuternden Militärs besetzten fast widerstandslos den Palast des abwesenden Präsidenten, außerdem die Radio- und die Fernsehstation. Präsident Amadou Toumani Touré wurde für abgesetzt erklärt (seine Amtszeit wäre nach wenigen Monaten ohnehin abgelaufen) und der erst 40jährige Armeehauptmann Amadou Sanogo erklärte sich zum Oberhaupt einer provisorischen Militärregierung. Ein von der Präsidentengarde am nächsten Tag versuchter Gegen-Putsch brach im Feuer der überlegenen Militäreinheiten zusammen.

Für die Unbeliebtheit des gestürzten Regimes sprach, dass große Teile der Bevölkerung den Umsturz begrüßten. Sowohl die führenden westlichen Staaten als auch die meisten Nachbarrepubliken verurteilten jedoch den unerwünschten Staatsstreich und forderten eine umgehende Rückkehr zu ›demokratischen Verhältnissen‹. Weltbank und Europäische Union froren sofort die Konten der malischen Regierung sowie für Mali bestimmte Hilfsgelder ein; die Westafrikanische Wirtschaftsgemeinschaft verhängte eine totales Handelsembargo. Die ohnehin desaströse Wirtschaft Malis erlitt schwere Einbußen. Als Katastrophe für große Teile der Bevölkerung erwies sich die ebenfalls sofort einsetzende Blockade von Überweisungen durch westliche Finanzdienstleister. Aus Mali stammende Arbeitsmigranten waren mit einem Schlag der Möglichkeit beraubt, ihre im Land verbliebenen Familien zu unterstützen.

Da außerdem für das malische Militär bestimmte Waffenlieferungen vom Ausland zurückgehalten wurden, brach die Front gegen die Aufständischen vollständig zusammen. Die geschlagene Armee zog sich gänzlich aus dem Norden des Landes zurück.

Terror der Jihadisten und westliche Intervention

Der Traum vom unabhängigen Staat *Azawad* erwies sich als ein sehr kurzer. Zwar gegen die Armee Malis siegreich, unterlagen die Tuareg-Nationalisten ihren bisherigen Verbündeten.

Vermutlich um die soziale Basis ihrer Bewegung zu verbreitern, unterzeichnete die Führung der MNLA im Mai 2012 eine Vereinbarung mit der radikalislamistischen Bewegung *Ansar ad-Din*. Letztere war im Gegensatz zu den anderen islamistischen Gruppen nicht international zusammengewürfelt, sondern bestand überwiegend aus Staatsbürgern Malis. Ziel der Vereinbarung sollte eine langfristige Verschmelzung beider Organisationen sein.

Die Frage der Einführung der Scharia im unabhängigen Staat *Azawad* führte jedoch zu massiven Protesten der MNLA-Basis, die im Juni 2012 in bewaffnete Auseinandersetzungen zwischen MNLA-Einheiten und ihren bisherigen Verbündeten umschlugen. Die MNLA erlitt dabei mehrere Niederlagen, sämtliche Städte Nord-Malis fielen danach in die Hände der Islamisten. Ursachen dieser Niederlage waren vermutlich der finanzielle Rückhalt und die bessere Bewaffnung der Gotteskrieger.

Während die MNLA daraufhin umgehend die Fronten wechselte, auf die Forderung nach sofortiger Unabhängigkeit zugunsten einer weitreichenden Autonomie verzichtete und sich unter dieser Voraussetzung der ehemaligen Kolonialmacht Frankreich als Hilfstruppe gegen die Islamisten andiente, errichteten die islamistischen Gruppen in dem von ihnen kontrollierten Territorium ein Schreckensregime.

In äußerst rigider Auslegung des Koran wurde der Konsum von Alkohol und Tabak untersagt. Frauen, die sich unverschleiert in der Öffentlichkeit sehen ließen, mussten mit Prügelstrafe rechnen. Ein unverheiratet zusammenlebendes Paar wurde öffentlich gesteinigt. Angeblichen oder tatsächlichen Dieben wurde die rechte Hand, manchmal zusätzlich auch noch der rechte Fuß abgehackt.

Bei der übergroßen Mehrheit der Bevölkerung stießen diese Praktiken auf rigorose Ablehnung. Es gab zahlreiche Proteste, die zum Teil von islamistischen Milizen zusammengeschossen wurden. Ein großer Teil der Bevölkerung flüchtete in den Süden des Landes oder über die Grenze in die Nachbarstaaten.

Die Herrschaft der jihadistischen Gruppen wurde vom Ausland als umso barbarischer empfunden, als diese von ihnen als ›unislamisch‹

oder ›ketzerisch‹ deklarierte Kulturdenkmäler, darunter zahlreiche Mausoleen islamischer Heiliger, schleifen ließen und von der UNESCO zum Weltkulturerbe erklärte Sammlungen mittelalterlicher Handschriften vernichteten.

Einer weiteren Offensive der Islamisten in Richtung Süden stellten sich nicht nur die reguläre malische Armee, sondern auch spontan gebildete örtliche Bürgerwehren entgegen. Währenddessen hatte am 9. April das Militärregime unter dem Druck der Wirtschaftssanktionen zugunsten einer zivilen Übergangsregierung unter dem ehemaligen Parlamentspräsidenten Dioncounda Traoré abgedankt. Die Sanktionen wurden daraufhin ausgesetzt, die malische Armee vom Westen hochgerüstet. Die Macht lag wieder in der Händen der politischen Klasse, die bereits unter dem Präsidenten Amadou Toumani Touré das Sagen hatte. Um ihn ruhig zu stellen, wurde der ehemalige Anführer der Militärrevolte, Sanogo, zum General befördert und mit dem Vorsitz einer Kommission zur Reform der Streitkräfte abgefunden. Diese Reform fand allerdings nie statt. Um den Vormarsch der Islamisten zum Stehen zu bringen, richtete der Übergangspräsident am 24. September eine Bitte um militärische Hilfe an den UN-Generalsekretär Ban Ki-Moon. Mehrere benachbarte westafrikanische Staaten bereiteten daraufhin ihr militärisches Eingreifen in den malischen Bürgerkrieg zugunsten der Übergangsregierung vor. Dazu sollte es aber nicht mehr kommen.

Am 11. Januar 2013 begann die *Operation Serval*. Französische Truppen griffen auf Seiten der malischen Armee in den Konflikt ein. Präsident Hollande verkündete als Ziel der Operation die Sicherung der territorialen Souveränität Malis gegen »*terroristische Elemente*«. Eine Begründung, die weltweit akzeptiert wurde. Mehrere mit Frankreich verbündete afrikanische Staaten, beispielsweise das instabile und für seine Menschenrechtsverletzungen berüchtigte Regime im Saharastaat Tschad, entsandten Hilfstruppen zur Unterstützung der französischen Invasion. Andere afrikanische Nachbarländer verweigerten sich einer Beteiligung. Europäische Staaten, darunter die Bundesrepublik Deutschland, kündigten logistische Unterstützung sowie die Entsendung von Militärausbildern für die malische Armee an. Die Kosten des Einsatzes wurden zu Beginn auf 500 Millionen US-Dollar geschätzt.

Nur ein Bruchteil dieser Summe in den Vorjahren in die Infrastruktur Nord-Malis investiert, hätte vermutlich dazu geführt, dass es erst gar nicht zum Bürgerkrieg und zum Vormarsch der Islamisten gekommen wäre.

Bürgerkrieg ohne Ende?

»*Der Terrorismus in Mali ist nicht nur eine Bedrohung für Afrika, sondern auch eine Bedrohung für Europa.*« Damit rechtfertigte Angela Merkel ihre – ohne vorherige Befragung des Bundestages – getroffene Entscheidung, den französischen Militäreinsatz zu unterstützen. Dass spätestens seit dem 2001 begonnenen Afghanistan- und dem 2003 begonnenen Irak-Krieg eindeutig nachgewiesen war, dass sich kriminelle und terroristische Netzwerke mit rein militärischen Mitteln nicht wirksam bekämpfen lassen, wurde von der deutschen Kanzlerin souverän ignoriert. Offensichtlich sind politische Funktionsträger der westlichen Moderne bei Konfrontationen mit deren eigenen barbarischen Zerfallsprodukten außerstande, anders als in gewohnten politisch-militärischen Kategorien zu denken.

Die Anfangserfolge der französischen Truppen schienen Militärs und Politikern zunächst einmal Recht zu geben. Binnen weniger Wochen eroberten die französischen Truppen und ihre Verbündeten die Städte Nord-Malis zurück. Die islamistischen Gruppen – es stellte sich heraus, dass sie über nicht mehr als 1.500 bis 3.000 Bewaffnete verfügten – erlitten mehrere Niederlagen und zogen sich danach fluchtartig vor dem vorrückenden französischen Militär zurück, nicht ohne zum Abschied noch schnell ein paar unersetzbare Kulturdenkmäler niederzubrennen. Die Mehrzahl der Einwohner Nord-Malis begrüßte die Invasoren jubelnd. Die Tuareg-Nationalisten der MNLA, die bei der Invasion auf französischer Seite gekämpft hatten, durften sich in einigen Städten im Nordosten Malis reorganisieren – die übrigen Städte wurden wieder von der regulären malischen Armee besetzt. Die geschlagenen Islamisten der Gruppe *Ansar ad-Din* erklärten sich zu Verhandlungen bereit; die übrigen jihadistischen Gruppen hatten offensichtlich in Süd-Libyen eine neue Zuflucht gefunden.

Alles schien gut. Es gab nur wenige Miesmacher, die dies bezweifelten.

Im Juli 2013 fanden erst einmal demokratische Wahlen statt. Der französische Präsident Hollande flog eigens nach Bamako und verkündete dort vor einer vieltausendköpfigen Menschenmenge, er habe den »*Krieg gegen den Terror gewonnen*«.

An den strukturellen Problemen Malis, die letztlich zum Ausbruch des Bürgerkrieges geführt hatten, wurde nicht gerüttelt. Die herrschende Klasse des Südens war nach wie vor nicht bereit, dem Norden eine »Sonderrolle« zuzugestehen, also durch eine volkswirtschaftliche Umverteilung die Disproportionen zwischen den einzelnen Landesteilen auszugleichen. Und da der organisierte Drogenschmuggel während der Kämpfe auf eine andere Route über den Nachbarstaat Niger ausgewichen war, brach nun auch die letzte Einnahmequelle für die Bevölkerung Nord-Malis weg.

Durch das militärische Eingreifen Frankreichs war letztlich nur eine korrupte Regierung durch eine andere ersetzt worden. Gegen den neugewählten Präsidenten Ibrahim Boubacar Keï mehrten sich schon nach wenigen Monaten seiner Amtszeit Korruptionsvorwürfe. Der neuen malische Regierung hatte die Weltbank zur Stabilisierung des Landes und zum Wiederaufbau einen zinslosen Kredit von 50 Millionen US-Dollar gewährt. Davon waren aber sehr schnell umgerechnet 30 Millionen Euro in den Kauf eines Präsidentenflugzeuges geflossen. Überdies stellte sich heraus, dass auf dem Wege zwischen Käufer und Verkäufer sechs Millionen Euro spurlos verschwunden waren, was sogar den gewiss nicht zartbesaiteten IWF zu geharnischten Beschwerden veranlasste. Kenner der Verhältnisse vermuten hinter dem lauthals geäußerten Protest allerdings einen ganz anderen Hintergrund: Die Trinkwasser- und Energieversorgung Malis harrt noch immer der vom IWF geforderten Privatisierung. Und Korruptionsvorwürfe sind ein geeignetes Mittel, die Zerschlagung des öffentlichen Sektors einer Volkswirtschaft voranzutreiben. Die weitere Kreditierung Malis wurde von der Weltbank erst einmal gesperrt.

Im Februar 2014 wurde bekannt, dass 800.000 Menschen in Mali Hunger leiden. Das Welternährungsprogramm der Vereinten Nationen hatte kurz zuvor bekanntgegeben, dass es wegen der katastrophalen Situation in Syrien seine Mittel für andere Länder rigoros kürzen müsse. Außerdem breitete sich von der afrikanischen Atlantikküste her eine Welle des Ebola-Virus in Richtung Mali aus.

Ab Herbst 2013 – die Mehrzahl der französischen Truppen war wieder außer Landes, da mit der Zentralafrikanischen Republik ein neuer

Krisenherd des Militäreinsatzes harrte – begann eine Reihe von Anschlägen, überwiegend auf Angehörige afrikanischer Blauhelmtruppen, die nach dem Abzug der Franzosen ein Wiederaufflammen der Kämpfe verhindern sollten.

Im September 2013 desertierten 160 noch immer in Mali stationierte tschadische Soldaten – nach eigenen Aussagen wegen der unzumutbaren Lebensverhältnisse im Land. Kurz darauf kam es zu einer Meuterei malischer Regierungssoldaten; dem neu ernannten General Sanogo wurden schwere Menschenrechtsverletzungen bei der Niederschlagung der Revolte vorgeworfen.

Zusammenstöße zwischen malischen Regierungssoldaten und MNLA-Einheiten mehrten sich. Und beide zusammen wurden wiederholt Ziele islamistischer Selbstmordkommandos. Es gab einen Raketenangriff auf die zweitgrößte Stadt Nord-Malis. Islamistische Milizen entführten einheimische Mitarbeiter des Roten Kreuzes. Französische Soldaten lieferten sich in der Wüste Feuergefechte mit den Islamisten.

Nach einer Demonstration in der Stadt Kidal im Nordosten Malis, die von Blauhelmsoldaten gewaltsam aufgelöst wurde, stürmten am 18. Mai 2014 MNLA-Aktivisten ein Regierungsgebäude, töteten mehrere malische Soldaten und nahmen 28 Beamte als Geiseln. Der malische Premier verkündete umgehend einen »Krieg ohne Pardon« und entsandte 1500 Soldaten nach Norden, um mit den Tuareg-Nationalisten endgültig Schluss zu machen. Beim Angriff auf Kidal erlitt die malische Armee am 22. Mai allerdings eine schwere Niederlage und musste weitere Städte in Nord-Mali räumen, die sich nun wieder in den Händen der MNLA und der mit ihr verbündeten Gruppen befinden. Zwar wurde unter Vermittlung Südafrikas schnell ein Waffenstillstand vereinbart, aber das Ende des Bürgerkrieges scheint ferner denn je. Mali verfügt seit der letzten Schlappe über keine handlungsfähige Armee mehr, aber Frankreich kündigte umgehend an, im Rahmen einer »Antiterroroperation« 3.000 Soldaten in Mali und den Nachbarstaaten zu stationieren.

Bereits im Oktober 2013 schrieb der für eine französische Zeitung arbeitende und mit der Situation in Mali bestens vertraute Journalist Ousmane Ndiaye: »Wir steuern auf einen langandauernden Konflikt zu. Länger jedenfalls, als die französischen Offiziellen einräumen.« (Schmid, 2014, S. 137)

MEXIKO
Vom kriminellen Staat zum Staat der Kriminellen

Das Ende der von der *Partei der Institionellen Revolution* (PRI) getragenen und zunehmend repressiven Diktatur führte nicht nur bei der Linken zu einer großen Hoffnung auf eine Demokratisierung Mexikos.
Die konservativen Nachfolgeregierungen führten jedoch die schon
von der PRI angeschobene neoliberale Umstrukturierung der Wirtschaft fort. In der Folge kam es zu einem gigantischen Anwachsen der
kriminellen Ökonomie; in zahlreichen mexikanischen Bundesstaaten
rissen dort agierende Drogenkartelle faktisch die Macht an sich. Der
Krieg der Kartelle untereinander führte zu einer zunehmenden Aushöhlung der Staatsgewalt.

PRI-Herrschaft und ›Mexikanisches Wunder‹
Die Föderative Republik Mexiko galt lange Zeit als Musterbeispiel
nachholender Entwicklung in Lateinamerika. Die Mexikanische Revolution von 1910 bis 1920 hatte mit dem Sturz der Diktatur und einem
historischen Kompromiss zwischen liberalem Bürgertum und Bau-
ernschaft auf Kosten der Großgrundbesitzer geendet. Die sozialdemokratisch orientierte PRI bestimmte danach jahrzehntelang die Ge-
schicke des Landes, betrieb eine staatlich gelenkte (strukturalistische)
Wirtschaftspolitik, flankiert von einer gemäßigt-antiimperialistischen
Außenpolitik. Die Jahre von 1940 bis 1970 galten wirtschaftspolitisch
als ›Mexikanisches Wunder‹. Ansätzen einer sozialistischen Orientierung verweigerte sich das zunehmend repressiv reagierende PRI-Re-
gime jedoch, ließ Arbeitskämpfe und Studentenproteste blutig niederschlagen und ging militärisch gegen linke Guerillaverbände vor.
     Die zunehmend neoliberale Politik des Präsidenten Carlos Salinas
führte seit Ende der 1980er Jahre zum Erstarken der linken und rech-

ten Opposition, dann im Jahre 2000 zum Sturz der PRI-Herrschaft, die sich zuletzt nur noch mittels massiver Wahlfälschungen an der Macht gehalten hatte. Infolge der relativen Schwäche der Linken kam es zur Machtübernahme durch die konservative *Nationale Aktionspartei* (PAN). Unter dem Präsidenten Vincente Fox und seinem Nachfolger Felipe Caldéron wurde die neoliberale Umgestaltung der mexikanischen Wirtschaft forciert. Damit einher ging ein weitgehender Zerfall des unter der PRI-Herrschaft entstandenen Verbundes zwischen Staatsbürokratie, Unternehmern, regierungsnahen Gewerkschaften und Bauernverbänden. Die Verarmung breiter Bevölkerungsschichten, das Erstarken krimineller Kartelle und ein galoppierender Machtverlust der mexikanischen Bundesregierung waren die Folgen.

Aufstieg der Drogenökonomie

Unter der PRI-Herrschaft wurden Produktion und Handel mit Drogen in einem eng abgezirkelten Wirtschaftssektor faktisch geduldet. Führende Politiker waren häufig selbst in Drogengeschäfte involviert, sorgten aber gleichzeitig dafür, dass diese in einem überschaubaren Rahmen blieben, um sich keinen Ärger mit dem Nachbarland USA einzuhandeln. Zur Zeit der Prohibition von Alkohol in den USA florierte in Mexiko hauptsächlich der Anbau von Cannabis, später kam der Anbau von Schlafmohn hinzu, der zum Teil ganz legal an die US-Pharmaindustrie verkauft wurde. Seit den 1980er Jahren ist Mexiko der bevorzugte Transitraum für den Transport von kolumbianischem Kokain in die USA. Mit der Zerschlagung oder Zurückdrängung führender kolumbianischer Kartelle in den 1990er Jahren verlagerte sich das Schwergewicht des lateinamerikanischen Drogenhandels zunehmend nach Mexiko. Mit dem Machtverlust der PRI und dem Rückzug der mexikanischen Bundesregierung aus der Wirtschaft begann eine ausufernde Expansion krimineller Kartelle.

Zusätzlich befördert wurde diese Entwicklung durch die Umsetzung des NAFTA-Abkommens aus dem Jahre 1994, das die mexikanische Wirtschaft schutzlos der US-amerikanischen Konkurrenz auslieferte, sowie durch die neoliberalen Reformen der konservativen PAN-Regierung. Den verarmenden Bevölkerungsgruppen blieb mangels ausreichend bezahlter Arbeit oft keine andere Wahl, als sich in der kriminellen Schattenwirtschaft zu verdingen.

Drogenhandel ist äußerst profitabel: In Kolumbien erhält ein Bauer derzeit für das Kilo Kokablätter etwa 300 US-Dollar. Nach der Verarbeitung zu Kokain kostet dieses Kilo etwa 15.000 US-Dollar. Nach dem Transport über Mexiko in die USA zahlt der Endverbraucher dort etwa 100.000 Dollar. Den größten Teil dieser geradezu irrwitzigen Gewinnspanne greifen allerdings die Führungsmannschaften der kriminellen Kartelle ab. Für die kleinen Dealer, die den Stoff portionsweise an die Endverbraucher verkaufen, bewegt sich der Verdienst meist an der unteren Grenze des Existenzminimums.

Der Konkurrenzkampf der Kartelle untereinander ging im Verlaufe der neoliberalen Umstrukturierung der mexikanischen Wirtschaft in einen gnadenlosen, mit brutaler Gewalt geführten Krieg um Anbaugebiete, Schmugglerrouten und Umschlagplätze, um die Kontrolle von Bürgermeister- und Gouverneursposten über. Dieser Krieg ist mittlerweile auf weite Teile Mittel- und Südamerikas übergeschwappt. Beispielsweise wurde von der Regierung des Nachbarstaates Guatemala im Dezember 2010 in der nördlichsten Provinz Alta Verapaz der Ausnahmezustand ausgerufen, nachdem das Kartell *Los Zetas* dort faktisch die Macht übernommen und zahlreiche Massaker begangen hatte; gleichzeitig saßen allerdings drei bekannte Mittelsmänner des *Sinaloa-Kartells* als Abgeordnete im guatemaltekischen Parlament.

In Mexiko hat der Krieg allein in den Jahren von 2007 bis 2011 etwa 60.000 Menschenleben gekostet, weitere 10.000 Personen verschwanden in dieser Zeit spurlos.

Mit der faktischen Machtübernahme der kriminellen Kartelle über ganze Provinzen haben mexikanische Polizei und Justiz den Kampf gegen das organisierte Verbrechen verloren und begnügen sich damit, eine nicht mehr vorhandene Rechtstaatlichkeit zu simulieren. In den betreffenden Regionen steht die regionale Polizei zusammen mit den örtlichen Politikern komplett auf der Gehaltsliste der Kriminellen. Wenn ein Polizist unbestechlich bleiben will, verurteilt er sich damit selbst zum Tode.

Der Ende 2006 vom mexikanischen Präsident Calderón schließlich ausgerufene *Krieg gegen den Drogenhandel* durch das mexikanische Militär ließ die Zahl der Opfer eher noch anschwellen; man rechnet derzeit mit 50.000 Toten allein während seiner Präsidentschaft. Während Calderón öffentlich behauptete, dass nur ein Prozent davon unschuldige zivile Opfer seien, berichten Menschenrechtsorganisationen regelmäßig über willkürliche Tötungen, Vergewaltigungen und über Fälle von Folter von Seiten der Sicherheitsorgane. Die meisten dieser Fälle werden nie untersucht.

Gelegentlich töten Armeeeinheiten in den von ihnen besetzten Provinzen zwar unter großem PR-Aufwand einzelne Drogenbosse, deren Marktanteil wird aber im Regelfall schnell von anderen kriminellen Kartellen übernommen. Das Militär wird daher mehr und mehr Akteur in diesem Krieg. Die einzelnen Armeeeinheiten bekämpfen auf eigene Faust die einen Drogenkartelle im Auftrage anderer. Beobachter führen diese Entwicklung auf eine zunehmende Korruption innerhalb der Streitkräfte zurück und auf personelle Verflechtungen mit dem kriminellen Untergrund – nicht wenige Drogenbosse sind ehemalige Offiziere der mexikanischen und guatemaltekischen Armee.

Allerdings gibt es immer wieder Versuche von loyalen Armeeeinheiten und der überregional operierenden mexikanischen Bundespolizei, der weiteren Ausbreitung krimineller Kartelle entgegenzutreten. So kam es im April 2011 zu einem Feuergefecht zwischen einem Konvoi der Bundespolizei und bewaffneten Narcos; die Polizei wurde zum Rückzug gezwungen. Im November 2013 übernahm eine Einheit der mexikanischen Bundesmarine gewaltsam die Kontrolle über die Hafenstadt Lázaro Cárdenas; sämtliche Zöllner und Hafenpolizisten wurden von den Militärs inhaftiert, da man davon ausging, dass sie mit den Narcos zusammenarbeiteten.

Angesichts der zunehmenden Ohnmacht staatlicher Institutionen gegenüber dem Vormarsch des Drogenkartells *Los Caballeros Templarios* bildeten sich im Bundesstaat Micoacán Bürgermilizen; sie wurden im Januar 2014 von der Regierung als Hilfspolizei legalisiert. Als Ergebnis der sofort eskalierenden Auseinandersetzungen musste schließlich das mexikanische Bundesheer in die Provinz einrücken, um die Kämpfe zu beenden und die bewaffneten Banden des Drogenkartells zum Rückzug zu zwingen.

Klassenkampf von oben

Mit faktischer Aufhebung der Rechtsstaatlichkeit in den umkämpften Provinzen geht die Brutalisierung der sozialen Auseinandersetzungen einher. In den kriminellen Untergrund involvierte Unternehmer und

Grundbesitzer nutzen die Macht der Kartelle, um sich unbequemer Vertreter von Gewerkschaften und Bauernverbänden zu entledigen. In der Folge werden in den betreffenden Unternehmen die Löhne weiter gedrückt, Ländereien der Bauern für ein Spottgeld von kriminellen Kartellen übernommen. Nicht selten machen Militärs und Kriminelle dann gemeinsam Front gegen Journalisten, Anwälte und Menschenrechtsaktivisten, die das ›Verschwinden‹ von Personen aufklären wollen.

Eine von linken Kritikern seit langem geforderte Liberalisierung der Drogenpolitik dürfte mittlerweile nicht mehr hinreichend sein, um den kriminellen Supf einzutrocknen. Kenner der Verhältnisse weisen darauf hin, dass die Macht der Kartelle bereits so gefestigt ist, dass sie durch ihre gewaltsam erzwungene Monopolstellung einen drohenden Preisverfall auf dem Drogenmarkt problemlos unterlaufen können. Außerdem sei nachgewiesen, dass die Drogenkartelle längst in andere Bereiche der kriminellen Schattenwirtschaft expandiert haben, sich einen großen Teil ihrer Gewinne mittlerweile durch Menschenhandel, Entführung, Schutzgelderpressung, Produktpiraterie und andere kriminelle Aktivitäten erwirtschaften.

Eine Bekämpfung der in Mexiko ausufernden Kriminalität wird trotz aller Verlautbarungen der Regierung nicht ernsthaft betrieben und kann auch nicht ernsthaft betrieben werden – es bestehen in den Operationsgebieten der Drogenkartelle faktisch keine Grenzen zwischen staatlichen Institutionen und der organisierten Kriminalität. Korruption ist nicht mehr die Ausnahme – sie ist zum Normalfall geworden. Die einzige Möglichkeit des Staates, dem kriminellen Untergrund nachhaltig zu schaden, sich nämlich seiner Finanzen zu bemächtigen, ist bisher unterblieben. Es gibt faktisch keine ernsthaften Versuche, sich kriminell angehäufter Vermögen zu bemächtigen. In 77 Prozent der Sektoren der mexikanischen Volkswirtschaft steckt mittlerweile kriminelles Vermögen, in Guatemala sind es 82 Prozent. Die Gewinne aus den kriminellen Transaktionen werden entweder in die USA überwiesen oder über mehrere Zwischenstationen nach Europa transferiert, dabei gewaschen und dann in ganz normalen und legalen Unternehmen angelegt. US-Präsident Obama unterzeichnete erst im Juli 2011 einen Erlass, dass im Einflussbereich der USA lagernde Vermögenswerte des Drogenkartells *Los Zetas* eingefroren werden.

Die Regierung der Bundesrepublik Deutschland unterstützt zwar Polizei und Militär Mexikos in ihrem mehr als fragwürdigen Anti-Drogen-Krieg, unternimmt derzeit aber kaum Anstrengungen, um durch eine Kontrolle verdächtiger finanzieller Transaktionen den kriminellen Untergrund nachhaltig zu schädigen.

Beispielhaft ist der Fall des Drogenbosses Joaquín Guzmán Lorea, genannt El Chapo. Der Chef des *Sinaloa-Drogenkartells* mit einem geschätzten Vermögen von über einer Milliarde US-Dollar galt seit der Erschießung von Osama bin Laden lange Zeit als der meistgesuchte Mann der Welt; sein Kartell ist eine der zehn weltweit gefährlichsten Verbrecherorganisationen. Aber wie will man sich eines Kriminellen bemächtigen, der zu den 1.300 reichsten Menschen der Welt zählt und wirtschaftlich in mittlerweile 53 Staaten aktiv ist? Um die Flucht von El Chapo aus einem Hochsicherheitstrakt ranken sich in Mexiko die verschiedensten Legenden. Eine davon lautet, er habe sich seine Freilassung bei dem damaligen Präsidenten Vincente Fox schlicht erkauft. Nachgewiesen ist, dass das *Sinaloa-Kartell* von den PAN-Regierungen lange Zeit kaum bekämpft wurde. Erst im Februar 2014 wurde bekanntgegeben, dass El Chapo von Angehörigen einer Einheit ungewöhnlich unbestechlicher mexikanischer Marinesoldaten wieder einmal festgesetzt wurde. Auf den Fortgang des Drogenkrieges hat die Festnahme aber offensichtlich kaum Einfluss.

Kriminelle Staatsgewalt

Ein Beispiel, wie ein kriminelles Kartell bereits quasi-staatliche Strukturen bilden kann, ist der relative Newcomer *Los Zetas*, der als Hauptkonkurrent des *Sinaloa-Kartells* dieses mittlerweile auf Platz 2 in der Liste der größten mexikanischen Drogenbanden verwiesen hat. Die Führungsmannschaft der derzeit mit Abstand mörderischsten kriminellen Gruppierung setzt sich fast ausschließlich aus ehemaligen Offizieren der mexikanischen und guatemaltekischen Armee zusammen, die in den USA zur Drogenbekämpfung ausgebildet wurden und in den 1990er Jahren die Fronten wechselten. Die kriminell gewordenen Militärs arbeiteten zunächst als Schutztruppe und Auftragsmörder für das *Golf-Kartell*, trennten sich im Jahre 2010 von diesem und bilden seitdem ihre eigene Organisation. *Los Zetas* rekrutieren ihren Nachwuchs fast ausschließlich aus gewesenen Angehörigen der Sicherheitsorgane – schon im Jahre 2008 äußerte der mexikanische Verteidigungsminister, dass ein Drittel aller Angehörigen krimineller Banden einen militärischen Hintergrund hätte. *Los Zetas* zeichnet sich durch selbst im kriminellen Sumpf ungewöhnliche Brutalität aus, macht aus seiner Verantwortung für zahlreiche aufsehenerregende Massenmorde keinen Hehl. Man geht mittlerweile davon aus, dass die meisten Opfer des Drogenkrieges der letzten Jahre auf das Konto dieses Kartells gehen.

Los Zetas ist seit einiger Zeit in den von ihr beherrschten Gebieten dazu übergegangen, sich andere kriminelle Organisationen einzuverleiben beziehungsweise deren Aktivitäten zu kontrollieren. Die durch permanente Gewaltausübung aufrechterhaltene Herrschaft ermöglicht es den kriminell gewendeten Militärs, nicht nur von legalen Unternehmen, sondern sogar vom kriminellen Untergrund Schutzgelder einzutreiben. So schöpfen sie märchenhafte Gewinne ab, ohne selbst in eine kriminelle Infrastruktur investieren zu müssen. Gleichzeitig ist eine zunehmende Einmischung des kriminellen Kartells in regionale und überregionale Wahlkämpfe zu verzeichnen, offensichtlich um kooperierende Politiker auf einflussreiche Regierungsposten zu bekommen. Eine kriminelle Staatsgewalt unter der Decke des Staates.

Die offizielle Staatsgewalt ist im Zerfall begriffen. Es gibt Schätzungen, dass etwa die Hälfte der mexikanischen Bundesstaaten mittlerweile vom kriminellen Untergrund beherrscht wird.

Von der Sowjetrepublik zum Krisenherd

Das Scheitern des sowjetischen Modernisierungsprojektes Anfang der 1990er Jahre findet mit dem derzeit in der Ukraine tobendem Bürgerkrieg eine blutige Fortsetzung. Die schon seit Jahren herrschende Wirtschaftskrise in der zwischen Russland und der EU eingeklemmten ehemaligen Sowjetrepublik entlud sich in einem nationalistischen Konflikt zwischen der Kiewer Regierung und rechtsradikalen Milizen einerseits und der überwiegend russisch geprägten Bevölkerung der östlichen Grenzregionen andererseits. Die vor allem im verarmten Westen des Landes erstarkte extreme Rechte tritt dabei zunehmend an die Stelle der weitgehend zusammengebrochenen Staatsgewalt. Ukrainisch-nationalistische Milizen lassen sich von westlichen Staaten als Söldner gegen die den Osten des Landes dominierenden russischen Nationalisten benutzen; die verbliebene Industrieunternehmen beherrschenden Oligarchen und der von westlichen NGOs ausgehaltene Mittelstand erhoffen sich von einer EU-Integration der Ukraine ein Ende der Krise und wirtschaftlichen Aufschwung. Dass das Interesse westlicher Unternehmen eher in einer Ausplünderung der Reste des gescheiterten Modernisierungsprojektes liegt, wird nicht wahrgenommen. Allerdings blendet auch der Westen systematisch aus, dass die Ukraine nach 20 Jahren Oligarchenherrschaft am Ende ist und es da einfach kaum noch etwas zu holen gibt.

Vorgeschichte

Gleich vorab: Eine detaillierte Darstellung der Entstehung des heutigen ukrainischen Staates kann hier nicht geliefert werden; diese würde den Umfang des Beitrages sprengen. Nur soviel: In der Ukrainischen Sozialistischen Sowjetrepublik (1922–1991) wurden Territorien mit höchst unterschiedlicher Historie zusammengefasst. Der Osten der heutigen Ukraine war lange Zeit umkämpftes Grenzland zwischen der polnischen Krone und dem Russischen Zarenreich. Die Region kam nach einem Kosakenaufstand im Jahre 1654 zu Russland. Weitere Gebiete in der heutigen Zentralukraine und im Süden wurden im 18. Jahrhundert als Folge der polnischen Teilungen und der Zerschlagung des Khanats der Krimtataren von Russland annektiert. Der Westen der heutigen Ukraine gehörte dann lange Zeit zum österreich-ungarischen Habsburgerreich und wurde nach dessen Zerfall zwischen Polen, der Tschechoslowakischen Republik und Rumänien aufgeteilt. Den ukrainischsprachigen Teil Polens besetzte die Sowjetunion 1939 nach dem deutschen Überfall. Die zeitweise tschechoslowakische Karpatho-Ukraine wurde 1939 von Ungarn annektiert und kam dann 1945 ebenfalls zur Ukrainischen Sowjetrepublik. Die mehrheitlich russischsprachige Autonome Sowjetrepublik Krim (1921–1945) wurde von Stalin aufgelöst, dann aufgrund eines Dekretes von Generalsekretär Nikita Chruschtschow im Jahre 1954 aus der Russisch-Föderativen Sowjetrepublik (RFSSR) ausgegliedert und der Ukrainischen Sowjetrepublik angeschlossen.

Aus der unterschiedlichen Geschichte der einzelnen Regionen resultiert noch heute ein heftiges Wirtschaftsgefälle von Ost nach West. Der Westen der Ukraine blieb im Wesentlichen agrarisch geprägt. Im rohstoffreichen Donezbecken im äußersten Osten wurde in sowjetischer Zeit ein umfänglicher Zweig der Schwerindustrie aus dem Boden gestampft. Da es zwischen den einzelnen Sowjetrepubliken keine Staatsgrenze, sondern nur eine Zuordnung zu verschiedenen Verwaltungsorganen gab, wanderten im Zuge der Industrialisierung zahlreiche Russen in den Osten der Ukraine ein; sie bildeten vor dem Bürgerkrieg eine Minderheit von etwa 17 Prozent. Noch heute wird der übergroße Teil des Bruttoinlandsproduktes der Ukraine im stark russisch geprägten Osten erzeugt. Der Export, hauptsächlich von Kohle und Stahl, verlagerte sich in den 1990er Jahren stark von Russland nach Westeuropa. Mehrere die Wirtschaft des Donezbeckens kontrollierende Oligarchen hatten in den letzten Jahrzehnten entscheidenden Einfluss auf die Regierungspolitik des Landes.

Die Ukraine belegt im Energieverbrauch pro Kopf der Bevölkerung weltweit einen der vordersten Plätze. Die Wirtschaft ist demzufolge stark von Erdgaslieferungen aus Russland abhängig. Versuche des russischen Konzerns GAZPROM, seine Erdgaspreise auf Weltmarktniveau anzuheben, führten in der Vergangenheit zu schweren politischen Konflikten zwischen beiden Staaten.

Überlagert wird dieser Konflikt durch die Historie: Von großen Teilen der west-ukrainischen Bevölkerung wird die Zugehörigkeit zur Sowjetunion heute als aufgezwungene russische Fremdherrschaft betrachtet, während die Bevölkerung der Ost-Ukraine diese Jahrzehnte hauptsächlich als eine Zeit wirtschaftlichen Aufschwungs erlebte.

Russland: Von der Sowjetunion zum Ölimperium

Das ehemalige Zarenreich wurde unter der Herrschaft der Bolschewiki einem gigantischen, zum Teil mit brutaler Gewalt durchgesetzten Modernisierungsprogramm unterzogen. Lenins Definition »*Kommunismus ist gleich Sowjetmacht plus Elektrifizierung des ganzen Landes*« galt als ideologischer Leitfaden. Die schon in zaristischer Zeit bestehenden Disproportionen zwischen den einzelnen Landesteilen wurden allerdings nicht vollständig beseitigt. Es gab Regionen, in denen zuletzt Schwerindustrie dominierte, andere waren mehr agrarisch geprägt, wieder andere dienten überwiegend als Rohstofflieferanten. Aus dieser Ausgangslage resultierten die nach dem Zerfall der Sowjetunion sehr unterschiedlichen Entwicklungen der einzelnen Teilrepubliken, auch ihre Konflikte, die teilweise den Charakter von Wirtschaftskriegen annahmen.

Im Zuge der Krise der sowjetischen Volkswirtschaft in den 1980er Jahren und des Scheiterns der unter Generalsekretär Michail Gorbatschow propagierten ›Perestroika‹ kam es in der sowjetischen Elite zu einer Renaissance wirtschaftsliberalen Denkens. Der linke russische Politologe Boris Kagarlitzki schildert beispielsweise das 1988 erfolgte Gespräch mit einem konservativen britischen Berater, der zuvor die neoliberalen Grausamkeiten der Regierung Thatcher maßgeblich mitgestaltet hatte, sich nun in Moskau aber plötzlich als Verfechter von staatlichem Dirigismus wiederfand: »*Was Ihre Ökonomen für Meinungen vertreten, ist einfach unsinnig. Sie glauben allen Ernstes, die Wirtschaft könne auf staatliche Eingriffe verzichten, man brauche zum Beispiel nur die Subventionen für die Landwirtschaft zu streichen, und alles ist in Ordnung. Die Leute haben nicht die geringste Ahnung, welch schreckliche Folgen eine solche Politik haben kann.*« (Kagarlitzki, 1991, S. 5f)

Solcherlei Bedenken dürften allerdings die Ausnahme gewesen sein. Tatsächlich wurde von Vertretern der führenden westlichen Staaten maßgeblich auf eine neoliberale Schocktherapie in Osteuropa hingearbeitet, der Noch-Generalsekretär Gorbatschow auf dem G7-Gipfel von 1991 gezielt unter Druck gesetzt. Als Gorbatschow zunächst noch zögerte, wurde er in der Folge eines missratenen Putschversuches der alten Nomenklatura durch den ehemaligen Moskauer Parteichef Boris Jelzin ersetzt. Jelzin waren Skrupel unbekannt; er löste im Dezember 1991 durch einen Federstrich die Sowjetunion auf und ließ sich vom russischen Parlament zeitlich befristete Sonderbefugnisse zwecks Durchführung liberaler Wirtschaftsreformen erteilen. Als sich die ersten desaströsen Folgen zeigten, versuchte eine Mehrheit der gewählten russischen Parlamentarier, die Notbremse zu ziehen. Am 4. Oktober 1993 errichtete Jelzin daraufhin eine Präsidialdiktatur, ließ Truppen aufmarschieren und unter dem Beifall westlicher Beobachter das Parlamentsgebäude von Panzern zusammenschießen. Etwa 500 Menschen kamen bei dem Staatsstreich ums Leben. Die militärisch durchgesetzte Änderung der russischen Verfassung hat bis heute Bestand. Damals wurde ihre Einführung westlicherseits bejubelt, heute gilt sie in den meisten Medien als Relikt des Sowjetsystems.

Einer weiteren Umsetzung der Schocktherapie stand danach nichts mehr im Wege. Die osteuropäischen Gesellschaften transformierten sich zu einem grandiosen Experimentierfeld neoliberaler Wirtschaftsstrategen. Eine ganze Generation frischgebackener Universitätsabsolventen und früherer Komsomolfunktionäre wurde auf ehemals volkseigene und Genossenschaftsbetriebe losgelassen, bar jeder naturwissenschaftlichen und technischen Grundkenntnisse, dafür aber randvoll abgefüllt mit Thesen über die Schädlichkeit staatlicher Eingriffe in die freie Entfaltung einer sich selbst regulierenden Privatwirtschaft. Und außerdem getrieben von dem unstillbaren Zwang, sich persönlich zu bereichern.

Die Folgen waren entsprechend. Die industrielle Produktion in Russland brach massiv ein, betrug im Jahre 2000 nur noch 57 Prozent des Standes von 1990; das reale Geldeinkommen der Bevölkerung halbierte sich. Zeitgleich explodierte die Kriminalität. Wie Boris Kagarlitzki im Jahre 2012 rückblickend schrieb, wurden die meisten sowjetischen Unternehmen für weniger als ein Prozent ihres Marktpreises privatisiert.

Unter Jelzin sank Russland nicht nur von einer Industriemacht auf den Stand eines Schwellenlandes zurück. Die verbliebenen Teile der Wirtschaft gerieten außerdem in die Hände einer Oligarchenschicht, die sich auf Kosten der verarmenden Bevölkerung schamlos bereicherte. Die russische Politologin Olga Kryschtanowskaja beschrieb die neu entstandenen Machtverhältnisse wie folgt: »*Am Beginn des 21. Jahrhunderts ist die russische Wirtschaftselite eine abgekapselte Personengruppe, die mit Genehmigung des Staates riesige Kapitalien und ganze Industriebranchen kontrolliert.*« (Kryschtanowskaja, S. 198)

Unter Nutzung ihres unter fragwürdigen Umständen erworbenen Vermögens erlangten die Oligarchen immer mehr politische Macht, ließen sich zum Teil selbst in Ämter wählen und gerierten sich in den von ihnen kontrollierten Regionen als Alleinherrscher. Der Oligarch und spätere Milliardär Wladimir Potanin wurde beispielsweise im Jahre 1996 Stellvertreter des russischen Ministerpräsidenten, zahlreiche andere Oligarchen ließen sich zu Gouverneuren, Präsidenten von Teilrepubliken und von Autonomen Bezirken wählen.

Den Tiefpunkt erreichte Russland 1998, als es seine Staatsschulden nicht mehr begleichen konnte und die Währung zusammenbrach. Der damalige Ministerpräsident und wegen Jelzins wodkabedingter Amtsunfähigkeit amtierende Vizepräsident Jewgeni Primakow trat die Flucht nach vorn an und versuchte mittels eines keynesianistischen Konjunkturprogrammes die Reste der russischen Wirtschaft zu stabilisieren, was ihm auch gelang.

Mit dem Bankencrash von 1998 verschwand jener Teil der Oligarchen, der bis dahin die russische Finanzindustrie dominiert hatte, für immer von der Bildfläche. Die Zahl der russischen Banken schrumpfte drastisch. Es kam in der Führungsspitze zu einem Machtwechsel. Das Sagen hatten nunmehr Oligarchen, die sich der verbliebenen Industrieunternehmen bemächtigt hatten. Als Interessenvertreter dieser Schicht setzte sich nach dem Abgang Jelzins sein Zögling Wladimir Putin durch. Diesem gelang es, allerdings mittels fragwürdiger Methoden, den wirtschaftlichen Niedergang und Verfall der russischen Staatsmacht aufzuhalten, teilweise sogar umzukehren.

Die derzeit durch die Medien geisternden Einschätzungen Putins als eines postsozialistischen Diktators und neuen Stalin stammen allesamt aus dem Vokabular des Kalten Krieges und sind keinen Pfifferling wert. Der ehemalige KGB-Offizier Putin, der in den 1990er Jahren im Windschatten seines Förderers Jelzin stufenweise die Leitersprossen der Macht erklomm, machte nie irgendwelche Anstalten, den 1992 eingeschlagenen Kurs rabiater Privatisierungen wieder rückgängig zu machen. Sein Ziel war lediglich, die wirtschaftliche Macht Russlands – auch im Interesse der Oligarchen – zu stabilisieren, lokale Alleinherrscher wieder unter die Regierungsgewalt zu zwingen, den unter Jelzin entstandenen ›Mafiakapitalismus‹ zu zivilisieren und einen neuen Finanzcrash zu verhindern. Die Kluft zwischen Arm und Reich verbreitete sich auch in Putins Russland immer weiter, die Zahl der Dollar-Milliardäre stieg und steigt stetig an.

Putin setzte schon sehr früh vorrangig auf den Export von Erdöl und Erdgas – die meisten Lagerstätten sind noch immer im Staatseigentum, eine knappe Mehrheit der Aktien des Konzernriesen GAZPROM ebenfalls. Der Anstieg der Ölpreise nach 2000 machte Russland wieder zum Global Player. Von den erwirtschafteten Petrodollars finanziert Putin den größten Teil seines Staatshaushaltes. Die Exportpreise von GAZPROM liegen teilweise um das Mehrfache höher als die innerhalb Russlands geltenden Binnenpreise. Der Konzern wirkt so als Motor der russischen Wirtschaft.

Oligarchen, die den veränderten Kurs und Putins zaghafte Reformen des politischen Überbaus nicht mittrugen, erfuhren eine rabiate Behandlung. Dazu bediente Putin sich vorrangig der Justiz: Da die Vermögen der neuen russischen Oberschicht allesamt kriminelle Wurzeln hatten, reichte zumeist ein kurzer Besuch der Staatsanwaltschaft, um den Betreffenden auszuschalten. Verschiedene Oligarchen setzten sich daraufhin mitsamt ihrem milliardenschweren Vermögen ins Ausland ab, andere landeten tatsächlich hinter Gittern. Wieder andere konnten sich mit einem Teil ihrer illegal erworbenen Milliarden freikaufen, verloren aber entscheidend an politischem Einfluss. Die Vermögen der entmachteten Oligarchen wurden allerdings nicht rückverstaatlicht, sondern unter anderen Oligarchen verteilt, die die Zeichen der Zeit schneller erkannt hatten und das Regime Putin stützten.

Diese Verfahrensweise hat natürlich nur wenig mit bürgerlicher Rechtstaatlichkeit und schon gar nichts mit Sozialismus zu tun, erinnert eher an den Umgang Iwan des Schrecklichen mit widerspensti-

gen Bojaren. Putin ist als aufgeklärter Herrscher allerdings in der Neuzeit angekommen – in Russland werden seit 18 Jahren offiziell keine
Todesurteile mehr vollstreckt.

Die Ergebnisse von Putins Wirtschaftspolitik kann man allerdings
durchaus als Erfolgsgeschichte bezeichnen. Gemäß offiziellen russischen Angaben hat sich zwischen den Jahren 2000 und 2010 das russische Bruttosozialprodukt fast verdoppelt, das Außenhandelsvo-
lumen mehr als vervierfacht. Das Lohnniveau verdoppelte sich, das
Rentenniveau verdreifachte sich, die Armutsrate wurde halbiert, die
Kriminalität sank, wenn auch nur geringfügig. All diese Zahlen sind
natürlich mit Vorsicht zu bewerten, da sie auf dem Ausgangspunkt
eines Zusammenbruchs am Ende der Ära Jelzin basieren und even-
tuell auch etwas geschönt sind. Aber immerhin scheint Russland aus
der Talsohle herausgekommen zu sein, und seit 2000 ist in einigen
Bereichen eine »*deutliche Verbesserung der sozialen und wirtschaftlichen
Verhältnisse erkennbar*« (Deppe, S. 196f).

Eine staatlich gelenkte und auf der Basis von Rohstoffexport florie-
rende Wirtschaft ist neoliberalen Hardlinern natürlich ein Gräuel. Zudem tangiert der zunehmend global agierende russische Handel die
Interessen anderer Wirtschaftsmächte. Russland ist mittlerweile der
weltweit zweitgrößte Erdölförderer nach Saudi-Arabien, außerdem weltweit größter Erdgasexporteur. Ein Großteil von in Europa verbrauchtem
Erdöl und Erdgas kommt aus Russland – was die mit dem saudischen
Königreich und den anderen Golfmonarchien kooperierenden US-amerikanischen Ölkonzerne ganz sicher nicht freut. Die US-Regierung versucht seit Jahren mehr oder weniger erfolgreich, die wiedergewonnene
Macht Russlands einzugrenzen, Randstaaten Russlands sowie andere
Staaten, mit denen Russland enge Beziehungen unterhält, entweder
dem russischen Einfluss zu entziehen oder aber sie nachhaltig zu destabilisieren. Im Fall Syrien ist letzteres wohl gelungen.

Die Europäische Union setzt gegenüber Russland einerseits auf Kooperation, um die bestehenden Handelskontakte nicht zu gefährden,
bemüht sich aber ansonsten ebenfalls nach Kräften, den politischen
Einfluss Russlands auf seine Nachbarstaaten zurückzudrängen und
so für die europäische Wirtschaft neue Märkte zu erschließen.

Die Ukraine, deren Wirtschaft zum größten Teil auf Erdgasimporten
aus Russland basiert und über deren Territorium Pipelines in Rich-

tung Westeuropa laufen, führt schon über zehn Jahre unter verschiedenen Regierungen einen Preiskrieg mit dem russischen Konzern GAZPROM.

Ob hinter dem Anfang 2014 erfolgten Umsturz in der Ukraine nun primär US-amerikanische oder europäische Wirtschaftsinteressen stecken, läßt sich schwer einschätzen. Die Ukraine selbst ist zwar ein riesiger Markt, aber ein finanziell ausgebluteter. Ein dauerhafter Bürgerkrieg in der Ukraine oder aber ein ernsthafter militärischer Konflikt zwschen der Ukraine und Russland dürfte den russischen Öl- und Gasexport nach Westeuropa massiv einbrechen lassen.

Ukraine: Der schmutzige Weg in den Kapitalismus

Schon die politische Trennung von Russland als Folge der Auflösung der Sowjetunion erwies sich für die Ukraine als Desaster: Jahrzehntelang gewachsene Austauschbeziehungen zerrissen oder wurden der Willkür der nun die Wirtschaft dominierenden mafiösen Clans ausgeliefert.

Dem in Russland unter Boris Jelzin umgesetzten Programm neoliberaler Reformen hinkte die Ukraine nur ganz wenig hinterher. 1992 erfolgte eine generelle Freigabe der Preisgestaltung; 1994 wurde ein Programm marktwirtschaftlicher Reformen verabschiedet, in der Folge ein großer Teil der Industrie und des Bankensektors privatisiert. Gleichzeitig zog sich der Staat bis zum Jahr 2000 schrittweise aus der Agrarproduktion zurück. Die Folgen dieser Schocktherapie waren noch verheerender als im benachbarten Russland: Das reale Bruttosozialprodukt der Ukraine betrug Ende der 1990er Jahre nur etwa 40 Prozent des Jahres 1989. Die landwirtschaftliche Produktion sank zeitgleich um die Hälfte. Zudem sorgte die in den Jahren 1990 bis 1996 galoppierende Hyperinflation von jährlich etwa 800 Prozent für eine massive Enteignung der Spargroschen der Bevölkerungsmehrheit, bevor schließlich mit Einführung der neuen Währung Hrywnja die Geldentwertung gestoppt wurde.

Auch in der Ukraine brachte die Aufteilung des ehemaligen Volkseigentums eine Gruppe schwerreicher Oligarchen hervor, die sich des größten Teils der ukrainischen Banken, des Öl- und Gasvertriebes und der hauptsächlich im Donezbecken ansässigen Schwerindustrie bemächtigte. Anfänglich dominierten bei diesen Oligarchen gewesene sowjetische Betriebsdirektoren, Partei- und Komsomolfunktionäre, die ihre Machtpositionen zur persönlichen Bereicherung ausgenutzt hatten. Bei den folgenden kriminellen Verteilungskämpfen setzten sich dann zumeist ganz gewöhnliche Banditen durch, die in der Schwäche der Staatsgewalt ihre große Chance sahen und entsprechend handelten. In der Ukraine lebte man in den 1990er Jahren als Oligarch gefährlich, Schutzgelderpressung war Normalität. Auseinandersetzungen zwischen konkurrierenden Firmen wurden mit Baseballschlägern und Eisenstangen ausgetragen, Geschäftsabschlüsse mittels Autobombe und Maschinengewehrsalve besiegelt. Hunderte von Betriebsdirektoren, Bankern, Hotel- und Gaststätteninhabern kamen in den Jahren des entfesselten Raubtierkapitalismus ums Leben. Victor Timtschenko, Autor einer immer noch lesenswerten Reisebeschreibung über die Ukraine, hat in einem Kapitel des Buches die Methoden des schmutzigen Weges in den Kapitalismus ausführlich beschrieben und brachte das Ergebnis wie folgt auf den Punkt: »*Eines Tages gab es in der Ukraine keine Banditen mehr, sondern nur Geschäftsführer.*« (Timtschenko, S. 142)

Derzeit kennt die Forbes-Liste der reichsten Männer der Welt zehn ukrainische Milliardäre: An der Spitze steht Rinat Achmetow, derzeit der reichte Mann der Ukraine und graue Eminenz hinter dem unlängst gestürzten Präsidenten Janukowitsch. Achmetow soll seine Karriere Anfang der 1990er Jahre als Chef einer Gang von Hütchenspielern begonnen haben. Mehrere seiner Geschäftspartner starben eines gewaltsamen Todes. Sein Vermögen wird derzeit auf 15,4 Milliarden US-Dollar geschätzt. In der Forbes-Liste steht er auf Platz 47. 2011 machte er Schlagzeilen, als er für 165 Millionen Euro die teuerste Wohnung der Londoner Innenstadt kaufte. Viktor Pintschuk, ein Ingenieur, der als Schwiegersohn des damaligen Präsidenten Leonid Kutschma durch undurchsichtige Privatisierungen ein Vermögen erwarb, besitzt 3,8 Milliarden US-Dollar. Igor Kolomojskij, Besitzer von 2,4 Milliarden US-Dollar, galt lange Zeit als Intimus einer gewissen Julia Timoschenko. Der ›Schokoladenkönig‹ Petro Poroschenko (1,6 Milliarden US-Dollar) ließ sich nach dem Umsturz von 2014 zum Präsidenten wählen. Es wird aus Platzgründen darauf verzichtet, die Auflistung ukrainischer Milliardäre hier komplett abzuarbeiten. Nur soviel: Julia Timoschenko selbst gehört dem erlauchten Kreis nicht an; ihr Vermögen soll (Stand: 2007) ›nur‹ einige Hundert Millionen Dollar betragen. Angesichts der jahrelang auch von der deutschen Presse betriebenen Idealisierung ihrer Person als ›Freiheitskämpferin‹ und ›politische Gefangene‹ sei ihr dennoch ein längerer Abschnitt gewidmet.

Die Karriere der ›Gasprinzessin‹ ist ein Paradebeispiel für die in der Ukraine bestehende Verflechtung von Politik, Wirtschaft und Kriminalität. Timoschenko begann 1989 ihre Karriere als Geschäftsführerin eines Jugendzentrums und war zeitgleich Inhaberin einer Videothek, in der man sich unter anderem aus dem Westen raubkopierte Schmuddelpornos reinziehen konnte. Den Erlös setzte sie in billig zu habende Aktien um und wurde schließlich Mitinhaberin eines Geflechtes von Firmen, die das damals noch preisgünstige russische Erdgas teuer weiterverkauften. Den Aufstieg zur Oligarchin verdankt sie ihrem politischen Ziehvater, dem damaligen Ministerpräsidenten Pawlo Lasarenko. Beide sollen gemeinsam 690 Millionen US-Dollar Schwarzgeld aus dem russischen Erdgashandel auf ihre persönlichen Konten abgezweigt haben. Lasarenko, der in den 1990er Jahren weltweit als einer der korruptesten Regierungschefs galt, flüchtete nach seinem politischen Abgang in die USA, wurde dort wegen Geldwäsche und Erpressung inhaftiert und zu neun Jahren Gefängnis verurteilt. Seine in der Ukraine begangenen Straftaten – unter anderem ermittelte die Staatsanwaltschaft gegen ihn wegen Auftragsmordes – waren nicht Gegenstand des Verfahrens.

Die Umstände, unter denen Julia Timoschenkos Firmenimperium – sie kontrollierte zeitweise ein Viertel der ukrainischen Wirtschaft – dann Ende der 1990er Jahre insolvent wurde, sind schwer nachzuvollziehen. Vermutlich haben andere Oligarchen die ›Gasprinzessin‹ nach dem Sturz Lasarenkos mittels Einflussnahme auf die neue Regierung aus dem lukrativen Zwischenhandel verdrängt. Die gigantischen Schulden, die ihr die Firmeninsolvenz bescherte, wollte Timoschenko allerdings nicht begleichen. In der von ihr autorisierten Biographie heißt es jedenfalls, dass sie ihr restliches Vermögen so versteckte, dass *weder russische oder ukrainische Staatsanwälte noch Interpol es bisher finden konnten* (Popov/Milstein, S. 123). Was die ›Gasprinzessin‹ allerdings nicht hinderte, die nachfolgenden Ermittlungen wegen Geldwäsche als politisch motiviert anzuprangern.

Julia Timoschenko trat nach dem Konkurs die Flucht nach vorn an, formierte ihr überflüssig gewordenes Firmenmanagement zu einem Parteiapparat um und wurde 1999 im zweiten Kabinett Leonid Kutschma Energieministerin sowie stellvertretende Ministerpräsidentin. Ihre neugewonnene Position nutzte sie zu einem Privatkrieg gegen die Oligarchen Victor Pintschuk und Dimitri Firtasch, die sich die Reste ihres Firmenimperiums einverleibt hatten. Ihre politische Haltung unterlag unberechenbaren Schwankungen zwischen pro-westlicher oder rein populistischer Rhetorik und pro-russischer Realpolitik. 2001 wurde sie dann doch angeklagt, 1,1 Milliarden US-Dollar illegal auf ausländische Konten verschoben zu haben, und als Ministerin entlassen. Daraufhin gründete sie ein *Forum zur Nationalen Rettung* und setzte zum Sprung auf das oberste Staatsamt an.

Krise in Orange
Die so genannte *Orangene Revolution* der Jahre 2003 bis 2004 wurde von der westlichen Öffentlichkeit als demokratischer Aufstand gegen ein korruptes Regime gefeiert und von vielen ihrer Akteure ganz sicher auch als ein solcher empfunden. *»Diebe ins Gefängnis«* war eine der populärsten Losungen der Demonstranten. Eine Bekämpfung der allgegenwärtigen Korruption sollte das Land für westliche Investoren attraktiver machen. Getragen wurden die Proteste hauptsächlich vom Mittelstand und von jungen Intellektuellen, die sich von dem angestrebten wirtschaftlichen Aufschwung eine Verbesserung ihrer Lage erhofften. Finanziert wurden die meisten Parteien und NGOs, in denen sich die jugendlichen Revolutionäre organisierten, allerdings zu großen Teilen aus westlichen Geldspenden dubioser Herkunft.

Die Massendemonstrationen endeten im Dezember 2004 mit erzwungenen Neuwahlen, in denen sich ein zusammengewürfeltes Oppositionsbündnis gegen die von ost-ukrainischen Oligarchen dominierte *Partei der Regionen* durchsetzen konnte. Der Banker Wiktor Juschtschenko wurde neuer Präsident, die Oligarchin Julia Timoschenko Ministerpräsidentin. Beide lieferten sich in der Folge einen erbitterten Machtkampf.

Obwohl dem ›orangenen‹ Bündnis zeitweilig auch eine sozialistische Partei angehörte, stand eine Re-Verstaatlichung nicht auf der Liste ihrer Forderungen. Und tatsächlich wurden nach dem Regierungswechsel nur in ganz wenigen Fällen unter eindeutig kriminellen Umständen erfolgte Privatisierungen wieder rückgängig gemacht, die betreffenden Unternehmen dann aber ganz schnell ein zweites Mal, diesmal unter günstigeren Konditionen, privatisiert.

Hinter der Fassade eines demokratischen Aufbruchs tobte ein Machtkampf zwischen verschiedenen Oligarchengruppen. Die Besitzer der großen Stahlwerke im Osten der Ukraine – bekanntester Oligarch: Rinat Achmetow – konnten dank der auf dem Weltmarkt explodierenden Stahlpreise zwar irrwitzige Vermögen anhäufen, waren bei ihren Geschäften aber auf den Import von Erdgas aus Russland sowie die Förderung subventionierter einheimischer Steinkohle angewiesen. Achmetow sträubte sich demzufolge gegen die von neoliberalen Geostrategen geforderte Aufhebung der Subventionierung defizitär produzierender Kohlebergwerke und die einseitige Ausrichtung der Wirtschaft in Richtung Westen. Andere Oligarchen, die mehr auf den Export von Billigprodukten nach Westeuropa setzten, waren eher geneigt, den bis dahin die ukrainische Politik dominierenden Schaukelkurs zwischen Russland und den westlichen Staaten zugunsten einer einseitigen Westorientierung aufzugeben.

Die Regierungszeit von Präsident Leonid Kutschma galt in Verlautbarungen der ›orangenen Revolutionäre‹, die von den meisten westlichen Massenmedien völlig unkritisch übernommen wurden, als eine Art ›bleierne Zeit‹ einer einseitigen Russlandorientierung, die durch den Umsturz von 2004 ein Ende fand. Tatsächlich verlagerte sich schon in den 1990er Jahren der ukrainische Export maßgeblich von Russland nach Westeuropa. Und Kutschma hatte bei seiner Wiederwahl im Jahre 1999 einen Beitritt der Ukraine zur EU bei Beibehaltung der guten Beziehungen zu Russland zum strategischen Fernziel erklärt. Die zweite Amtsperiode Kutschmas von 2000 bis 2004 war außerdem eine Phase dynamischen wirtschaftlichen Aufschwungs. Offensichtlich hatte nach den Privatisierungsorgien der 1990er Jahre und den nachfolgenden kriminellen Verteilungskämpfen – ebenso wie etwa zeitgleich in Russland – ein Prozess der Stabilisierung auf niedrigem Niveau eingesetzt. Die Machtergreifung der Opposition beendete dieses Intermezzo. Die Steigerung des Bruttoinlandsproduktes sackte sofort von zuletzt jährlich zwölf Prozent auf drei Prozent herunter.

Selbstverständlich war die Regierung Leonid Kutschma korrupt, so wie die gesamte ukrainische Politik und Wirtschaft von kriminellen

Seilschaften unterwandert war und ist. Ein Beispiel: Gegen Ende der zweiten Amtsperiode Kutschmas wurde in einer Blitzaktion das größte immer noch staatseigene Stahlwerk der Ukraine privatisiert. Gemeinsame Sieger der Ausschreibung waren die Oligarchen Rinat Achmetow und Viktor Pintschuk. Als nach den erzwungenen Neuwahlen das ukrainische Parlament die Privatisierung rückgängig machte und das Werk an einen indischen Konzern verkaufte, konnte es das Sechsfache des zuerst gezahlten Preises einstreichen. Der Deal spülte zwar für den Moment einen Milliardenbetrag in die klammen ukrainischen Staatskassen; die als Folge einsetzende Rechtsunsicherheit wirkte sich jedoch lähmend auf das Investitionsklima aus. Einheimische Oligarchen zogen es in der Folge vor, ihre Gelder lieber dubiosen Steuerparadiesen anzuvertrauen – die britischen Jungferninseln wurden bevorzugter Partner der ukrainischen Finanzindustrie. Ausländische Investitionen in die ukrainische Realwirtschaft hielten sich weiter im bescheidenen Rahmen.

Als weitere Ursache der nach der *Orangenen Revolution* sofort wieder einsetzenden Krise gilt die Verschlechterung der Handelsbeziehungen zu Russland – die ukrainische Wirtschaft war und ist hochgradig von Gasimporten abhängig. Dies betrifft nicht nur den umfänglichen Eigenbedarf – in den 1990er Jahren wurde aufgrund bestehender Verträge in enormen Größenordnungen billiges Gas erworben und teuer in den Westen weiterverkauft. Im Zuge der unter Wladimir Putin betriebenen Stabilisierung Russlands erhöhte GAZPROM seine Außenhandelspreise schrittweise in Richtung Weltmarktniveau. Die in diesem Zusammenhang unausweichlichen Auseinandersetzungen eskalierten zu einem immer wieder aufflackernden Wirtschaftskrieg. Über ukrainisches Territorium in Richtung Westeuropa verlaufende Erdgaspipelines wurden illegal angezapft; die Ukraine drohte mehrmals, die russischen Gasexporte ganz zu unterbinden oder aber ihre Transitgebühren drastisch zu erhöhen. Letztlich konnte sich jedoch GAZPROM mit seiner Hochpreispolitik durchsetzen. Ukrainische Oligarchen wurden weitgehend aus dem bisher bestens funktionierenden Zwischenhandel verdrängt, was sich in einer zunehmend russlandfeindlichen Stimmung der ukrainischen Öffentlichkeit niederschlug. Da die Importkosten für russisches Gas irgendwann die in der Ukraine berechneten Binnenpreise überstiegen, sah sich die Regierung gezwungen, diese zu subventionieren. Die ohnehin bereits galoppierende Staatsverschuldung stieg ins Gigantische. Die Ukraine war immer stärker auf westliche Kredite angewiesen, deren mögliche Tilgung in immer weitere Ferne rückte.

Und natürlich konnte – da von den ›orangenen Revolutionären‹ ein Ende der Oligarchenherrschaft und eine Beschlagnahmung der kriminell angehäuften Vermögen nicht einmal angedacht, geschweige denn in Angriff genommen wurde – von einer nachhaltigen Bekämpfung der Korruption keine Rede sein. Letztlich erschöpfte sich der Umsturz des Jahres 2004 in einem Verteilungskampf zwischen verschiedenen Oligarchengruppen, der eine Phase erneuten wirtschaftlichen und politischen Verfalls einleitete.

Julia Timoschenko hatte sich infolge wirksamer Public Relations auch international zur Ikone der *Orangenen Revolution* hochstilisieren können. Unter anderem ersetzte sie ihre brünette Haarfarbe, die *»auf eine verdächtige kaukasische oder noch problematischere jüdische Herkunft hinweisen könnte«* (Popov/Milstein, S. 202), durch einen blonden Zopf. Das Bild der demokratischen Märtyrerin bekam freilich zunehmend Risse. Bekannt wurde, dass ausgerechnet US-amerikanische Anwaltskanzleien gegen die Schweizer Bank Credit Suisse wegen Geldwäsche ermittelten und dabei auf die gefeierte Heldin als Nutznießerin der Transaktionen stießen.

Während der neugewählte Präsident Wiktor Juschtschenko zwar einen rabiaten Annäherungskurs in Richtung Westen verfolgte, dabei aber auch mit den die Wirtschaft dominierenden ost-ukrainischen Oligarchen zusammenarbeitete, setzte Julia Timoschenko den Kampf mit ihren Intimfeinden rücksichtslos fort, entwickelte dabei einen populistischen und völlig unberechenbaren Politikstil. Sie wurde von ihren bisherigen Verbündeten fallengelassen und trat als Ministerpräsidentin zurück. Bei den auch von internationalen Beobachtern als internationalen Standards entsprechend eingeschätzten Wahlen vom März 2006 siegte dann die *Partei der Regionen*. Victor Janukowitsch wurde kurzzeitig Ministerpräsident, musste dann 2007 den Platz wieder zugunsten von Julia Timoschenko räumen. Im Jahre 2010 wurde er zum ukrainischen Präsidenten gewählt.

Julia Timoschenko wurde 2010 nach einem Misstrauensantrag als Ministerpräsidentin entlassen, kandidierte dann bei der Präsidentschaftswahl von 2010 erfolglos gegen Janukowitsch. 2012 wurde sie wegen Amtsmissbrauch verurteilt und inhaftiert. Ein zweiter Prozess wegen Veruntreuung und Steuerhinterziehung konnte von ihren Anwälten erfolgreich verschleppt werden und gelangte nicht mehr zum Abschluss.

Die *Orangene Revolution*, faktisch nur ein Machtkampf zwischen verschiedenen Oligarchengruppen, wurde in der ukrainischen Bevölkerung höchst unterschiedlich aufgenommen. In einer repräsentativen Umfrage des Instituts für Soziologie der Ukrainischen Akademie der Wissenschaften im März 2005 betrachteten 60,4 Prozent der West-Ukrainer, aber nur 8,8 Prozent der Ost-Ukrainer die Revolution als *»bewusste(n) Kampf von Bürgern, die sich für die Verteidigung ihrer Rechte zusammengetan haben«*. Dagegen schätzten 50,5 Prozent der Ost-Ukrainer, aber nur 5,5 Prozent der West-Ukrainer sie als *»Staatsstreich, durchgeführt mit Unterstützung aus dem Westen«* ein. Schon allein diese Umfragewerte deuteten auf eine tiefe Spaltung der ukrainischen Bevölkerung hin, die sich schließlich im Umsturz von 2014 und dem seither in der Ost-Ukraine tobenden Bürgerkrieg entlud.

Eine nicht geleistete Unterschrift samt Folgen

In der Amtszeit von Präsident Janukowitsch setzte sich der mit der *Orangenen Revolution* eingeläutete Niedergang der ukrainischen Wirtschaft fort. Auf Betreiben der ost-ukrainischen Oligarchen wurden defizitär arbeitende Kohlegruben weiter aus dem Staatshaushalt subventioniert. Der Preiskrieg um russisches Erdgas schien 2008 vorläufig beigelegt, als Wladimir Putin und Julia Timoschenko eine Vereinbarung unterzeichneten, nach der die Gaspreise für die Ukraine innerhalb von drei Jahren dem Weltmarktpreis angeglichen werden durften. Dass Janukowitsch ausgerechnet die damalige Ministerpräsidentin wegen der Unterzeichnung dieses Abkommens zum Sündenbock für die schlechte Wirtschaftslage abstempelte und sie wegen Amtsmissbrauch inhaftieren ließ, sollte sich später als Fehlgriff erweisen. Der Konflikt mit Russland um die Höhe des Gaspreises tobte weiter.

Unter Janukowitsch erlebte die Wirtschaftskriminalität traurige Rekorde, wobei auch die Familie des Präsidenten mit gutem Beispiel voranging. Auf dem weltweiten Korruptionsindex von Transparency International ist für die Ukraine auch nach der *Orangenen Revolution* ein fast durchgehender Abwärtstrend zu verzeichnen – vom Platz 69 im Jahre 1998 ist das Land mittlerweile auf Platz 144 abgerutscht und bildet damit von allen europäischen Staaten das Schlusslicht. Russland belegte 2013 immerhin ›nur‹ den Platz 127. Den Platz 144 teilt sich die Ukraine mit dem Iran, Kamerun, Nigeria, Papua-Neuguinea und der Zentralafrikanischen Republik.

Die staatliche Infrastruktur der Ukraine kam währenddessen immer weiter auf den Hund; besonders das Verkehrsnetz spottet mittlerweile jeder Beschreibung. Verbindungsstraßen zwischen Millionenstädter sollen stellenweise nur noch mit einem Geländewagen befahrbar sein. Ausländische Unternehmen zogen sich zunehmend aus dem Land zurück; der Warenexport nach Westeuropa nahm langsam, aber stetig ab. Die bisher die Regierung stützenden Oligarchen begannen auf Distanz zu gehen und knüpften vorsichtig Kontakte zur Opposition.

Westlicherseits wurde Janukowitsch allerdings vor allem deshalb zur Unperson, weil er Auflagen des IWF zunehmend ignorierte und die Preiserhöhungen für russisches Erdgas nicht an den Endverbraucher, also die eigene Bevölkerung weiterverrechnete. Deren Heizgasverbrauch wurde weiter aus dem Staatshaushalt subventioniert.

Die Staatsschulden der Ukraine stiegen permanent an und betrugen zuletzt 40 Prozent des Bruttoinlandsproduktes, die Auslandsverschuldung gar 75 Prozent. Der Internationale Währungsfond stellte 2013 eine weitere Kreditierung der Ukraine in Frage, da das Land mehrmals die vom IWF geforderten Anpassungsprogramme nicht oder nur teilweise umgesetzt hatte. Unstrittig schien indes, dass die Ukraine einen weiteren Wirtschaftskrieg mit Russland nicht ohne massive finanzielle Unterstützung westlicher Staaten durchstehen konnte.

Als Beispiel für den zunehmenden Zerfall staatlicher Autorität sei hier genannt, dass laut eines im März 2014 veröffentlichen Berichts einer deutschen Tageszeitung die gesamte Ausrüstung eines im Westen der Ukraine stationierten Panzerregiments spurlos verschwand. Die etwa 50 hochmodernen Gefechtsfahrzeuge seien nach Informationen eines höheren Offiziers der ukrainischen Grenztruppen zu Schrott umdeklariert und vermutlich auf Rechnung eines Oligarchen in ein arabisches Land verkauft worden.

Am 21. November 2013 stoppte Präsident Janukowitsch die Vorbereitungen für den Abschluss eines Assoziierungsabkommens mit der EU. Dem vorausgegangen war eine wochenlange Handelsblockade von Seiten Russlands, das die Unterzeichnung des Abkommens verhindern wollte und der Ukraine stattdessen den Beitritt zur bereits bestehenden Zollunion zwischen Russland, Belarus und Kasachstan nahelegte. Beide mögliche Vereinbarungen schlossen einander aus – die ukrainische Regierung musste sich für eine der beiden Optionen entscheiden.

Assoziierungsabkommen mit der EU haben offiziell das Ziel, in den betreffenden Staaten Demokratie, Rechtsstaatlichkeit und Marktwirtschaft zu befördern. Tatsächlich geht es allerdings eher darum, die Nachbarländer nachhaltig in die EU-Wirtschaftszone zu integrieren und in diesem Zusammenhang neoliberale Strukturreformen zu forcieren.

Diesbezügliche Verhandlungen zwischen EU und Ukraine liefen schon seit 2005; der Vertragsentwurf lag seit 2012 unterschriftsreif vor. Im von westlicher Seite formulierten Entwurf ging es im Wesentlichen darum, die Ukraine im Verlauf einer zehnjährigen Übergangszeit in eine EU-kompatible Freihandelszone umzuwandeln. Die Ukraine sollte sich verpflichten, innerhalb dieser Zeit ihre noch aus sowjetischer Zeit stammenden Produktstandards und Zertifizierungsmethoden an das westeuropäische System anzupassen. Ziel dieser Vereinheitlichung war, den Handel zwischen der Ukraine und den EU-Staaten zu fördern. Erwünschter Nebeneffekt wäre allerdings eine zunehmende Verdrängung ukrainischer Waren vom eigenen Binnenmarkt gewesen. Und auch der bisher relativ problemlose Handel zwischen der Ukraine und anderen ehemals sowjetischen Staaten wäre massiv erschwert worden. Die Ukraine exportiert in den Westen hauptsächlich Rohstoffe, nach Russland dagegen überwiegend Maschinen und Produkte der Lebensmittelindustrie.

Langfristig wäre das Ergebnis der geforderten Unterschriftsleistung also mit hoher Wahrscheinlichkeit eine drastische Reduzierung der Wirtschaftsbeziehungen mit Russland gewesen, der Zusammenbruch von weiteren Teilen der ukrainischen Industrie und die Umstrukturierung der Wirtschaft auf den Schwerpunkt der Lieferung von Agrarprodukten nach Westeuropa.

Allerdings war die Ukraine schlicht nicht mehr in der Lage, die finanziellen Voraussetzungen für die Umsetzung des von der EU gewünschten Abkommens zu tragen. Das Land stand kurz vor einem Staatsbankrott; die von der EU bereitgestellten Kredite reichten nicht aus, um diesen abzuwenden. Mögliche IWF-Kredite waren an die Forderung nach wirtschaftlichen ›Reformen‹ gebunden, die für Janukowitsch unweigerlich das politische Ende gebracht hätten. Allein die Umstellung der Produktionsstandards hätte das Land in den nächsten zehn Jahren 165 Milliarden Euro – also jährlich etwa 16,5 Milliarden Euro – gekostet. Dieses Geld war im ukrainischen Staatshaushalt schlicht nicht vorhanden und die EU hatte es abgelehnt, sich maßgeblich an der Finanzierung des Abkommens zu beteiligen. Versuche der ukrainischen Regierung zur Nachverhandlung der Vertragsbedingungen scheiterten an der starren Haltung der EU-Bürokraten.

Die pro-westliche Opposition reagierte umgehend auf die Nichtunterzeichnung des Abkommens und warf dem Präsidenten »Verrat an den nationalen Interessen der Ukraine« vor. Noch am selben Tag begann die Kette der unter der Bezeichnung *Euro-Maidan* bekannten Proteste.

Von den geschilderten wirtschaftspolitischen Hintergründen war bei den Protesten freilich nicht die Rede. Nach dem Sturz von Janukowitsch beeilte sich die neu gebildete und durch keine Wahlen legitimierte Übergangsregierung, vollendete Tatsachen zu schaffen und den politischen Teil des Vertragsentwurfes zu unterschreiben. Eine Unterzeichnung des wirtschaftlichen Teiles wurde von ihr allerdings vorläufig ausgesetzt, da sie zur Umsetzung der Vertragsbedingungen natürlich ebensowenig in der Lage war wie die gestürzte Vorgängerregierung. Die fehlende Unterschrift wurde vom neugewählten Staatschef Poroschenko dann erst im Juni 2014 geleistet, also auf dem Höhepunkt des Bürgerkrieges.

Die Ukraine war zum Zeitpunkt des Umsturzes offiziell mit 75 Milliarden US-Dollar verschuldet; davon sollten 59 Milliarden noch im Jahr 2014 fällig werden. Die Übergangsregierung bezifferte ihren kurzfristigen Finanzbedarf mit 35 Milliarden US-Dollar, sonst würde das Land zahlungsunfähig. Daraufhin wurden der finanziell ausgebluteten Ukraine von verschiedenen Seiten wieder Kredite gewährt. Die Rechnung folgte allerdings auf dem Fuße: ab 1. Mai 2014 Streichung der

Subventionen und Erhöhung der Gaspreise für die Bevölkerung um 50 Prozent sowie Entlassung von etwa zehn Prozent der Staatsangestellten. Die Umsetzung weiterer IWF-Auflagen – sie beinhalten unter anderem eine weitere Anhebung des Gaspreises sowie massive Steuererhöhungen – ist bereits angekündigt. Kürzungen der Mittel von Polizei und Staatsanwaltschaft dürften dann auch noch zu einem weiteren Anstieg der ohnehin schon allgegenwärtigen Korruption führen. Ob die Ukraine je in der Lage sein wird, die gewährten Kredite zu bedienen oder gar zurückzuzahlen, ist angesichts des inzwischen losgebrochenen Bürgerkrieges eher unwahrscheinlich.

Zankapfel Krim

Das Regionalparlament der Krim hatte schon einmal, im Jahre 1992, seine Unabhängigkeit erklärt. Das bereits geplante Referendum wurde damals jedoch wieder abgesetzt, nachdem die Kiewer Regierung der Halbinsel den Status einer mehrsprachigen Autonomen Region zugesichert hatte. Die auf der Krim stationierte ehemals sowjetische Schwarzmeerflotte wurde in einem 1997 geschlossenen Vertrag zwischen Russland und der Ukraine aufgeteilt. Der Kriegshafen Sewastopol blieb ukrainisch, wurde aber auf Dauer an Russland verpachtet. Russland gewährte der Ukraine im Gegenzug einen Preisnachlass für Erdgaslieferungen.

Mit Zunahme der Wirtschaftskonflikte zwischen der Ukraine und Russland wurde der Kompromiss um die Krim von ukrainischer Seite immer mehr in Frage gestellt. Hier nur einige kurze Beispiele:

Im Jahre 2006 brüskierte die damalige ukrainische Regierung die mehrheitlich russischsprachige Krimbevölkerung durch ein NATO-Manöver, in dessen Verlauf US-Marinetruppen auf der Krim landeten. Die Stadt Fedossija wurde am 29. Mai 2006 und den folgenden Tagen Schauplatz massiver Proteste der Bevölkerung; das Regionalparlament der Krim erklärte damals die Halbinsel zur »NATO-freien Zone«.

Am 11. Februar 2013 kam es im ukrainischen Parlament zu einer Schlägerei zwischen Abgeordneten der Regierungskoalition und der Opposition. Anlass war die Ratifizierung eines Abkommens zwischen ukrainischer und russischer Regierung über gemeinsame Katastrophenschutzmaßnahmen auf dem Territorium des russischen Flottenstützpunktes auf der Krim.

Die ukrainisch-nationalistische Welle während der *Euro-Maidan*-Proteste, die unter anderem zur Flucht tausender russischsprachiger Ukrainer über die östliche Landesgrenze führte, ließ im Gegenzug die sezessionistische Bewegung auf der Krim erstarken. Als die frisch aus der Haft entlassene Politikerin Julia Timoschenko dann auch noch am 4. März 2014 erklärte, sie strebe einen Ausstieg aus dem Stationierungsabkommen der russischen Flotte auf der Krim an, wirkte dies wohl als Initialzündung. Die Abgeordneten des Regionalparlaments der Krim erklärten mit übergroßer Mehrheit ihre Unabhängigkeit von der Ukraine und proklamierten wenig später den Anschluss an Russland. Ein bereits geplantes Referendum der Bevölkerung wurde vorgezogen, um der Sezession die nötige Legitimität zu verschaffen.

Das Referendum ist zwar bis heute international nicht anerkannt und die offiziell veröffentlichen Zahlen zum Abstimmungsverhältnis werden gelegentlich in Frage gestellt. Internationale Beobachter sind sich jedoch darin einig, dass nicht nur fast die gesamte russischsprachige Bevölkerungsmehrheit, sondern auch ein Teil der auf der Krim ansässigen Ukrainer und der Krimtataren für die Sezession und den Anschluss an Russland stimmten. Die Gründe dafür sind simpel: Die Region Krim war von der Kiewer Regierung gründlich vernachlässigt worden und man erhofft sich vom Anschluss an das Nachbarland einen wirtschaftlichen Aufschwung. Zudem sind die in Russland gezahlten Renten durchschnittlich doppelt so hoch wie bisher auf der Krim, das Lohnniveau beträgt gar das Dreifache.

Einen nennenswerten Widerstand gegen die russische Annexion gab es nicht. Das auf der Krim stationierte ukrainische Militär streckte entweder sofort die Waffen oder aber leistete ausschließlich passiven Widerstand. Ein nicht unbeträchtlicher Teil der ukrainischen Soldaten wechselte in die russischen Streitkräfte. Russland konnte sich bei dieser Gelegenheit den größten Teil der ukrainischen Kriegsflotte fast kampflos aneignen.

Die Kommentare der meisten westlichen Politiker zum Anschluss der Krim an Russland gehen völlig fehl – der deutsche Finanzminister Wolfgang Schäuble verglich den Vorgang gar mit der Besetzung des Sudetengebietes durch Hitler. Was man von der Annexion der Krim auch halten mag: Putin ist eben kein durchgeknallter Großmachtchauvinist, sondern denkt in volkswirtschaftlichen Kategorien. Ihm ging es wohl in erster Linie um Russlands Zugang zum Schwarzen Meer und den diesen Zugang sichernden Flottenstützpunkt.

Die durch die Ukraine in Richtung Westeuropa führenden Pipelines sind durch den Umsturz und den sich anbahnenden Zerfall der Ukraine extrem gefährdet. Die russische Regierung und der von ihr kontrollierte GAZPROM-Konzern haben schon seit längerer Zeit auf den Bau alternativer Trassen orientiert. Bekannt ist die unter maßgeblicher Mitwirkung von Ex-Bundeskanzler Schröder verlegte Ostseepipeline *North Stream*. Die Pipeline *Blue Stream* quert das Schwarze Meer in Richtung Türkei. Eine geplante Weiterführung in Richtung Syrien und Libanon wurde durch den syrischen Bürgerkrieges zwar ausgebremst. Derzeit laufen aber Verhandlungen, einen neuen Strang durch das Schwarze Meer in Richtung Griechenland und Italien zu verlegen.

Die Besetzung der Krim und die Eroberung der ukrainischen Kriegsflotte dürften mit hoher Wahrscheinlichkeit dem Flankenschutz geplanter Erdgastrassen dienen. Zudem werden vor der Küste der Krim umfängliche Erdgaslagerstätten vermutet, die sich Russland bei dieser Gelegenheit ebenfalls sicherte.

Der Konflikt zwischen der Ukraine und Russland wurde durch die Annexion der Krim natürlich kräftig angeheizt. Die Ukraine verlangte von Russland eine Rückerstattung des von der Krim-Regierung beschlagnahmten ukrainischen Staatseigentums und erhöhte die Transitgebühren für russisches Erdgas um zehn Prozent. Dem stehen allerdings Forderungen Russlands in Höhe von 16 Milliarden US-Dollar entgegen – wegen nicht bezahlter Gasrechnungen, fälliger Kredite sowie gewährter Nachlässe auf ältere Gasrechnungen, bei denen die daran geknüpften Bedingungen mittlerweile obsolet geworden sind.

Schadenfreude und eine einseitige Parteinahme zugunsten Russlands dürften allerdings wenig angebracht sein: Das Regionalparlament der Krim hatte umgehend angekündigt, das beschlagnahmte ukrainische Staatseigentum zu privatisieren. Über kurz oder lang dürfte es also in den Taschen russischer Oligarchen verschwinden.

Immerhin blieb die nunmehr russische Krim mehrsprachig; der russische, der ukrainische und der krimtatarische Bevölkerungsteil wurden offiziell für gleichberechtigt erklärt. Ob dies die nationalistische Paranoia auf Dauer ausbremsen kann, bleibt fraglich. Der erhoffte wirtschaftliche Aufschwung ist bisher ausgeblieben. Eine Anbindung der Krim an die Infrastruktur des nunmehrigen ›Mutterlandes‹ erwies sich als schwierig umsetzbar. Eine von der Rest-Ukraine sofort verhängte Wirtschaftsblockade ließ den Lebensstandard auf der umstrittenen Halbinsel erst einmal massiv einbrechen.

Große Teile der Minderheit der Krimtataren, die sich nicht zu Unrecht als ursprüngliche Bewohner der Halbinsel betrachten und unter Stalin Opfer einer kollektiv verhängten Zwangsdeportation waren, stehen dem Anschluss an Russland ausnehmend kritisch gegenüber. Radikalislamische Gruppen sollen unter unzufriedenen Krimtataren gezielt Anhänger werben.

Aufstieg der Rechtsradikalen

Die besondere Brutalität des ukrainischen Nationalismus hat eine Ursache in der Historie. Vor dem 1. Weltkrieg gab es nie eine Eigenstaatlichkeit der Ukraine. Die nach dem Zerfall des Zarenreiches im Jahre 1918 ausgerufene Republik endete sehr schnell durch den Einmarsch deutscher Truppen, die einen Satellitenstaat unter der Knute von Hetman Skoropadskyj installierten. Es folgte ein vierjähriges Bürgerkriegschaos, in dem ukrainische Nationalisten sich hauptsächlich durch blutige Pogrome gegen den jüdischen Bevölkerungsteil auszeichneten. Der Bürgerkrieg in der Zentral- und Ost-Ukraine endete 1922 mit einem Sieg der – zeitweise mit den Bauernmilizen des ukrainischen Anarchisten Nestor Machno verbündeten – Roten Armee, die die Truppen der Nationalisten zerschlug, die Reste der weißen Armeen ins Meer warf und schließlich auch mit ihren anarchistischen Verbündeten Schluss machte.

In der West-Ukraine wurde 1918 ebenfalls eine Republik ausgerufen, diese aber schon 1919 von polnischen Truppen zerschlagen. Die folgende nationale Unterdrückung der ukrainischen Minderheit in Polen beförderte die Entstehung der *Organisation Ukrainischer Nationalisten* (OUN), die einen bewaffneten Untergrundkrieg gegen den polnischen Staat führte.

Während des 2. Weltkrieges stellten sich die ukrainischen Nationalisten – trotz gelegentlicher Konflikte – mehrheitlich an die Seite der faschistischen Mächte und versuchten mittels ethnischer Säuberungen und Massenmorde an der polnischen und jüdischen Bevölkerung ihre Idee von einer ethnisch reinen Westukraine zu verwirklichen. Ukrainische Einheiten beteiligten sich unter anderem an dem Massenmord von Babyn Jar von 1941, dem etwa 33.000 jüdische Sowjetbürger zum Opfer fielen. Nachgewiesen ist außerdem ihre Beteiligung an den antisemitischen Gemetzeln in der westukrainischen Stadt Lemberg (Lwiw). Ukrainische Nationalisten stellten die Mannschaft für die SS-Division *Galizien*, zwei der deutschen Abwehr unterstellte Bataillone sowie zahlreiche Polizeieinheiten, die von den Besatzern hauptsächlich zur Partisanenbekämpfung eingesetzt wurden. Aus ehemaligen sowjetischen Kriegsgefangenen ukrainischer und baltischer Nationalität rekrutierte die SS-Führung Wachmannschaften für Vernichtungslager: Treblinka, Auschwitz, Sobibor, Maly Trostinez... Ukrainische SS-Leute waren unter anderem an der Vernichtung des Warschauer Ghettos beteiligt. Die Liste damaliger Gräueltaten der im deutschen Sold stehenden ukrainischen Nationalisten lässt sich beliebig fortsetzen.

Nach dem Ende des 2. Weltkrieges führte die *Ukrainische Aufständische Armee* (UPA) als militärischer Arm der OUN mit Unterstützung westlicher Geheimdienste noch einen jahrelangen Guerillakrieg gegen polnische und sowjetische Truppen. Ihre Reste flüchteten Anfang der 1950er Jahre nach Westeuropa, wo sie als vorgebliche Befreiungskämpfer mit offenen Armen aufgenommen wurden.

Nach dem Zerfall der Sowjetunion und der Unabhängigkeit der Ukraine kam es besonders im Westen des Landes zu einer Renaissance nationalistischen und antisemitischen Gedankenguts. Die *Organisation Ukrainischer Nationalisten* wurde völlig unkritisch zu einer ›Befreiungsbewegung‹ hochstilisiert.

Der Zusammenbruch von Teilen der Industrie sowie die Zerschlagung der noch aus sowjetischer Zeit überkommenen landwirtschaftlichen Kooperativen brachte besonders auf dem Lande flächendeckende Armut hervor. Aus der in einer Atmosphäre von Trost- und Hoffnungslosigkeit aufwachsenden Generation konnten Nationalisten und Rechtsradikale zunehmend Nachwuchs rekrutieren.

1991 gründete sich die *Sozial-Nationale Partei der Ukraine*, die sich 2004 wohl aus taktischen Gründen in *Allukrainische Vereinigung ›Swoboda‹* (Freiheit) umbenannte. *Swoboda* sieht sich in der Tradition der einstigen OUN und gilt als Sammelbecken ultranationalistischer, faschistischer, fremdenfeindlicher und antisemitischer Kräfte.

Bei den ukrainischen Präsidentschaftswahlen des Jahres 2010 erreichte ihr Parteivorsitzender Oleh Tjahnybok zwar nur 1,43 Prozent der Wählerstimmen. Bei den Parlamentswahlen von 2012 waren es dann aber schon 10,4 Prozent der Stimmen, hauptsächlich im Westen der Ukraine. Im Dezember 2012 kam es zu einem Treffen einer *Swoboda*-Delegation mit der Fraktion der NPD im sächsischen Landtag.

Am 14. Oktober 2013 demonstrierten in Kiew 25.000 Rechtsradikale und Nationalisten auf einem Marsch »*zu Ehren der UPA*«. Die ungewöhnlich hohe Teilnehmerzahl dürfte die Initialzündung für ein Bündnis zwischen bürgerlicher und rechtsradikaler Opposition gewesen sein.

Zu Beginn der *Euro-Maidan*-Proteste im November 2013 bildete *Swoboda* gemeinsam mit Vitali Klitschkos *Ukrainischer demokratischer Allianz für Reformen* (UDAR) und Julia Timoschenkos *Allukrainischer Vereinigung Vaterland* ein Dreierbündnis mit dem Ziel des Sturzes von Präsident Janukowitsch. Die ursprünglich friedlichen Demonstrationen wurden immer mehr von bewaffneten Rechtsextremen dominiert und nahmen schließlich im Februar 2014 den Charakter bürgerkriegsähnlicher Auseinandersetzungen an, die zahlreiche Opfer forderten.

Während der blutigen Straßenschlachten mit regierungstreuen Polizeieinheiten vereinigten sich verschiedene paramilitärische Gruppen zum *Rechten Sektor* (*Prawyj Sektor*). Dieser positionierte sich noch radikaler als *Swoboda* und soll über mehrere tausend bewaffnete Kämpfer verfügen. Die neugegründete rechtsextreme Partei steht für militante Fremdenfeindlichkeit; zu ihren Zielen zählen eine ethnische Säuberung des Landes von allen Nicht-Ukrainern, ein radikaler Einwanderungsstopp sowie der Abbruch sämtlicher Wirtschaftsbeziehungen zur EU und zu Russland.

Der erneute Umsturz in der Ukraine erfolgte allerdings nicht in Form einer Machtergreifung der bewaffneten Faschistenverbände. Nachdem der deutsche Außenminister Steinmeier versucht hatte, zwischen den kämpfenden Parteien zu vermitteln und die Auseinandersetzungen bis zu den ohnehin fälligen Neuwahlen auszubremsen, kam es zu einer Art Palastrevolte. Mehrere bisher die Regierung unterstützende Oligarchen wechselten auf die Seite der Opposition, was faktisch die Spaltung der die Regierung dominierenden *Partei der Regionen* zur Folge hatte. Die abtrünnigen Abgeordneten stimmten dann gemeinsam mit der Opposition einer Amtsenthebung des gewählten Präsidenten Janukowitsch zu.

Bei der Bildung einer Übergangsregierung am 26. Februar 2014 erhielt *Swoboda* vier Ministerposten (darunter den des Verteidigungsministers) und außerdem den Posten des Generalstaatsanwaltes. Die Übergangsregierung wurde ansonsten von der Anhängerschaft Julia Timoschenkos dominiert – Vitali Klitschkos UDAR erhielt lediglich den Posten des Geheimdienstchefs. Der Anführer des *Rechten Sektors* wurde immerhin stellvertretender Sekretär des *Nationalen Sicherheits- und Verteidigungsrates.*

Die bewaffneten Milizen des *Rechten Sektors* kontrollierten nach dem Umsturz große Teile der ukrainischen Hauptstadt; es kam zu Plünderungen, Schutzgelderpressung und zu Gewalttaten gegen politische Gegner. Im Westen und in den Zentralregionen des Landes wurden noch aus sowjetischer Zeit stammende Denkmäler fast ausnahmslos geschleift, Holocaust-Gedenkstätten und jüdische Friedhöfe mit Hakenkreuzen und faschistischen Parolen geschändet. Funktionäre der Kommunistischen Partei und andere bekennende Linke wurden Opfer von Gewalttaten und Mordanschlägen, Büros der Kommunistischen Partei und anderer linker Gruppen gestürmt und verwüstet. Am 14. März feuerten in der ostukrainischen Stadt Charkow Mitglieder des *Rechten Sektors* auf pro-russische Demonstranten und die Polizei, es gab mehrere Tote. Nach Abspaltung der Krim kündigte der Anführer des *Rechten Sektors* Anschläge auf russische Erdöl- und Erdgaspipelines an, wenn auch nur ein russischer Soldat ukrainischen Boden beträte.

Verschiedene Regierungen Westeuropas forderten als Bedingung für die Gewährung von Krediten die Entwaffnung der paramilitärischen Banden. Es gab dann einige halbherzige Versuche, den faschistischen Ungeist wieder zurück in die Flasche zu zwingen. Am 25. März besetzten ukrainische Polizeieinheiten das Kiewer Hauptquartier der von rechtsradikalen Gruppen dominierten Nationalgarde. Im Westen der Ukraine wurde ein führendes Mitglied des *Rechten Sektors* von Polizisten festgenommen und dabei erschossen; als Folge umstellten etwa 2.000 Rechtsradikale vorübergehend das ukrainische Parlament und forderten die Entlassung des Innenministers. Nach einer vom *Rechten Sektor* zu verantwortenden Schießerei im Zentrum

Kiews ordnete Übergangspräsident Alexander Turtschinow am 1. April 2014 offiziell die Entwaffnung aller paramilitärischen Gruppen an und ließ das Kiewer Hauptquartier des *Rechten Sektors* von Polizeieinheiten räumen. Diese Entwaffnung konnte allerdings nicht durchgesetzt werden. Was voraussehbar war: Die regulären Armee- und Polizeieinheiten befanden sich nach dem Umsturz in Auflösung. Ein Teil der rechtsradikalen Banden ließ sich schließlich in die neugebildete Nationalgarde integrieren und konnten den Kampf gegen politische Gegner und unerwünschte Volksgruppen auf diesem Wege ganz legal im staatlichen Solde weiter betreiben. Natürlich waren und sind die rechtsradikalen Banden nicht an einer Stabilisierung des Landes, dafür viel eher an einer Rückeroberung der Krim sowie an einer ethnischen Säuberung der Ost-Ukraine vom russischen Bevölkerungsteil interessiert.

Im Verlauf des Umsturzes und auch noch danach wurden im Westen der Ukraine mehrere Arsenale des Militärs geplündert; die in diesem Zusammenhang verschwundenen Waffen befinden sich mutmaßlich in den Händen der Formationen des ›Rechten Sektors‹ und/oder krimineller Banden.

Die faktische Machtübernahme durch faschistoide Milizen in den meisten Städten der West- und Zentralukraine wurde von einer Welle von Verfolgungen der Anhängerschaft des gestürzten Präsidenten Janukowitsch, von Kommunisten und anderen organisierten Linken flankiert, die man pauschal mit dem längst untergegangenen Sowjetsystem in einen Topf warf. Es gab eine ganze Reihe von Morden und Mordanschlägen. Am bekanntesten ist das Massaker in der Hafenstadt Odessa, wo am 2. Mai 2014 eine Horde eigens herangekarrter Rechtsradikaler unter Duldung der örtlichen Polizei ein Camp unbewaffneter Demonstranten angriff und verwüstete. Nachdem ein Teil der Angegriffenen sich in das benachbarte Gewerkschaftshaus geflüchtete hatte, wurde dieses von den Rechten belagert und in Brand gesetzt. Aus den Fenstern des in Flammen stehenden Hauses flüchtende Demonstranten oder auch gänzlich unbeteiligte Gewerkschaftsangestellte wurden zusammengeschlagen, zum Teil totgetrampelt. Andere Überlebende wurden von der Polizei festgenommen, in den nächsten Tagen allerdings auf Druck der Bevölkerung wieder aus dem Gewahrsam entlassen. Nach offiziellen Angaben kamen bei dem Mas-

saker 46 Menschen ums Leben; die tatsächliche Zahl dürfte höher liegen. Der Bürgermeister von Odessa begrüßte das Vorgehen der
Rechtsradikalen und sanktionierte den Sturm auf das Gewerkschaftshaus. Die Kiewer Übergangsregierung erklärte die Geschehnisse als
Folge einer Provokation des russischen Geheimdienstes. Die russischsprachige Bevölkerungsminderheit stand unter Schock; die Chance auf
eine friedliche Konfliktlösung war damit endgültig vertan.

Zahlreiche der an Leib und Leben Bedrohten flohen in der Folge in
die mehrheitlich russischsprachigen östlichen Grenzregionen, wo der
ukrainische Nationalismus über keine nennenswerte Basis verfügte.
Mit faktischer Außerkraftsetzung der Rechtsstaatlichkeit in weiten Teilen der Ukraine verlagerten auch die Reste der ukrainischen Linken
ihre Aktivitäten in den östlichen Landesteil.

Den Terror gegen politische Gegner setzten die rechten Milizen auch
während des Bürgerkrieges ungebrochen fort; beispielsweise überfie-
len Anhänger des ›Rechten Sektors‹ am 26. Juni 2014 einen in Kiew
tagenden Gewerkschaftskongress.

›Volksrepubliken‹ Donezk und Lugansk

Die nach dem Umsturz von Februar 2014 hochgeschwappte Welle
von ukrainischem Nationalismus rief eine gleichfalls nationalistische,
mit Sowjetnostalgie gepaarte Welle bei der russischsprachigen Bevölkerungsminderheit hervor. Zumal diese es mehrheitlich nicht ein-
sieht, wieso sie erneute neoliberale Plünderungsorgien über sich er-
gehen lassen soll, während es im benachbarten Russland seit Jahren
langsam aber stetig wieder bergauf geht. Öl ins Feuer gossen Politiker der Übergangsregierung durch Verabschiedung diskriminierender
Gesetze; so sollte in dem faktisch zweisprachigen Land die Verwen-
dung der russischen Sprache bei Amtsgeschäften künftig untersagt
sein. Dies musste unter dem Druck der Öffentlichkeit allerdings wieder zurückgenommen werden.

In den östlichen Industriemetropolen Donezk, Lugansk und
Dnepropetrowsk sowie umliegenden Städten kam es zu einer Welle
von Demonstrationen und Besetzungen öffentlicher Gebäude. Maß-
geblich befördert wurden die Aufstände durch die Abspaltung der
Krim und die in diesem Zusammenhang offen zutage getretene
Schwäche der ukrainischen Staatsmacht. Während es in Dneprope-

trowsk dem von der Übergangsregierung als Gouverneur eingesetzten Oligarch und Milliardär Igor Kolomojskyj durch eine gelungene Kombination von Gewalt und Bestechung binnen kurzer Zeit gelang, die Proteste wieder abzuwürgen, konnten die Aufständischen in den östlichen Nachbarbezirken Donezk und Lugansk ihre Macht stabilisieren und organisierten am 11. Mai 2014 eine Volksbefragung über eine Abspaltung der beiden Regionen von der Ukraine. Nach Angaben der Organisatoren sprach sich bei einer hohen Wahlbeteiligung eine überwältigende Mehrheit der Bevölkerung beider Regionen für eine Unabhängigkeit aus. Die Sezession war damit faktisch vollzogen.

Die Abstimmung fand jedoch ohne Anwesenheit internationaler Beobachter statt und wurde überschattet von gewaltsamen Auseinandersetzungen zwischen ukrainischen und russischen Nationalisten. Die einseitigen Unabhängigkeitserklärungen wurden demzufolge nicht einmal von Russland anerkannt. Ein gleichfalls einseitig proklamierter Anschluss an das Nachbarland wurde von Seiten Russlands bisher ebenfalls nicht umgesetzt. Die russische Regierung sprach sich stattdessen stets für eine »Regionalisierung« der Ukraine aus, also faktisch für eine Teilung des Landes in eine russische und eine EU-Interessensphäre. Dieser Vorschlag wurde bislang weder von der Kiewer Regierung noch von den westlichen Staaten akzeptiert.

Aus dem Territorium der beiden ›Volksrepubliken‹ Donezk und Lugansk liegen nur wenige zuverlässige Informationen vor. Ideologisch bildet ihre politische Führung wohl ein krudes Gemisch aus Sowjet-Nostalgikern, russischen Nationalisten und pragmatisch agierenden Wirtschaftsfunktionären. In der Verfassung der ›Volksrepublik Donezk‹ ist beispielsweise neben einem Fortbestehen sozialstaatlicher Regularien auch die Zugehörigkeit zur russisch-orthodoxen Kirche festgeschrieben.

Über ihre ökonomische Basis liegen ebenfalls keine zuverlässigen Angaben vor. Vermutlich finanzieren sich diese instabilen politischen Gebilde zu nicht unbeträchtlichen Teilen aus Spendengeldern russisch-nationalistischer Organisationen. Es gibt auch Verlautbarungen, gemäß denen im aufständischen Territorium zeitweise chaotische Zustände herrschten. Es kam massiv zu Plünderungen, zu Entführungen, Schutzgelderpressung und Mord. Bewaffnete Gruppen räumten Banken aus, die sich im Besitz regierungsnaher Oligarchen befanden.

Da staatliche Institutionen nicht mehr vorhanden waren und die Aufständischen es unter dem militärischen Druck der Gegenseite nicht vermochten, funktionierende Strukturen aufzubauen, wurde die Macht in verschiedenen Städten zeitweise von privaten Werkschutzeinheiten im Auftrag ihrer jeweiligen Firmenleitung ausgeübt. Versuche der Aufständischen, sich mit in der Ost-Ukraine wirtschaftlich aktiven Oligarchen zu verständigen und von diesen Steuern einzutreiben, schlugen fehl. Unter dem Druck westlicher Sanktionen könne er dann seine Produkte nicht mehr auf dem Weltmarkt absetzen, ließ beispielsweise der das Donezbecken dominierende Oligarch Rinat Achmetow durch einen seiner Vertrauten ausrichten. Die Aufständischen konterten mit einer Ankündigung, Achmetows Betriebe zu ›nationalisieren‹. Zumindest eine seiner Firmen wurde dann auch tatsächlich militärisch besetzt.

Die die beiden ›Volksrepubliken‹ militärisch stützenden Milizen, die sich aus gestürmten Arsenalen der Ukrainischen Armee und durch Waffenschmuggel massiv aufrüsten konnten, sollten ebenfalls nicht idealisiert werden. Neben beschäftigungslosen Ex-Militärs und anderen Freiwilligen, die tatsächlich meinen, Russland gegen den Vormarsch des internationalen Faschismus verteidigen zu müssen, finden sich in ihren Reihen auch Monarchisten und andere Rechtsradikale. Auf Seiten der ›Volksmilizen‹ kämpfende Kosakeneinheiten erwarben sich schon vor Ausbruch des Bürgerkrieges traurigen Ruhm durch Pogrome gegen nicht-slawische Minderheiten. Und während auf der Gegenseite schwedische, italienische und kroatische Rechtsradikale als Söldner für den »Ruhm der Ukraine« kämpfen, so konnten die aufständischen Milizen französische Rechtsradikale als willkommene Verstärkung für sich rekrutieren.

Die Ost-Ukraine wurde so binnen kurzer Zeit zur Spielwiese militanter Faschisten aus ganz Europa; der anfängliche Verteidigungskrieg der abtrünnigen Grenzregionen gegen Kiewer Truppen und Verbände ukrainischer Nationalisten entwickelte sich zu einem nationalistisch motivierten Verteilungskampf zwischen verfeindeten Bevölkerungsgruppen.

Bürgerkrieg im Osten

Bei den Präsidentschaftswahlen der Ukraine im Mai 2014 setzte sich der als gemäßigt geltende Oligarch und Milliardär Petro Poroschenko gegen seine Mitbewerber durch. Unter dem Druck der nationalistischen Rechten reagierte die neugewählte Regierung auf die Abspaltung der beiden Grenzregionen ausschließlich repressiv. Es stellte sich allerdings schnell heraus, dass das instabile und finanziell am Rande eines Abgrundes manövrierende Regime nur noch über begrenzte Möglichkeiten verfügte, die abtrünnigen Gebiete wieder unter ihren Einfluss zu zwingen. Polizeieinheiten, die mit der Wiederherstellung der ›Ordnung‹ beauftragt waren, verweigerten anfangs mehrheitlich den Befehl oder wechselten sogar auf die Gegenseite; eilig in die Region geworfene Truppen ließen sich von protestierenden Dorfbewohnern stoppen und entwaffnen. Die militärischen Auseinandersetzungen eskalierten erst, als Einheiten der überwiegend aus westukrainischen Rechtsradikalen bestehenden Nationalgarde sowie unabhängig von ihnen agierende faschistische ›Freiwilligenverbände‹ gegen die aufständischen Gebiete vorrückten. Anführer dieser Verbände verkündeten gegenüber westlichen Journalisten ganz offen, dass ihr endgültiges Ziel die Eroberung Moskaus sei. Was unter Berücksichtigung der militärischen Stärke Russlands allerdings nur mit schwerem Größenwahn erklärbar ist.

Auf eine detaillierte Schilderung der einzelnen Etappen des mit wachsender Verbissenheit geführten Bürgerkrieges wird hier verzichtet. Das brutale Vorgehen der Nationalgarde und der sie unterstützenden Reste der regulären Armee lief jedenfalls auf eine ethnische Säuberung der Ost-Ukraine vom russischsprachigen Bevölkerungsteil hinaus. Von den Aufständischen kontrollierte Städte wurden von den belagernden Regierungstruppen gezielt von der Energie- und Trinkwasserversorgung abgeschnitten und anschließend mit schwerer Artillerie sturmreif geschossen.

Die Milizen, die das ständig schrumpfende Gebiet der beiden ›Volksrepubliken‹ gegen ukrainische Regierungstruppen und die Bataillone ukrainischer Faschistenverbände verteidigen, erhielten zunehmend Verstärkung durch über die Grenze gesickerte russische Nationalisten und beschäftigungslose Ex-Militärs. Der russischen Regierung brachte dies den Vorwurf der Unterstützung separatistischer Bestrebungen ein. Tatsächlich hat sich diese anfangs sehr in Grenzen gehalten. Einer offenen Konfrontation mit der mehrfach überlegenen russischen Armee wären die aus den Resten der regulären Streitkräfte, rechtsradikalen Milizen und internationalen Berufssöldnern zusammengewürfelten ukrainischen Regierungstruppen schwerlich gewachsen gewesen.

Opfer des Bürgerkriegs war jedenfalls vorrangig die zivile Bevölkerung des umkämpften Territoriums, die abwechselnd das Ziel von Übergriffen ukrainischer Regierungstruppen, aufständischer Milizen oder ganz gewöhnlicher Krimineller wurde. Schulen, Krankenhäuser und Wohnviertel gingen als Folge von Artilleriebeschuss und Luftangriffen in Trümmer. Ein mehrmals ausgerufener Waffenstillstand hatte keinen Bestand, da die Milizen beider Seiten zunehmend außerhalb jeder politischen Kontrolle agierten. Ein Bericht von amnesty international warf beiden kämpfenden Parteien schwere Menschenrechtsverletzungen vor.

Die Kiewer Regierung kündigte für den Fall des Sieges eine »politische Säuberung« des Gebietes von allen Anhängern der Aufständischen an. Hunderttausende Bewohner der Ost-Ukraine flohen nach Russland; in den russischen Grenzgebieten musste angesichts der Flüchtlingswelle der Notstand ausgerufen werden. Nach Eroberung der weitgehend zerstörten Stadt Slowjansk durch Regierungstruppen im Juli 2014 stellte sich heraus, dass nur sechs Prozent der Bevölkerung nicht vor ihren ›Befreiern‹ geflüchtet waren. In den von den ›Volksmilizen‹ gehaltenen Gebieten brach der Eisenbahnverkehr zusammen; nach Osten strebende Flüchtlingskolonnen wurden von der ukrainischen Luftwaffe beschossen.

Als die Versorgung mit Lebensmitteln und medizinischen Gütern nicht mehr funktionierte und in dem umkämpften Territorium ein akuter Notstand ausbrach, wurde ein mit Hilfsgütern beladener russischer Konvoi von ukrainischen Behörden an der Grenze tagelang blockiert, bis die russischen Fahrzeuge schließlich auch ohne vorherige Genehmigung auf ukrainisches Gebiet fuhren und sich dort ihrer Ladung entledigten. Von ukrainischer und westlicher Seite wurde dies als Aggressionsakt definiert.

›Die Russen kommen‹

Die Versuche einer Krisenbewältigung von Seiten der Kiewer Regierung hatten sich in zunehmenden Hilfeschreien in Richtung Westeuropa erschöpft. Dass der Westen überhaupt nicht willens war und ist, auch nur einen Cent in die zusammenbrechenden Reste des osteuropäischen Staates zu stecken, kam in den Köpfen ukrainischer Oligarchen offensichtlich nie an. Von Seiten der ukrainischen Regierung wurde jedenfalls mit ermüdender Regelmäßigkeit eine militärische Einmischung Russlands in den ost-ukrainischen Bürgerkrieg behauptet und ein Einmarsch von NATO-Truppen gefordert. Mehrere von diversen Geheimdiensten und Medienagenturen beigebrachte Beweise eines Einmarsches regulärer russischer Truppen entpuppten sich jedenfalls schnell als primitive Fälschungen. Auf wessen Konto der über ost-ukrainischem Gebiet erfolgte Abschuss des malaysischen Passagierflugzeuges MH 17 geht, ist bis heute ungeklärt.

Der Bürgerkrieg im Nachbarland berührte spätestens im August 2014 unmittelbar russische Interessen. Zwar befindet sich glücklicherweise keiner der 17 ukrainischen Atomreaktoren (nicht mitgerechnet die vier stillgelegten Tschernobyl-Ruinen) in den umkämpften Gebieten. Die Betriebsleitung des größten ukrainischen Chemiewerkes ›Styrol‹ schickte damals aber einen verzweifelten Hilferuf an die Kiewer Militärführung, die Beschießung des Betriebsgeländes sofort einzustellen – bei einer Explosion ihrer Lagerbestände drohe eine länderübergreifende Umweltkatastrophe. Im Verlaufe grenznaher Gefechte beschoss die Artillerie ukrainischer Regierungstruppen dann auch noch russisches Gebiet.

Diese Vorfälle veranlassten wahrscheinlich die russische Regierung, ihre Unterstützung der beiden ›Volksrepubliken‹ zu intensivieren. Als Folge schlug das militärische Kräfteverhältnis binnen ganz kurzer Zeit um. Die Kiewer Truppen erlitten eine Reihe schwerer Niederlagen – mehrere Bataillone der Nationalgarde wurden eingekreist und vernichtet. In der zum großen Teil aus Wehrpflichtigen bestehenden regulären Armee mehrten sich die Auflösungserscheinungen. Ganze Einheiten desertierten geschlossen von der Front oder flüchteten auf russisches Gebiet und baten dort um politisches Asyl. Zurückgehende Truppenteile wurden nicht selten von rechtsradikalen Freiwilligenverbänden beschossen und zur Umkehr gezwungen.

Die russlandfeindliche Rhetorik der ukrainischen Regierung nahm teilweise paranoide Züge an. So wurde gegen zahlreiche ›regierungsnahe‹ russische Künstler ein Einreiseverbot verhängt. Das Konzert einer ukrainischen Pop-Sängerin, die zuvor in Russland gastiert hatte, wurde von einem rechten Mob attackiert. Polizisten, die die Künstlerin beschützten, wurden in der Folge aus dem Dienst entlassen.

Noch irrationaler war freilich eine Rede des Bankers und jetzigen ukrainischen Ministerpräsidenten Jazenjuk: Als die militärische Niederlage bereits unübersehbar war, ein Belagerungsring russischer Milizen sich um die von Resten der Regierungstruppen gehaltene Stadt Mariupol zu schließen drohte, kündigte dieser an, die Ukraine werde sich mittels dem Bau einer »Mauer« vom östlichen Nachbarland abschotten. Eine Meldung, die bei westlichen Nachrichtenredaktionen zwar zunächst Kopfschütteln auslöste, dann aber doch begierig weiterverbreitet wurde. Die unbestreitbaren Tatsachen, dass die betreffenden Grenzregionen sich gar nicht mehr unter Kontrolle der Regierung befinden und dass der faktisch bankrotte Staat außerdem die finanziellen Mittel für die Errichtung einer über 2.000 Kilometer langen Grenzbefestigung nie und nimmer aus eigener Kraft aufbringen kann, wurden nicht erwähnt. Und erst recht nicht, dass eine wirtschaftliche Abschottung nach Russland für die schon jetzt weitgehend zerstörten Grenzregionen nun das endgültige Ende bedeuten würde.

Als die Kiewer Regierung dann doch begriff, dass mit einem Eingreifen westlicher Truppen vorläufig nicht zu rechnen sei, entschloss sie sich angesichts des Vormarsches gegnerischer Milizen zum Einlenken. Mehrere rechte Hardliner mussten allerdings aus dem Kabinett entfernt werden, bevor es am 5. September zum Abschluss eines sehr instabilen Waffenstillstandes kam. Die NATO kündigte umgehend an, die ukrainische Armee neu zu strukturieren und mit modernen Waffen auszurüsten. Eine Fortführung des Konfliktes scheint damit vorprogrammiert.

Wieviel Menschenleben der Bürgerkrieg in der Ost-Ukraine bisher gekostet hat, ist unklar. Die zuletzt offiziell genannte Zahl von 2.000 Toten dürfte mit Sicherheit viel zu niedrig gegriffen sein.

Plünderung, Korruption und Staatszerfall

Der Bürgerkrieg in der Ost-Ukraine wurde auch in den nicht umkämpften Gebieten von einer Welle krimineller Gewalt begleitet. Gegenüber den rechten Milizen, die große Teile des Landes faktisch unter ihre Kontrolle gebracht hatten, war die Polizei hilflos. Es gab zahlreiche Fälle, in denen politisch missliebige Bürger es angesichts gezogener Waffen vorzogen, lieber ihr Eigentum als das Leben zu verlieren. Im Oktober 2014 gab sogar das Kiewer Innenministerium bekannt, dass seit Beginn des Euromaidan die Kriminalitätsrate in der Ukraine um 40 Prozent gestiegen sei.

Das gewöhnliche Banditentum auf der Straße fand seine Entsprechung in Chefetagen von Politik und Wirtschaft. Seit Wiedereinführung der Wehrpflicht grassiert ein schwunghafter Handel mit Freistellungsbescheinigungen. Ursprünglich für das Militär bestimmte westliche Hilfslieferungen kamen nie an der Front an, sondern landeten umgehend auf dem schwarzen Markt. Rechtsradikale ›Freiwilligenbataillone‹ drohten aus diesen und ähnlichen Anlässen schon mal, Richtung Kiew zu marschieren.

Da verschiedene Oligarchen es angesichts leerer Staatskassen zu Beginn des Bürgerkrieges übernommen hatten, Bataillone der Nationalgarde und faschistischer ›Freiwilligeneinheiten‹ auszurüsten und zu besolden, agieren diese zunehmend als deren Privatarmeen. Die Oligarchen benutzten die von ihnen bezahlten Kämpfer als willige Erfüllungsgehilfen bei kriminellen Verteilungskämpfen mit anderen Oligarchen. Unter dem Druck rechtsradikaler Milizen bei gleichzeitiger Ohnmacht der Polizei verwandelt sich die formell unabhängige Justiz zunehmend in ein willfähriges Werkzeug krimineller Enteignung: Verträge wurden kurzerhand annulliert, Eigentumsurkunden umgeschrieben. Regierungsnahe Oligarchen konnten auf diese rabiate Weise ganz ohne Risiko ihre Konkurrenten berauben. Genannt sei hier als ein Beispiel der Milliardär Igor Kolomojskyj, der als Gouverneur der Industriemetropole Dnepropetrowsk diese mittlerweile faktisch unabhängig von der Kiewer Zentrale regiert und dabei fleißig in die eigenen Taschen wirtschaftet. Rinat Achmetow, noch vor einem Jahr reichster Mensch der Ukraine, ist hingegen vermutlich nur noch ein Bruchteil seiner Vermögenswerte geblieben. Maßgeblich geschröpft wurde wohl auch der mutmaßliche Mafia-Strohmann und Milliardär Dmytro Firtasch.

Eigentlich Leidtragende ist jedoch die hoffnungslos verarmte ukrainische Bevölkerung. Die schon zuvor desaströse Wirtschaftslage hat sich als Folge des Bürgerkrieges rapide verschlechtert. Von westlicher Seite aus gewährte Kredite wanderten umgehend in den Schuldendienst und in durch den Bürgerkrieg aufgerissene Haushaltslöcher. Die Kiewer Regierung hält sich faktisch nur noch durch nackte Ausplünderung des eigenen Volkes. Als Schuldige an der grassierenden Armut werden jedoch ausschließlich die ost-ukrainischen Aufständischen und der ›Erbfeind‹ Russland ausgemacht. Lebensmittel- und

Energiepreise steigen, Löhne und Renten werden gekürzt, die Steuerlast wächst. Für den öffentlichen Dienst ist eine weitere Entlassungswelle angekündigt. Eine (geringfügige) Erhöhung des Mindestlohnes musste unter dem Druck westlicher Kreditgeber umgehend wieder rückgängig gemacht werden. Mit nennenswertem Widerstand gegen diese Politik der Plünderung ist schwerlich zu rechnen. Ukrainische Bürgerrechtler berichten, dass im Windschatten des Bürgerkrieges eine ganze Reihe repressiver Gesetzesänderungen durchgewinkt wurde. Die Polizei darf mittlerweile ohne richterlichen Beschluss Wohnungen durchsuchen und verdächtige Personen bis zu 30 Tage lang festhalten.

Ausblick

Es kann nicht Sinn dieses Beitrags sein, in den Auseinandersetzungen zwischen neoliberalen Geostrategen, westlichen Unternehmen, russischen und ukrainischen Oligarchen für irgendeine dieser Seiten Partei zu ergreifen. All diese Konfliktparteien haben letztlich nur ein Ziel: Die weitere Ausplünderung der schon jetzt bettelarmen Bevölkerung der Ukraine. Der Bürgerkrieg erweist sich zunehmend als ein Verteilungskampf zwischen Plünderern.

Teile der ukrainischen Bevölkerung hungerten schon vor dem Bürgerkrieg. Auf dem weltweit erfassten Wohlstandsindex (Human Development-Index) teilte sich die Ukraine noch vor Beginn des Bürgerkrieges den Platz 78 mit Mazedonien; von allen europäischen Staaten geht es nur Bosnien-Herzegowina (Platz 81) und Moldawien (Platz 113) noch schlechter. Russland belegt den Platz 55, liegt also noch vor den EU-Staaten Rumänien (Platz 56) und Bulgarien (Platz 57).

80 Prozent der Rentner bezogen im Jahre 2012 als einziges Einkommen die Mindestrente von umgerechnet 81 Euro im Monat, Arbeiter und Angestellte zwischen 250 und 310 Euro Lohn. Auf dem Lande lebt ein Großteil der Bevölkerung vom Schwarzmarkt und/oder von kümmerlicher Subsistenzwirtschaft. Im September 2013 gaben bei einer Umfrage des Kiewer Zentrums für Sozialforschung sechs Prozent der Ukrainer an, selbst beim Essen sparen zu müssen, nur zwei Prozent erklärten, sie könnten sich jederzeit alles kaufen. Das durchschnittliche Pro-Kopf-Einkommen der Bevölkerung liegt derzeit bei 5.900 Euro. In Russland sind es 14.000 Euro; der EU-Durchschnitt

liegt bei 25.000 Euro. Seit Beginn der Unruhen im Herbst 2013 kam es zu massiven Erhöhungen der Preise für Lebensmittel, für Medikamente, für Benzin und öffentliche Verkehrsmittel.

Das mittlerweile unterzeichnete Assoziationsabkommen zwischen der Ukraine und der EU – eigentlicher Auslöser der Ukraine-Krise – wurde jetzt für ein Jahr auf Eis gelegt. Russland rechnet wohl nicht zu Unrecht bei Inkrafttreten des Abkommens mit Milliardenverluste für die eigene Wirtschaft. Experten befürchten nun, dass in diesem Zusammenhang angekündigte russische Abwehrmaßnahmen zu einem endgültigen Kollaps der ukrainischen Wirtschaft führen würden. Die EU hatte noch vor einem Jahr diesbezüglich Verhandlungen mit Russland und der Ukraine abgelehnt. Voraussehbare Folge ist das gegenwärtige politische und wirtschaftliche Desaster.

Von den strukturellen Problemen der ukrainischen Wirtschaft wurde durch den Umsturz vom Februar 2014 keines gelöst. Die Ukraine bleibt weiter von Erdgasimporten abhängig. Ob diese – wie bisher – aus Russland und Turkmenien bezogen werden, oder von westlichen Ölkonzernen, ist dabei sekundär; am Weltmarktpreis orientieren sich alle Unternehmen. Den Wirtschaftskrieg mit Russland kann die Ukraine nur verlieren, da sie weiter für Erdgas zahlen muss, aber durch den Wegfall von Transitgebühren maßgebliche Einbußen erleidet.

Eine bereits angekündigte Streichung der Subventionen für defizitär arbeitende Kohlebergwerke dürfte die durch den Bürgerkrieg bereits stark in Mitleidenschaft geratene Steinkohleproduktion im Donezkbecken wohl endgültig zusammenbrechen lassen. Da die ukrainische Regierung außerdem weder willens noch in der Lage war, ihre Schulden bei russischen Erdgaslieferanten zu begleichen, hat Russland seine Gaslieferungen schon vor Monaten eingestellt. Westliche Energiekonzerne sprangen zwar eilig in die Bresche, bestehen angesichts der desaströsen Finanzlage ihres Geschäftspartners jedoch auf Vorkasse. Zudem sei ein Gastransport über die Slowakei in Richtung Ukraine frühestens ab 2015 technisch umsetzbar. Der ukrainischen Bevölkerung wird wohl ein sehr kalter Winter bevorstehen.

Durch westliche Kredite wurde eine drohende Zahlungsunfähigkeit der Ukraine vorerst abgewendet. Kredite haben allerdings die unangenehme Eigenschaft, mit Bedingungen verknüpft zu sein und außerdem irgendwann einmal fällig zu werden. Einziger Ausweg aus der

wirtschaftlichen und sozialen Misere wäre ein bleibender wirtschaftlicher Aufschwung. Einen solchen kann und wird es aber nicht geben.
Der Staatsbankrott der Ukraine ist somit zwar für den Moment aufgeschoben, aber keineswegs vom Tisch. Mit ihrem mittels westlicher
Kredite finanzierten Bürgerkrieg gegen die aufständische russischsprachige Minderheit im Osten des Landes haben die bereits in einer
ausweglosen Situation steckenden Kiewer Machthaber sich in eine
noch hoffnungslosere Position hineinmanövriert.

Dem Westen kann es allerdings schwerlich noch einmal gelingen,
den von ihm selbst losgetretenen faschistoiden Ungeist wieder in die
Flasche zu zwingen. Das korrupte Oligarchenregime in Kiew verliert
bei der Bevölkerung zunehmend an Akzeptanz. Es ist nachgewiesen,
dass der faschistische ›Rechte Sektor‹ insgeheim von der Front abgezweigte Waffen hortet. Seit Beginn des Bürgerkrieges kursieren in den
auf Seiten der Kiewer Machthaber kämpfenden rechten Milizen ganz
offen Parolen, nach einer Rückeroberung der Ost-Ukraine und der
Krim mit dem korrupten Oligarchenregime Schluss zu machen und
selbst die Macht zu übernehmen. Ein erneuter Staatsstreich der nationalistischen und faschistoiden Rechten in Kiew ist daher wahrscheinlich. Und diese wird sich danach kaum wieder hinter den warmen Ofen zurückziehen und auf einen wirtschaftlichen Aufschwung
warten, der nie kommt. Eine Plünderungsökonomie gerät, wenn sie
einmal losgetreten wird, unweigerlich in Selbstlauf.

Nun wäre es um die Personage des gegenwärtig in Kiew herrschenden Regimes und die hinter ihnen stehenden Oligarchen mit Sicherheit überhaupt nicht schade. Ein gelungener Putsch der Nationalgarde und anderer faschistoider Milizen hätte allerdings unweigerlich ein
Szenario zur Folge, gegenüber dem das gegenwärtige Bürgerkriegschaos in der Ost-Ukraine fast noch als gesittet und friedlich durchgehen könnte. Ethnische Säuberungen gegen die Reste der russischsprachigen Bevölkerung im Osten sowie gegen die moldawische, ungarische, belorussische und bulgarische Minderheit in den westlichen
Grenzregionen, in diesem Zusammenhang eskalierende Auseinandersetzungen mit den Nachbarstaaten, schließlich und endlich ein
Auseinanderbrechen der Ukraine in verfeindete, einander bekämpfende Regionen sind für die Zukunft nicht auszuschließen.

Es sieht für die ukrainische Bevölkerung schlecht aus. Sehr schlecht.

ZYPERN
Im Würgegriff von EU,
Finanzindustrie und nationalistischen Hardlinern

Der Süden der ehemaligen britischen Kolonie Zypern erlebte mit dem Boom der Finanzindustrie ab den 1990er Jahren ein vermeintliches ›Wirtschaftswunder‹, das mit der Subprimekrise 2007/2010 ein jähes Ende fand. Als Folge eines neokeynesianistischen Bankenrettungsprogrammes überschuldete sich die Republik Zypern völlig und musste um ein internationales Hilfsprogramm ersuchen. Dieses wurde nur unter der Bedingung einer neoliberalen Strukturanpassung gewährt; außerdem kam es zu einer massiven Enteignung von Bankeinlagen. Dass es Zypern mit seiner im Vergleich zum weitgehend zerschlagenen Finanzsektor winzigen Realwirtschaft jemals gelingt, sich der Schuldenberge zu entledigen, ist extrem unwahrscheinlich.

Ein Land – zwei Hälften

Die Inselrepublik Zypern gibt es gleich zweimal. Einen Militärputsch griechisch-zypriotischer Offiziere vom 15. Juli 1974 nutzte die benachbarte Türkei zu einer militärischen Invasion. Das Putschistenregime brach daraufhin zwar zusammen, die Besetzung des Nordens der Insel durch türkische Truppen blieb. Etwa 160.000 griechischsprachige Zyprioten wurden aus der türkisch besetzten Zone in den Süden deportiert. Umgekehrt flüchteten zehntausende türkischsprachige Zyprioten aus ihren Enklaven im Süden in den Schutz der türkischen Armee. Außerdem kam es in den Folgejahren zu einer von der türkischen Regierung geduldeten Einwanderung zahlreicher Festlandtürken in den besetzten Norden der Insel. Diese machen mittlerweile einen wesentlichen Teil der türkischsprachigen Inselbevölkerung aus. 1983 wurde die *Türkische Republik Nordzypern* ausgerufen. Die in der Hauptstadt Nikosia residierende griechisch-zypriotische Regierung beharrt bis heute auf ihrem Alleinvertretungsanspruch; der von der Türkei wirtschaftlich abhängige und finanziell gestützte Staat im Norden der Insel wurde außer vom Mutterland bisher von keinem Staat der Welt anerkannt. Eine kleine UN-Blauhelmtruppe bewacht eine Demarkationslinie, die die verfeindeten Volksgruppen trennt.

Der geschilderte Konflikt zwischen den beiden Bevölkerungsgruppen Zyperns ist ein Produkt der Neuzeit. Nach einer bewegten Vergangenheit wurde die Insel 1571 von einem türkischen Heer erobert und war dann 300 Jahre eine abgelegene Provinz des Osmanischen Reiches. Zur traditionell griechischsprachigen Bevölkerung gesellte sich in dieser Zeit eine Minderheit von Einwanderern aus Anatolien. Die Osmanen überließen die Insel ansonsten weitgehend der Selbstverwaltung durch den jeweiligen griechisch-orthodoxen Erzbischof. Es gab faktisch kaum Konflikte zwischen den Bevölkerungsgruppen; griechische und türkische Inselbewohner unterlagen gleichermaßen einer drückenden Last von Steuern und Abgaben. 1878 verpachtete das Osmanische Reich die Insel an Großbritannien; zu Beginn des 1. Weltkrieges annektierten die Briten Zypern dann auch formal.

Unter der britischen Kolonialherrschaft wurden die aus der Osmanenzeit stammenden Gesellschaftsstrukturen weitgehend beibehalten. Dagegen wandte sich eine immer stärker werdende Bewegung der griechischsprachigen Zyprioten, die einen Abzug der Briten und den Anschluss der Insel an Griechenland forderten. Die Kolonialmacht reagierte nach dem Prinzip ›Teile und herrsche‹. Der türkischsprachige Bevölkerungsteil zog das Fortbestehen der Kolonialherrschaft einem Anschluss an Griechenland vor, befürchtete wohl nicht zu Unrecht eine Neuauflage der Vertreibungen und Ethnogemetzel nach Auflösung des Osmanischen Reiches – zwischen 1918 und 1924 mussten mehrere Hunderttausend türkische Einwohner das größer gewordene Griechenland verlassen. Der antikoloniale Befreiungskampf der griechischen Zyprioten in den 1950er Jahren nahm dadurch bald Züge eines handfesten Konfliktes zwischen beiden Bevölkerungsgruppen an. Als Ergebnis einer internationalen Konferenz und des Einlenkens gemäßigter Führer der griechischen Zyprioten wurde schließlich 1960 die Republik Zypern proklamiert, wobei die Briten allerdings bis heute noch mehrere Militärstützpunkte auf dem Inselterritorium besetzt halten.

Zwischen 1963 und 1968 betrieb die zypriotische Regierung eine Politik systematischer Benachteiligung der türkischsprachigen Minderheit – die Grundlagen für das derzeit massive Wirtschaftsgefälle zwischen dem türkischsprachigen Norden und dem griechischsprachigen Süden der Insel stammen aus dieser Zeit. Griechische Rechtsradikale gingen mit Terroranschlägen gegen ihre türkischen Mitbewohner und gemäßigte griechische Politiker vor.

Staatsoberhaupt Erzbischof Makarios III. versuchte ab 1968 mehrere Jahre lang, einen Ausgleich zwischen beiden Bevölkerungsgruppen herbeizuführen. Der mit Rückendeckung des Athener Obristenregimes unternommene Militärputsch von 1974 unterbrach diese an sich vernünftige Politik. Seit dem Putsch und der Invasion des türkischen Militärs ist Zypern ein geteiltes Land.

EU-Aufnahme mit Hindernissen

Als Ende der 1990er Jahre die Frage einer Erweiterung der Europäischen Union auf der Tagesordnung stand, kam Bewegung in die festgefahrenen Positionen der Vertreter beider Volksgruppen. Ein vom damaligen griechischen Ministerpräsidenten Kostas Simitis entwickelter Plan sah vor, Zypern als Föderation beider Landesteile zusammen in die EU aufzunehmen. Gemeinsam mit der Inselrepublik Malta und acht osteuropäischen Ländern wurde am 1. Mai 2004 auch Zypern Mitglied der EU. Die geplante Föderation der beiden Landesteile Zyperns kam jedoch nicht zustande.

Zwar votierten bei der Volksabstimmung im April 2004 zwei Drittel der türkischen Zyprioten für den so genannten Annan-Plan einer Wiedervereinigung beider Inselhälften. Auch die benachbarte Türkei hatte sich seinerzeit für eine Föderation ausgesprochen, hoffte wahrscheinlich, durch die Hintertür Nordzypern einer ersehnten Aufnahme in die EU näher zu kommen. Zeitgleich stimmten allerdings drei Viertel der griechischen Zyprioten gegen den Plan, waren offensichtlich nicht bereit, die erhofften Vorteile einer EU-Mitgliedschaft mit ihren türkischen Nachbarn zu teilen.

Der Annan-Plan war damit gescheitert; die Wiedervereinigung der Insel erneut in weite Ferne gerückt. Die Mitgliedschaft Zyperns in der Europäischen Union blieb faktisch auf den griechischsprachigen Süden des Landes beschränkt, der inzwischen auch der Eurozone beigetreten ist.

Schweiz des Nahen Ostens

Während der türkischsprachige Norden der Inselrepublik bis heute eine unterentwickelte Agrarregion mit allerdings wachsender Tourismusindustrie ist und der Staatshaushalt zu einem Großteil von Transfergeldern aus Ankara bestritten wird, nahm der griechischsprachige Süden der Insel einen rasanten wirtschaftlichen Aufschwung. Dies hatte seine Ursache zunächst in einem schnellen Wachstum der Tourismusbranche (die allerdings 2001 wieder massiv einbrach). Als wesentlicher Faktor erwies sich der Bürgerkrieg von 1974 im Libanon. Die Verwüstung des Beiruter Bankenviertels durch einander bekämpfende Milizen nahmen zahlreiche Finanzinstitute der arabischen Welt zum Anlass, in das nahegelegene Nikosia umzusiedeln.

Nach 1989 eröffneten auch zahlreiche Banken und Unternehmen aus Osteuropa Filialen und Niederlassungen in Nikosia. Zyperns Hauptstadt wurde zu einer wichtigen Drehscheibe des Finanztransfers zwischen Ost- und Westeuropa. Zypriotische Unternehmen sind derzeit die wichtigsten ausländischen Investoren in die russische Wirtschaft – allein im Jahre 2011 flossen zwölf Milliarden US-Dollar von Zypern nach Russland. Umgekehrt siedelten viele reich gewordene Osteuropäer/innen nach Zypern über, brachten ihre mehr oder weniger legal erworbenen Vermögen mit und investierten diese bei Bedarf wieder in ihren Heimatländern.

Das (auf den Süden Zyperns beschränkte) so genannte Wirtschaftswunder wurde vor allem durch eine extrem unternehmerfreundliche Steuerpolitik ermöglicht. Der Unternehmenssteuersatz im Süden Zyperns war damals mit zehn Prozent der niedrigste in der gesamten Eurozone.

Die einseitige Orientierung auf den Finanzsektor rief allerdings massive Disproportionen in der zypriotischen Volkswirtschaft hervor – der Bankensektor war mit einer Bilanzsumme von zuletzt 141 Milliarden Euro etwa achtmal so groß wie der gesamte Rest der Wirtschaft. Der Süden Zyperns galt zunehmend als Bank mit angeschlossener Tourismusabteilung. Die Folgen der Finanzkrise von 2008 waren voraussehbar.

In einem 2004 vom Deutschen Industrie- und Handelskammertag (DIHK) herausgegebenen ›Investitionsratgeber‹ wurde die Wirtschaft im Süden Zyperns dennoch als »die leistungsfähigste unter den neuen

Mitgliedsstaaten« bezeichnet und ausdrücklich auf ein gut entwickeltes System der sozialen Sicherung verwiesen.

Crash mit Folgen

Die enge Verflechtung der zypriotischen Bankenindustrie mit der griechischen Wirtschaft sorgte zwangsläufig dafür, dass dieselbe Finanzkrise, die zuvor Griechenland an den Rand der Zahlungsunfähigkeit gebracht hatte, nun mit voller Wucht auf die Inselrepublik einschlug. Zypriotische Banken, die einen Großteil ihres Geldes in griechischen Staatsanleihen oder griechischen Unternehmen angelegt hatten, standen plötzlich am Rande eines Abgrunds. Unter anderem wurde der mehrheitlich im Staatsbesitz befindliche Finanzriese *Cyprus Popular Bank (Laiki-Bank)* im Jahre 2009 zahlungsunfähig und musste mit Geldern aus dem Staatshaushalt rekapitalisiert werden – Banken›rettung‹ auf zypriotisch. Aus dem Rettungsprogramm der Regierung resultierte ein massiver Anstieg der Staatsverschuldung – allein infolge der der *Cyprus Popular Bank* gezahlten 1,89 Milliarden Euro stieg die zypriotische Staatsverschuldung um 12,3 Prozent. Zur Finanzkrise gesellte sich dann auch noch eine Immobilienkrise. Als die Bauwirtschaft im Süden Zyperns krisenbedingt einbrach, verloren viele auf Kredit gekaufte Grundstücke massiv an Wert. 2011 bewahrte ein russischer Kredit in Höhe von 2,5 Milliarden Euro Zypern knapp vor der Zahlungsunfähigkeit.

Am 11. Juli 2011 erschütterte eine Explosion die Südküste Zyperns. Die zypriotische Marine hatte einen an Syrien adressierten Munitionstransport aufgebracht und die Container in einem Militärstützpunkt gelagert – unmittelbar neben dem größten Kraftwerk der Insel. Aus ungeklärten Ursachen – vermutet wird eine Selbstentzündung infolge Hitze – war das Munitionslager in die Luft geflogen, wobei zwölf Menschen starben. Das Kraftwerk, das etwa 50 Prozent des Stromverbrauchs der Inselrepublik abdeckte, wurde bei der Detonation komplett zerstört. Es folgten massive Engpässe in der Stromversorgung sowie – als Folge des Ausfalls von Meerwasserentsalzungsanlagen – eine Rationierung der Trinkwasserversorgung. Der Schaden wurde damals auf 3,5 Milliarden Euro geschätzt und bedeutete eine erhebliche Mehrbelastung der bereits angeschlagenen Wirtschaft der südlichen Inselhälfte.

Verschiedene Ratingagenturen nahmen dieses Desaster zum Anlass, Zyperns Wirtschaft massiv herabzustufen. Zypern wandte sich daraufhin an die Europäische Union mit der Bitte um Finanzhilfe aus dem *Europäischen Stabilitätsmechanismus* (ESM). Tatsächlich war dieser Offenbarungseid der überschuldeten Inselrepublik ohnehin fällig gewesen – die Katastrophe hatte die Entwicklung lediglich beschleunigt.

Ein BND-Bericht, den keiner kennt

Das Zitieren eines geheimen Berichtes des Bundesnachrichtendienstes durch große Teile der Presse ist schon ungewöhnlich.

Unter anderem im *Spiegel* Nr. 45/2012 wurde unter Berufung auf diesen Bericht behauptet, dass vor allem »*russische Oligarchen, Geschäftsleute und Mafiosi, die ihr Schwarzgeld in Zypern angelegt haben*« und somit von den geplanten EU-Krediten zur Rettung der Wirtschaft der Inselrepublik profitierten. Der Umfang dieser Schwarzgeldkonten wurde auf 26 Milliarden Euro beziffert. Die Folge dieser Enthüllung war eine mehrwöchige Medienhysterie; es wurde unterstellt, durch die Zypernrettung würden deutsche Steuergelder in die Taschen russischer Mafiosi fließen. Auch das *Handelsblatt* vom 28.01.2013 erging sich in Vermutungen, dass es sich bei den Einlagen von Nicht-EU Bürgern bei zypriotischen Banken mehrheitlich um russisches Schwarzgeld handele. Zypern sei somit ein »*Einfallstor für Geldwäscheaktivitäten in der EU*«.

Die Annahme, dass Gelder krimineller Geschäftemacher auch in maßgeblichen Größenordnungen die Finanzdrehscheibe Zypern durchliefen, dürfte zutreffen. Die Frage stellt sich allerdings, inwieweit hier eine real vorhandene Wirtschaftskriminalität politisch instrumentalisiert wurde, um auf die zypriotische Regierung Druck auszuüben. Die Tatsache eines andauernden regen Finanzaustauschs zwischen zypriotischen Briefkastenfirmen und ähnlichen Unternehmen in Belize, Guernsey, Luxemburg und den britischen Jungferninseln wurde jedenfalls von der Presse kaum thematisiert, Geldwäschevorwürfe an die genannten Steueroasen blieben aus.

In der Antwort auf eine Kleine Anfrage des Bundestagsabgeordneten Andrej Hunko (Fraktion *Die Linke*) bestätigte die Bundesregierung immerhin die Existenz dieses »*als geheim eingestuften*« Berichtes, weigerte sich jedoch, Informationen zu seinem Inhalt preiszugeben und diesbezügliche Medienberichte zu kommentieren. Sie bestätigte weiterhin einen Bericht des Magazins *Cicero*, nach dem der genannte Bericht des Bundesnachrichtendienstes nie an die zypriotische Regierung weitergeleitet worden sei. Der Bericht sei von Seiten Zyperns nicht abgefordert worden, hieß es in der Begründung.

Zur Existenz und zum Umfang von Schwarzgeldkonten bei zypriotischen Banken befragt, teilte die Bundesregierung weiter mit, dass ihr keine »*Erkenntnisse zu konkreten Konten mit nicht legalen Einlagen*« vorlägen. Bei zypriotischen Banken seien Einlagen in Höhe von 87,7 Milliarden Euro gemeldet, von den Auslandskonten entfielen jedoch ganze 2,2 Milliarden Euro auf Südosteuropa, Russland und die Ukraine zusammen. Zypriotische Inlandskonten mit Einlagen von 32,8 Milliarden Euro im Besitz von Nicht-EU-Bürgern seien bekannt; eine Statistik über die Herkunft der Konteneigner wurde jedoch nicht vorgelegt.

Zur Umsetzung der europaweiten Richtlinien zur Geldwäscheregulierung durch Zypern hieß es von Seiten der Bundesregierung, diese seien von der Europäischen Kommission »*nicht beanstandet worden*«. Von 2005 bis 2010 habe die zypriotische Justiz 1070 Ermittlungsverfahren wegen Geldwäsche durchgeführt; in 108 Fällen sei es zu einer Verurteilung gekommen. (Zum Vergleich: Die bundesdeutsche Justiz hat etwa zeitgleich von 2007 bis 2011 insgesamt 3.121 Verfahren wegen Geldwäscheverdachts eingeleitet.) Ende 2012 sei die diesbezügliche Gesetzesgrundlage von der zypriotischen Regierung nochmals verschärft worden.

Entgegen dem vielfach zitierten, aber ungeachtet dessen streng geheimen Bericht des BND entsprechen die Auskünfte der Bundesregierung kaum dem geschilderten Horrorszenarium der zypriotischen Wirtschaft als Einfallstor der russischen Mafia. Was nicht heißt, dass auf Zypern keine kriminellen Gelder gebunkert sind. Es dürften aber schwerlich wesentlich mehr sein als in jeder beliebigen anderen Steueroase der Welt.

Die Antworten auf die genannte Anfrage geben Anlass zu Vermutungen über den tatsächlichen Hintergrund der Pressekampagne um zypriotische Schwarzgeldkonten: EU-Institutionen hatten Ende 2012 mit der zypriotischen Regierung ein Kompromisspapier über die von Zypern als Vorbedingung für eine weitere Kreditierung zu erbringenden Auflagen ausgehandelt – die Bundesregierung teilte ganz offen mit, dass sie sich dieses Papier »*nicht zu eigen mache*«. Gefordert sei ein makro-ökonomisches Anpassungsprogramm, welches »*umfassende wirtschaftspolitische* Auflagen zur *Haushaltskonsolidierung und Strukturreformen einschließe*«. Im Klartext: Die Bundesregierung war – offenbar in Übereinstimmung mit anderen EU-Partnern – von vornherein entschlossen, die überdimensionierte Finanzwirtschaft Südzyperns kräftig zu stutzen und die Belastung infolge massiver Staatsverschuldung teilweise auf die Inselbevölkerung und sonstige Inhaber zypriotischer Bankkonten abzuwälzen. Eine Privatisierung der mit Gewinn arbeitenden staatseigenen Betriebe Zyperns wie Telekom und Elektrizitätsgesellschaft wurde in dem Papier ausdrücklich als »*geeigneter Eigenbeitrag Zyperns zur Reduzierung des Finanzvolumens*« angepriesen. Ein durchaus hinreichendes Motiv, so lange auf die zyperngriechische Bevölkerung Druck auszuüben, bis sie sich eine für dieses Programm passende Regierung wählt. Was dann auch geschah.

Wieso nach der milliardenschweren Rettung anderer Volkswirtschaften – genannt sei hier beispielsweise Irland, dessen Wirtschaft ebenfalls infolge gigantomanischer Finanzgeschäfte in eine Schieflage geriet und zwecks Aufrechterhaltung der Zahlungsfähigkeit einen EU-Kredit aufgedrängt bekam – nun gerade an dieser kleinen Inselrepublik ein Exempel statuiert wurde, ist wohl mehreren Ursachen zuzuschreiben. Zum einen hätte selbst ein vollständiger Zusammenbruch der vergleichsweise winzigen zypriotischen Wirtschaft kaum nennenswerte Auswirkungen auf die EU-Wirtschaft gehabt, ebenso wenig ein möglicher Austritt der Inselrepublik aus EU und Eurozone. Zypern eignete sich also hervorragend dafür, dem selbst in Kernländern der EU anwachsenden Volkszorn über das Verpulvern von Steuermilliarden für die Rettung eines desaströsen Finanzsystems zum Fraße vorgeworfen zu werden. Zum anderen wurde natürlich der Sack Zypern geschlagen, wobei eigentlich der Esel Russland gemeint war. Und schließlich spielte es sicher auch eine Rolle, dass der damalige zypriotische Präsident Dimitris Christofias der einzige kommunistische Regierungschef der Europäischen Union war.

Warten auf EU-Hilfe

Im Sommer 2012 ging man noch davon aus, dass Zypern etwa 11,5 Milliarden Euro an EU-Krediten benötigte, um weiter zahlungsfähig zu bleiben – binnen weniger Monate erhöhte sich diese Summe auf 17,5 Milliarden Euro. Bei Verhandlungen im November 2012 erwies sich die Linksregierung der Zyperngriechen jedoch als überaus störrisch gegenüber dem Ansinnen der Troika aus IWF, Europäischer Zentralbank und EU-Kommission, die finanzkrisenbedingt angehäuften Schuldenberge auf die Schultern der Bevölkerung abzuwälzen. Nicht zu Unrecht konnte sie darauf verweisen, dass bei der geringen Bevölkerungszahl Südzyperns von etwa 780.000 Einwohnern selbst durch massive Streichungen an Löhnen, Gehältern, Renten und Sozialleistungen keine auch nur annähernd ausreichenden Mittel freigesetzt würden, um die vergleichsweise riesigen Staatsschulden nennenswert abzubauen – die klassischen Rezepte neoliberaler Krisenbewältigung konnten hier also auch rein theoretisch gar nicht greifen. Entschieden abgelehnt wurde von Christofias auch die geforderte Privatisierung staatseigener Unternehmen.

Da die Wirtschaft Zyperns immer weiter in eine tiefe Rezession schlitterte – im Februar 2013 erreichte die Arbeitslosigkeit einen Rekordwert von 14,7 Prozent –, stimmte der Kommunist Dimitris Christofias bei den Verhandlungen mit der Troika schließlich Anfang Dezember 2012 mit »Seelenschmerz« dem schon erwähnten Kompromisspapier zu. Bei den Präsidentschaftswahlen im Februar 2013 erhielt seine Partei die Quittung – es siegte der stockkonservative Rechtsanwalt Nicos Anastasiades. In Brüssel war das Ziel des monatelangen Tauziehens damit erreicht – galt das neue Staatsoberhaupt doch als Interessenvertreter eben jener Finanzindustrie, die das Land zuerst in die wirtschaftspolitische Katastrophe getrieben hatte und deren Folgen nun am liebsten der Bevölkerung aufbürden würde.

Das von der Bundesregierung als nicht hinreichend beanstandete Kompromisspapier war damit in Teilen obsolet. Am 16. März 2013 wurde von der Troika beschlossen, den von Zypern beantragten ESM-Hilfskredit nur in einer Höhe von maximal 10 Milliarden Euro zu gewähren. Der zur Verhinderung des Staatsbankrotts weiter fehlende Betrag sollte im Wesentlichen durch eine Zwangsabgabe von Bankanlegern aufgebracht werden – ein Novum in der Geschichte der europäischen Finanzkrise. Der Beschluss war offenbar im Vorfeld mit der zypriotischen Regierung und Finanzwirtschaft abgestimmt. Zeitgleich mit Bekanntgabe der Brüsseler Entscheidung wurden sämtliche zypriotischen Bankkonten eingefroren – Tausende von Anlegern, die ihr Geld retten wollten, standen vor geschlossenen Schaltern.

Die vorgenommene Unterscheidung zwischen Kleineinlagen bis in Höhe 100.000 Euro und Großeinlagen über 100.000 Euro konnte nicht darüber hinwegtäuschen, dass die von der Troika geplante Maßnahme antisozial war: Während Großanleger, die über Jahrzehnte von der Steueroase Südzypern profitiert haben, wohl problemlos eine einmalige Abgabe von 9,9 Prozent auf das angelegte Vermögen verschmerzen können, bedeutet der Verlust von immerhin 6,75 Prozent der als sicher gewähnten Spargroschen für die krisengeschüttelte zypriotische Bevölkerung eine spürbare Belastung.

Die sofort einsetzenden massiven Proteste der zypriotischen Bevölkerung gingen quer durch alle sozialen Schichten – die Armen fühlten sich ausgeplündert, die Reichen wollten nichts von ihrem Vermögen abgeben. Athanasios Orphanides, ehemaliger Chef der zypriotischen Zentralbank, sprach in einem Interview von Erpressung und von Konfiszierung rechtmäßig erworbenen Eigentums. Zuletzt getraute sich keine der im zypriotischen Parlament vertretenen Parteien, dem so genannten Rettungspaket der Troika in der vorliegenden Form zuzustimmen – selbst alle Abgeordneten der Regierungspartei enthielten sich bei der Abstimmung, die anderen Parteien stimmten ausnahmslos dagegen. Kompromiss war schließlich eine modifizierte Zwangsbesteuerung von Bankguthaben, bei der die Gelder von Kleinstanlegern ausgespart blieben. Die Regierung musste daraufhin fieberhaft nach alternativen Möglichkeiten suchen, das fast sechs Milliarden schwere Finanzloch zu stopfen. Da Russland eine weitere Kreditierung Zyperns ablehnte, wurde schließlich aus Kirchenbesitz, den Goldreserven der Zentralbank und Renteneinlagen der Bevölkerung ein Fonds zur Schuldendeckung gebildet. Zusammen mit massiven Steuererhöhungen, der Zerschlagung des zum größten Teil staatseigenen Finanzriesen *Laiki-Bank* und Auslagerung der meisten Einlagen in eine Bad Bank, half dieser Fonds schließlich, den drohenden Staatsbankrott abzuwenden. Vorläufig.

Die von der Troika gewährte Frist bis 2017 für eine Stabilisierung der zypriotischen Wirtschaft kann nicht darüber hinwegtäuschen, dass die goldene Zeit der Inselrepublik als Drehscheibe des internationalen Finanzsystems wohl unwiederbringlich vorbei ist – das Land stürzte umgehend in eine tiefe Rezession. Auf die gewollte Zerstörung des Finanzsektors folgte eine Krise der gesamten Volkswirtschaft, da die Banken bisher als Motor des zypriotischen ›Wirtschaftswunders‹ fungiert hatten. Es wird derzeit von einem Rückgang des Bruttoinlandsproduktes um 20 Prozent innerhalb der nächsten Jahre ausgegangen.

Die Bevölkerung hat demzufolge mit einer steigenden Arbeitslosigkeit sowie den von der Troika verordneten Kürzungen von Gehältern und Renten zu kämpfen. Eine massive Steigerung der Lebenshaltungskosten als Folge von Privatisierungen bisher staatseigener Infrastruktur wird wohl binnen kurzer Zeit hinzukommen. Langfristig als besonders fatal dürfte es sich aber erweisen, dass die derzeitige Regierung die Renteneinlagen der Bevölkerung als Sicherheit für abzutragende Schuldenberge hinterlegt hat. Denn dass es Zypern, nur gestützt auf seine vergleichsweise winzige Realwirtschaft, je gelingt, die Schuldenlast abzubauen, dürfte höchst unwahrscheinlich sein.

Zwangsanleihe und Kapitalschwund

Nachdem die Zypern-Krise und die Kampagne gegen eine Zahlung deutscher Steuergelder an russische Mafiosi wieder aus den Schlagzeilen verschwunden war, wurde zunehmend hinterfragt, ob der offene Zugriff auf zypriotische Bankkonten tatsächlich in erster Linie ein Schlag gegen Steuerhinterzieher und das organisierte Verbrechen gewesen sei. Der russische Oligarch Alexander Lebedew (Platz 358 auf der Forbes-Liste der reichsten Menschen der Erde) verneint dies jedenfalls. Seine eigenen Verluste seien minimal gewesen. Ein russischer Finanzdienstleister gab an, im Vorfeld der Krise seien 20 Milliarden Euro von den Banken der überschuldeten Inselrepublik abgezogen worden. Der im Jahre 2011 von der russischen Regierung gewährte Kredit von 2,5 Milliarden Euro habe in erster Linie dazu gedient, Zypern eine Atempause zu verschaffen, damit russische Oligarchen ihr Vermögen in Ruhe andernorts anlegen konnten. Was dann wohl auch geschah.

Tatsächlich enteignet wurden also in erster Linie Rentenfonds, Unternehmen der zypriotischen Realwirtschaft und Kleinanleger, die nicht über die notwendigen Hintergrundinformationen verfügten und bis zuletzt glaubten, ihre Anlagen seien sicher. Die von Steueroase zu

Steueroase über den Globus vagabundieren Milliardenvermögen dürften von der Zerschlagung des Finanzstandortes Zypern kaum betroffen sein.

Ein Treppenwitz der Geschichte ist, dass die stärksten Proteste außerhalb Zyperns gegen die von der Troika geplante Zwangsbesteuerung von Inhabern zypriotischer Bankguthaben keineswegs aus Russland, sondern aus Großbritannien kamen – viele der in den britischen Militärstützpunkten auf Zypern dienenden Untertanen Ihrer Majestät hatten bequemerweise ihr Geld vor Ort angelegt und fühlten sich jetzt vom zyprischen Staat um ihre Soldbezüge gebracht. Dass das britische Empire über einige der bekanntesten Steueroasen der Welt gebietet, wurde in diesem Zusammenhang nicht thematisiert.

Die geforderte Zwangsbesteuerung von Bankeinlagen rief allerdings weltweit Besorgnis hervor. Selbst liberale Politiker gaben sich geschockt über den massiven Zugriff des Staates auf sicher geglaubtes Privateigentum, ganz zu schweigen von den Ängsten breiter Bevölkerungskreise um ihre Sparguthaben. Vertreter verschiedener Banken beeilten sich mit Erklärungen, Zypern sei ein Sonderfall.

Tatsächlich ist dieser Vorgang so einmalig nicht. Jedes Mal, wenn ein Staat zwecks Schuldenbegleichung die Notenpresse anwirft, bedeutet dies faktisch eine Enteignung von Sparern, da deren Einlagen automatisch an Wert verlieren. Das Besondere am Fall Zypern ist lediglich, dass dessen Regierung sich mit dem Beitritt zur Eurozone der Verfügungsgewalt über die eigene Währung begeben hat. Da die Troika die Folgen der zypriotischen Finanzkrise zumindest teilweise auf Zypern begrenzen will, wurde von ihr die Form eines administrativen Zugriffs auf Sparguthaben gewählt. Die radikale Ablehnung dieses Schritts hatte man wohl unterschätzt. Der frischgewählte Präsident Anastasiades sah sich gezwungen, seinen Finanzminister dem hochbrodelnden Volkszorn über sein Einknicken vor der Troika zu opfern.

Etwas später, als der anfängliche europaweite Schock über die offene Enteignung von Bankeinlagen etwas abgeklungen war, getraute sich ein gewisser Wolfgang Schäuble in einem Interview mit der *Wirtschaftswoche* Klartext zu reden: »*Die Beteiligung von Eigentümern (...) muss der Normalfall sein, wenn ein Finanzinstitut in die Schieflage gerät.*« Wenn der Kreditrahmen eines Staates also nicht mehr ausreicht, die ›Rettung‹ überschuldeter Finanzriesen zu garantieren, kann er zu diesem Zweck auch weiterhin auf Spareinlagen zurückgreifen. Die Bürger der krisengeschüttelten Staaten Südeuropas werden sich nach dieser Äußerung ausmalen können, was ihnen in Zukunft noch bevorsteht.

Krisenzeiten wären natürlich keine Krisenzeiten, wenn darin nicht kriminelle Elemente unter Ausnutzung der chaotischen Situationen ihr ganz persönliches Schnäppchen machen würden. In den zwei Wochen, da Zypern Kopf stand, alle Bankschalter geschlossen blieben und sich endlose Schlangen vor Geldautomaten bildeten, die täglich pro Konto nur einen Kleinstbetrag ausspuckten, hatten verschiedene Anleger schon Grund, sich zufrieden zurückzulehnen.

Natürlich waren es mehrheitlich keine russischen Mafiosi, sondern ganz normale Bankiers und Geschäftsleute, die ihr Geld noch vor dem Einfrieren ihrer Konten in andere Finanzoasen transferiert und damit vor dem Zugriff des zyprischen Fiskus in Sicherheit gebracht hatten. Eine durchaus lohnende Transaktion – immerhin haben verbliebene Großkunden der Bank of Cyprus und der mittlerweile zerschlagenen *Laiki-Bank* bis zu 60 Prozent ihres Vermögens verloren. Es ist inzwischen klar, dass in den zwei Wochen vor Bekanntgabe der von der Troika verordneten Zwangsabgabe ungewöhnliche Finanztransaktionen registriert wurden. Bisher wurden 132 Fälle bekannt, in denen Unternehmen oder Privatpersonen im Zeitraum zwischen dem 1. und 15. März 2013 ihr Vermögen teilweise oder vollständig von der Insel abgezogen hatten – es wird bei diesen Transaktionen von einem Umfang von 700 Millionen Euro ausgegangen. Offenbar hatten die Konteninhaber von Insidern rechtzeitig einen Tipp bekommen, ihr Geld in Sicherheit zu bringen. Ob diese Insiderinformationen nun aus Brüssel oder aus Nikosia kamen, wird sich wohl nicht zweifelsfrei klären lassen. Immerhin soll sich einem Bericht der zypriotischen kommunistischen Zeitung *Haravki* zufolge unter den wahrscheinlich gewarnten 132 Konteninhabern auch die Firma A. *Loutsios and Sons Ltd.* befinden. Diese transferierte jedenfalls am 12. und 13. März 2013 Guthaben im Wert von 21 Millionen Euro von Zypern nach Großbritannien. Firmeninhaber ist der Vater vom Schwiegersohn des Staatspräsidenten Anastasiades. Dieser dementierte den Bericht umgehend und setzte eine Untersuchungskommission ein. Natürlich ohne Folgen.

Anfang 2014 ging ein allgemeines Jubelgeschrei durch die bürgerliche Presse: Die Krise sei überwunden – Zypern wieder kreditfähig. Hintergrund der plötzlichen Euphorie war, dass es damals der Regierung in Nikosia gelang, sich für weitere 750 Millionen Euro zu verschulden. Selbst wenn dadurch einige der größten Finanzlöcher im Staatshaushalt vorläufig gestopft wurden – Schulden müssen erstens bedient werden und haben zweitens die unangenehme Eigenschaft, irgendwann einmal fällig zu werden. Die Inselrepublik dürfte durch diese Kreditaufnahme dem nächsten Staatsbankrott eher wieder ein Stück näher gerutscht sein. Die Krisenbewältigung auf zypriotisch ist also schwerlich beendet – die Zukunft für die Bevölkerung wird wohl finster aussehen.

Nationalismus als Krisenreaktion?

Die *Türkische Republik Nordzypern* war von den wirtschaftlichen Erschütterungen der letzten Jahre, die den griechischen Süden der Insel heimsuchten, wenig betroffen. Allerdings verloren auch hier bei den Präsidentschaftswahlen von 2010 die bis dahin herrschenden Sozialdemokraten gegen einen Kandidaten der Nationalkonservativen. Die Zeitspanne, in der es unter den jeweiligen Linksregierungen zu einer vorsichtigen Wiederannäherung beider Inselhälften kam, ist damit wohl Vergangenheit. Es ist zu befürchten, dass sich der Zorn über wachsende Verarmung, Sozialabbau und Vermögensverlust in einer Welle von Nationalismus und einem erneuten Gegeneinander der beiden verfeindeten Bevölkerungsgruppen entlädt. Der ›Zypernkonflikt‹ ist daher schwerlich beendet; er hat lediglich ein paar Jahre pausiert.

Szene aus dem bekannten Monty-Python-Film *Das Leben das Brian*: Als sich bei der Massenkreuzigung gegen Ende des Streifens einer der Todeskandidaten als Samariter outet, erhebt sich bei seinen judäischen Mitgefangenen ein allgemeiner Sturm des Protestes: »*Nach den Statuten des römischen Besatzungsrechtes haben wir ein Recht darauf, nach Stämmen geordnet gekreuzigt zu werden!*«

Literaturverzeichnis

Alm, Tobias und Hess, Cordelia (Hg.) »Rechtspopulismus kann tödlich sein! Entwicklung und Folgen des Rechtsrucks in Skandina-
vien«, edition assemblage, Münster, 2013
Aurorenkollektiv »Jamaika«, Polyglott Reiseführer, Apa Guide, Berlin
und München, 2000

Bensedrine, Sihem und Mestiri, Omar »Despoten vor Europas Haus-
tür«, Verlag Antje Kunstmann, München 2005
Boving, Dagmar »Investitionsratgeber Malta / Zypern«, herausgege-
ben vom Deutschen Industrie- und Handelskammertag (DIHK),
2004
Brentjes, Burchard »Libyens Weg durch die Jahrhunderte«, Urania
Verlag, Leipzig Jena Berlin, 1982

Cardozo, Maria »Kolumbiens Friedensdialog: ›Beginn eines langen
Prozesses‹«, in: Lateinamerika anders, 1/2013
Ciulla, Giuseppe und Romano, Vittorio »Kosovo. Die UNO als Geisel
der Mafia und der USA«, Zambon Verlag, Frankfurt am Main, 2012
Claudot-Hawad, Hélène »Tuareg. Porträt eines Wüstenvolkes«,
Horlemann Verlag, Bad Honnef, 2007

Dayak, Mano »Die Tuareg-Tragödie«, Horlemann Verlag, Bad Honnef,
2001
Deitmer, Carolin »Tuaregkonflikte in Mali und Niger«, Grin Verlag, 2012
Deppe, Frank »Autoritärer Kapitalismus. Demokratie auf dem Prüf-
stand«, VSA Verlag, Hamburg, 2013

Edlinger, Fritz (Hg.) »Libyen. Hintergründe, Analysen, Berichte«, Promedia Verlag, Wien, 2011

Edlinger, Fritz und Ruprechtsberger, Erwin M. (Hg.) »Libyen. Geschichte – Landschaft – Politik«, Promedia Verlag, Wien, 2009

Ehlers, Thorben (Hg.): »Soziale Proteste in Lateinamerika – Bolivars Erben im Kampf um Eigenmacht, Identität und Selbstbestimmung«, Argument Verlag, Hamburg, 2013

FDCL e. V. und kolumbienkampagne berlin (Hg.) »Autoritärer Staat und paramilitärische Machtnahme in Kolumbien. Die Regierung Uribe und ihr Krieg gegen die soziale Bewegung«, FDCL-Verlag, Berlin, 2007

Gibler, John »Sterben in Mexiko. Berichte aus dem Inneren des Drogenkrieges«, Edition Tiamat, Berlin, 2012

Göttler, Gerhard »Libyen«, Reise Know-How Verlag Peter Rumpf GmbH, Bielefeld, 2004

Gregory, Harry »Gaddafi«, Bastei Lübbe, Bergisch Gladbach, 1987

Heise, Albrecht »Letzte Chance für Afrika. Die Zukunft ist schwarz«, Bastei Lübbe, Bergisch Gladbach, 1995

Heufelder, Jeanette Erazo »Drogenkorridor Mexiko«, Transit Buchverlag, Berlin, 2011

Hoering, Uwe »Vorsicht: Weltbank. Armut, Klimawandel, Menschenrechtsverletzungen«, VSA-Verlag, Hamburg, 2007

Hofbauer, Hannes »Experiment Kosovo. Die Rückkehr des Kolonialismus«, Promedia Verlag, Wien, 2008

Hofbauer, Hannes »Balkankrieg. Die Zerstörung Jugoslawiens«, Promedia Verlag, Wien, 1999

Hörtner, Werner »Kolumbien verstehen – Geschichte und Gegenwart eines zerrissenen Landes«, Rotpunktverlag, Zürich, 2006

Hörtner, Werner »Kolumbien am Scheideweg. Ein Land zwischen Krieg und Frieden«, Rotpunktverlag, Zürich, 2013

Hufschmid, Anne / Vogel, Wolf-Dieter / Heidhues, Nana / Krämer, Michael / Schulte, Christiane »NarcoZones. Entgrenzte Märkte und Gewalt in Lateinamerika«, Verlag Assoziation A, Berlin, Hamburg, 2012

Jakob, Christian und Schorb, Friedrich »Soziale Säuberung. Wie New Orleans nach der Flut seine Unterschicht vertrieb«, Unrast Verlag, Münster, 2008

Kagarlitzki, Boris »Der gespaltene Monolith. Die russische Gesellschaft an der Schwelle zu den neunziger Jahren«, Edition KONTEXT, Berlin, 1991

Kagarlitzki, Boris »Back in the USSR«, Edition Nautilus, Hamburg, 2012

Kappeler, Andreas »Kleine Geschichte der Ukraine«, Verlag C. H. Beck, München, 2009

Kemper, Andreas »Rechte Euro-Rebellen. Alternative für Deutschland und Zivile Koalition e. V.«, edition assemblage, Münster, 2013

Klein, Naomi »Die Schock-Strategie. Der Aufstieg des Katastrophen-Kapitalismus«, Fischer Taschenbuch Verlag, Frankfurt am Main, 2009

Konicz, Tomasz »Europas Hinterhof in der Krise«, in: Exit! Nr. 8, Horlemann Verlag, Berlin, 2011

Kubek, Doreen »Libyen – Politische Wende und Regimestabilität«, GRIN Verlag, München, Ravensburg, 2008

Kurz, Maximilian »Drogen, Terror, Öl – Entstehung und Wandel der US-Außenpolitik gegenüber Kolumbien 1999–2003«, Tectum Verlag, Marburg, 2007

Kurz, Robert »Die Krise des Tauschwertes. Produktivkraft Wissenschaft, produktive Arbeit und kapitalistische Reproduktion«, in: Marxistische Kritik Nr. 1, Verlag Marxistische Kritik, Erlangen, 1986

Kurz, Robert »Der Kollaps der Modernisierung. Vom Zusammenbruch des Kasernensozialismus zur Krise der Weltökonomie«, Eichborn Verlag, Frankfurt am Main, 1991

Kurz, Robert »Die Krise, die aus dem Osten kam. Wider die Illusion vom ›Sieg‹ des Westens und seiner Marktwirtschaft«, in: Helmut Thielen (Hg.) »Der Krieg der Köpfe. Vom Golfkrieg zur neuen Weltordnung«, Horlemann Verlag, Bad Honnef, 1991 [2]

Kurz, Robert »Die Demokratie frisst ihre Kinder«, in: Edition Krisis »Rosemaries Babies. Die Demokratie und ihre Rechtsradikalen«, Horlemann Verlag, Bad Honnef, 1993

Kurz, Robert »Schwarzbuch Kapitalismus. Ein Abgesang auf die Marktwirtschaft«, Eichborn Verlag, Frankfurt am Main, 1999

Kurz, Robert (Hg.) »Marx lesen. Die wichtigsten Texte von Karl Marx für das 21. Jahrhundert«, Eichborn Verlag, Frankfurt am Main, 2000

Kurz, Robert »Weltordnungskrieg. Das Ende der Souveränität und die Wandlungen des Imperialismus im Zeitalter der Globalisierung«, Horlemann Verlag, Bad Honnef, 2003

Kurz, Robert »Die antideutsche Ideologie. Vom Antifaschismus zum Krisenimperialismus: Kritik des neuesten linksdeutschen Sektenwesens in seinen theoretischen Propheten«, Unrast Verlag, Münster, 2003

Kurz, Robert »Das Weltkapital. Globalisierung und innere Schranken des modernen warenproduzierenden Systems«, Edition Tiamat, Berlin, 2005

Kurz, Robert »Es rettet euch kein Leviathan. Thesen zu einer kritischen Staatstheorie. Erster Teil«, in: Exit! Nr. 7, Horlemann Verlag, Bad Honnef, 2011

Kurz, Robert »Es rettet euch kein Leviathan. Thesen zu einer kritischen Staatstheorie. Zweiter Teil«, in: Exit! Nr. 8, Horlemann Verlag, Berlin, 2011

Kurz, Robert »Geld ohne Wert. Grundrisse zu einer Transformation der Kritik der politischen Ökonomie«, Horlemann Verlag, Berlin 2012

Kurz, Robert »Der Tod des Kapitalismus. Marxsche Theorie, Krise und Überwindung des Kapitalismus«, Laika Verlag, Hamburg, 2013

Kurz. Robert »Weltkrise und Ignoranz. Kapitalismus im Niedergang«, Edition Tiamat, Berlin, 2013 [2]

Kryschtanowskaja, Olga »Anatomie der russischen Elite. Die Militarisierung Russlands unter Putin«, Verlag Kiepenheuer & Witsch, Köln, 2005

Lessmann, Robert »Zum Beispiel Kokain«, Lamuv-Verlag, Göttingen, 2001

Lohoff, Ernst »Der Dritte Weg in den Bürgerkrieg«, Horlemann Verlag, Bad Honnef, 1996

Marulanda, Manuel »Revolutionärer Held des bolivaristischen Kolumbien«, Zambon Verlag, Frankfurt am Main, 2013

Marx, Karl und Engels, Friedrich »Ausgewählte Schriften, Band 1«, Dietz Verlag, Berlin, 1966

Marx, Karl »Das Kapital, Kritik der politischen Ökonomie, Erster Band«, Dietz Verlag, Berlin, 1953

Müller, Dominik »Indien. Die größte Demokratie der Welt, Marktmacht, Hindunationalismus, Widerstand«, Verlag Assoziation A, Berlin, Hamburg, 2014

Operschall, Christian und Teuber, Charlotte (Hg.) »Libyen«, Promedia Verlag, Wien, 1987

Ortlieb. Claus Peter »Gegen die Wand. Von der gemeinsamen Ursache der ökologischen und ökonomischen Krise«, in: Konkret Nr. 11/ 2013

Popov, Dmitri und Milstein, Ilia »Julia Timoschenko. Die autorisierte Biographie«, Redline Verlag, München, 2012

Postone, Moishe »Zeit, Arbeit und gesellschaftliche Herrschaft. Eine neue Interpretation der kritischen Theorie von Marx«, ça ira-Verlag, Freiburg, 2003

Postone, Moishe »Die Deutschen inszenieren sich am liebsten als Opfer« (Interview), in: Hermann L. Gremliza (Hg.) »No way out? 14 Versuche, die gegenwärtige Finanz- und Wirtschaftskrise zu verstehen«, Konkret Verlag, Hamburg, 2012

Roth, Jürgen »Gazprom. Das unheimliche Imperium. Wie wir Verbraucher betrogen und Staaten erpresst werden«, Westend Verlag, Frankfurt am Main, 2012

Schmid, Bernhard »Frankreich in Afrika. Eine (Neo)Kolonialmacht in der Europäischen Union zu Anfang des 21. Jahrhunderts«, Unrast Verlag, Münster, 2011

Schmid, Bernhard »Die arabische Revolution? Soziale Elemente und Jugendprotest in den nordafrikanischen Revolten«, edition assemblage, Münster, 2011 [2]

Schmid, Bernhard »Die Mali-Intervention«, Unrast Verlag, Münster, 2014

Scholz. Roswitha »Das Geschlecht des Kapitalismus. Feministische Theorien und die postmoderne Metamorphose des Patriarchats«, Horlemann Verlag, Bad Honnef, 2000

Scholz, Roswitha »Die Rückkehr des Jorge. Anmerkungen zur ›Christianisierung des postmodernen Zeitgeistes und dessen dezisionistisch-autoritäre Wende«, in: Exit! Nr. 3, Horlemann Verlag, Bad Honnef, 2006

Solty, Ingar »Die USA unter Obama. Charismatische Herrschaft, soziale Bewegungen und imperiale Politik in der globalen Krise«, Argument Verlag, Hamburg, 2013

Timtschenko, Viktor »Ukraine. Einblicke in den neuen Osten Europas«, Ch. Links Verlag, Berlin, 2009

Yene, Fabien Didier »Bis an die Grenzen«, Drava Verlag, Klagenfurt, 2011

Zahl, Peter Paul »Jamaika«, Verlag C. H. Beck, München, 2002

Zelik, Raul und Azzellini, Dario N. »Kolumbien«, Neuer ISP-Verlag, Köln, 1999

Erscheinungsnachweis

Die in diesem Band abgedruckten Beiträge wurden unabhängig voneinander und aus verschiedenen Anlässen geschrieben. Neu ist lediglich die Einleitung ›Vom Zerfall der Peripherie. Notwendige Vorbemerkungen‹, welche eigens für diesen Band verfasst wurde.

Jamaika: Von der Plantagensklaverei zum Drogenkrieg

Der Beitrag erschien im Oktober 2013 unter dem Titel ›Jamaika – von der Plantagensklaverei zum ›War on Crime‹ in der Vierteljahreszeitschrift ›BIG Business Crime‹ Nr. 4/2013 und wurde für diese Buchausgabe geringfügig überarbeitet.

Kolumbien: Landraub und Bürgerkrieg

Der Beitrag erschien im Februar 2014 unter dem Titel ›Kolumbien – Landraub und Bürgerkrieg‹ in der Vierteljahreszeitschrift ›BIG Business Crime‹ Nr. 1/2014 und wurde für diese Buchausgabe geringfügig überarbeitet.

Kosovo: EU-Protektorat und Hochburg der Mafia

Der Beitrag erschien zuerst im Juli 2007 unter dem Titel ›Das Kosovo – Vom gesamtjugoslawischen Armenhaus zur Hochburg der Mafia‹ in der Zeitschrift ›Die Brücke‹. Eine stark überarbeitete und ergänzte Version des Artikels wurde im Januar 2013 unter dem Titel ›Kosovo – dreizehn Jahre danach‹ in der Vierteljahreszeitschrift ›BIG Business Crime‹ Nr. 1/2013 veröffentlich. In dieser Buchausgabe wurden beide Artikelversionen zusammengefasst und geringfügig überarbeitet.

Libyen: Von der Volksjamahirija zum Stammeskrieg

Der Beitrag wurde ursprünglich im Frühjahr 2011 für den Wiener Pro-

media Verlag geschrieben. Eine stark gekürzte Fassung erschien dann im Sommer 2011 unter dem Titel ›*42 Jahre Volks-Dschamahirija*‹ im Sammelband ›*Libyen. Hintergründe, Analysen*, Berichte‹ (Hrg.: Fritz Edlinger). Dieser Beitrag wurde am 27./29. August 2011 unverändert in der Tageszeitung ›*junge Welt*‹ nachgedruckt. Eine stark überarbeitete und aktualisierte Version des Artikels veröffentlichte die Zeitschrift ›*Die Brücke*‹ im Frühjahr 2012 unter dem Titel ›*Libyen vor dem Ende*‹. Diese Buchausgabe beruht auf einer Zusammenfassung der ursprünglichen, ungekürzten Artikelversion mit dem in ›*Die Brücke*‹ veröffentlichten Beitrag und wurde dabei nochmals überarbeitet und aktualisiert.

Mali: Krieg im Wüstenstaat

Eine erste Artikelversion erschien am 23. Januar 2013 unter dem Titel ›*Krieg im Wüstenstaat*‹ in der Tageszeitung ›*junge Welt*‹ und wurde für diese Buchausgabe stark überarbeitet, ergänzt und aktualisiert.

Mexiko: Vom kriminellen Staat zum Staat der Kriminellen

Der Beitrag erschien im August 2012 unter dem Titel ›*Vom kriminellen Staat zum Staat der Kriminellen*‹ in der Vierteljahreszeitschrift ›BIG Business Crime‹ Nr. 3/2012 und wurde für diese Buchausgabe geringfügig überarbeitet und aktualisiert.

Ukraine: Von der Sowjetrepublik zum Krisenherd

Der Beitrag erschien zuerst im April 2014 unter dem Titel ›*Machtkampf in der Ukraine*‹ in der Vierteljahreszeitschrift ›BIG Business Crime‹ Nr. 2/2014, eine aktuelle Ergänzung ›*Machtkampf in der Ukraine – ein Nachschlag*‹ dann im Oktober 2014 in der Nr. 4/2014.

Zypern: Im Würgegriff von EU, Finanzindustrie und nationalistischen Hardlinern

Der Beitrag erschien im April 2013 unter dem Titel ›*Zypern im Würgegriff*‹ in der Vierteljahreszeitschrift ›BIG Business Crime‹ Nr. 2/2013, eine Ergänzung ›*Zypern im Würgegriff. Ein kurzer Nachschlag*‹ dann im Juli 2013 in der Folgenummer 3/2013. In dieser Buchausgabe wurden beide Artikel zusammengefasst, dabei nochmals geringfügig überarbeitet und aktualisiert.

Der Nachdruck der Beiträge in diesem Band erfolgte jeweils mit freundlicher Genehmigung des *Promedia Verlag*, des *Verlag 8. Mai* und der betreffenden Zeitschriftredaktionen.

ISBN: 978-3-89502-343-9
420 Seiten, Klappenbroschur
16,90 €

Robert Kurz

GELD OHNE WERT
Grundrisse zu einer Transformation
der Kritik der politischen Ökonomie

»Kurz' ... Weiterführung der Marxschen Theorie ... entwickelt eine narrative Wucht, der man sich nicht entziehen kann. Das ist weniger als eine Strategie, aber mehr als eine bloße Idee. Gegen den Kapitalismus in Stellung gebracht könnte sie wirklich zum polizeiwidrigen Ärgernis für die herrschende Ordnung werden.«
Florian Schmid, Neues Deutschland, 30.08.2012

HORLEMANN

Roswitha Scholz
Das Geschlecht
des Kapitalismus
Feministische Theorien und die postmoderne Metamorphose des Kapitals

HORLEMANN

ISBN: 978-3-92790-311-8
224 Seiten, Broschur
14,90 €

Roswitha Scholz

DAS GESCHLECHT
DES KAPITALISMUS
Feministische Theorien und die
posmoderne Metamorphose des Kapitals

Der Feminismus ist wieder in den Schlagzeilen. Bereits 1999 formulier-
te Roswitha Scholz einen neuen theoretischen Ansatz zur Analyse des
Geschlechterverhältnisses, in dessen Zentrum das Theorem der »Wert-
Abspaltung« stand. Damit ist gemeint, dass die sozialhistorischen Zu-
schreibungen des »Weiblichen« – von Hausarbeit, Kindererziehung bis
zur emotionalen Zuwendung – einen von der kapitalistischen Verwer-
tungslogik abgespaltenen Bereich der gesellschaftlichen Reproduktion
bilden, der gleichzeitig eine »stumme« Bedingung und Voraussetzung
der modernen Gesellschaften ist.
Auf dieser Grundlage setzt sich die Autorin auch kritisch mit den links-
feministischen Theorien der letzten Jahrzehnte im deutschsprachigen
Raum auseinander.

HORLEMANN

ISBN: 978-3-89502-370-5
220 Seiten, Broschur
13,00 €

ROSWITHA SCHOLZ:
Feminismus – Kapitalismus – Ökonomie – Krise
ROBERT KURZ:
Krise und Kritik II
JUSTIN MONDAY:
Die doppelte Natur des Rassismus
DANIEL SPÄTH:
Form- und Ideologiekritik der frühen Hegelschen
Systeme I
UDO WINKEL:
Helmut Dahmers Interventionen
CLAUS PETER ORTLIEB:
Täuschungen des Individualismus
UDO WINKEL:
Neue lokale Untersuchungen zur Arisierung und
Entnazifizierung
UDO WINKEL:
Beiträge zur Marx-Engels-Forschung

HORLEMANN

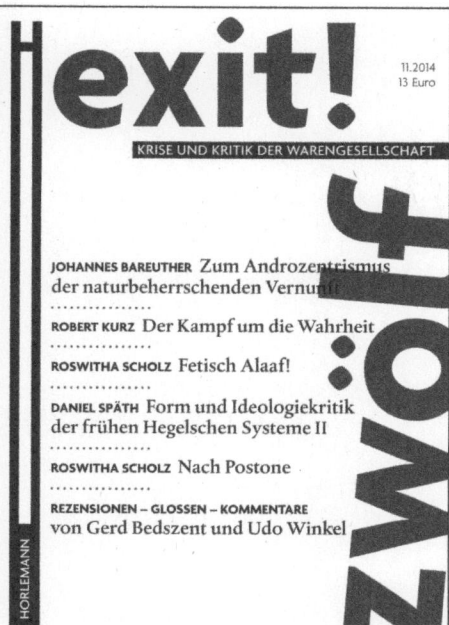

exit!

11.2014
13 Euro

KRISE UND KRITIK DER WARENGESELLSCHAFT

JOHANNES BAREUTHER Zum Androzentrismus
der naturbeherrschenden Vernunft

ROBERT KURZ Der Kampf um die Wahrheit

ROSWITHA SCHOLZ Fetisch Alaaf!

DANIEL SPÄTH Form und Ideologiekritik
der frühen Hegelschen Systeme II

ROSWITHA SCHOLZ Nach Postone

REZENSIONEN – GLOSSEN – KOMMENTARE
von Gerd Bedszent und Udo Winkel

zwölf

HORLEMANN

Redaktion EXIT! (Hg.)

EXIT! 12

Krise und Kritik der Warengesellschaft

ISBN: 978-3-89502-374-3
192 Seiten, Broschur
13,00 €

November 2014

JOHANNES BAREUTHER:
Zum Androzentrismus der
naturbeherrschenden Vernunft
ROBERT KURZ:
Der Kampf um die Wahrheit
ROSWITHA SCHOLZ:
Fetisch Alaaf!
DANIEL SPÄTH:
Form und Ideologiekritik der frühen
Hegelschen Systeme II
ROSWITHA SCHOLZ:
Nach Postone
REZENSIONEN – GLOSSEN – KOMMENTARE
von Gerd Bedszent und Udo Winkel